我的菩提路

——第七輯

——余正偉老師 等人著

ISBN：978-986-06961-5-8

（鸚鵡摩納）語世尊曰：「我父都提，大行布施，作大齋祠；身壞命終，正（應該）生梵天；何因何緣，乃生此下賤狗中？」世尊告曰：「汝父都提，以此（大行布施故生起）增上慢，是故生於下賤狗中：『梵志增上慢，此終六處生：雞狗豬及豺，驢五地獄六。』……若有男子、女人，急性多惱，彼（等諸人於深妙正法）少所聞便大瞋恚，憎嫉生憂、廣生諍怒；彼受此業，作具足已（誹謗正法的惡業具足作了以後），身壞命終必至惡處，生地獄中。」（中阿含《鸚鵡經》）如 佛所言「因施而生慢者墮畜生道，因聞所未曾聞之深妙法便作誹謗之業已即墮地獄」，則學人因師之助而悟者，若因得此「眞見道」之淺悟而生起增上慢，而妄自尊大，而自行創造新佛法，冠於原有正法之上，用以誹謗正法及謗賢聖者，其過更增，欲求不墮地獄後長劫輾轉三途者實難，有智學人當以此 佛語自省。

——平實導師——

既然《華嚴經》中說，證得阿賴耶識心體之人，可以**運轉阿賴耶識心體**而發起**本覺智**，故說親證阿賴耶識者方是親證**本覺**者，方是**證真如**者；《起信論》中更說證此本覺者方名**始覺**（初次證悟）之菩薩，由此證知：**親證如來藏者方可名為真實開悟者**，**除此絕無般若之開悟**。則未證如來藏（阿賴耶、異熟、無垢識）者，既無本覺智，必非眞實開悟者；若示人已悟，則成大妄語業。而此本覺智，唯有大乘別教菩薩所證般若智慧中方有，二乘聖人及大乘通教中之阿羅漢、緣覺位菩薩皆未證得第八識如來藏，故皆無此本覺智，故二乘皆無般若實相智慧；是故**親證阿賴耶識心體**，而能**運轉阿賴耶識心體**之人，才是眞實證悟之人，即是證得**本覺智**之始覺位菩薩。若人否定阿賴耶、異熟、無垢識心體，即是外於眞正之**本覺智**而欲別求**本覺智**，斯人非狂、即癡，絕無絲毫智慧，是故若人否定阿賴耶識心體，謗爲生滅法而別求覺悟眞如者，即是謗法謗佛者，其理極明。

——**平實導師**——

目次

序　文

時於二〇二一年夏，又該出版《我的菩提路》第七輯了。適於二〇二〇年初，有自稱瑯琊閣的一群人，於網路上串聯，對於大乘見道爲親證阿賴耶識心體、現觀眞如法性，異口同聲一起否定之；並自稱應證得三無性時方始是大乘法中的見道位，又稱大乘的眞見道位即是初地；如斯行爲，彷彿二〇〇三年退轉的同一批人又出現於世間擾亂佛子，視本會於二〇〇三年所撰寫的法義辨正諸書於無物，否定第八識心體爲大乘見道之標的。

及至觀其所說之時，則能確定彼等諸人仍屬古印度部派佛教的遺緒，只是繼承釋印順的六識論思想，對大乘佛法橫加否定，以外無他，故其所言只是羅織而無實質。所以者何？謂彼等諸人對於第八識並無現觀，所說第八識之理全然悖逆於諸經及諸論，如同古天竺部派佛教諸聲聞僧一般無二；抑且所說之法邏輯嚴重不通、自相矛盾而不自知，猶過釋印順的邪見。

謂彼等諸人說第八阿賴耶識能了別五塵，果眞能了別五塵者，則第八識即必有所取捨，取順心境而厭離違心境，則必產生善惡性，時善時惡，即成有覆有記性，而非無覆無記性。然而一切修學唯識增上慧學之佛弟子，悉知第八識是無覆無記性，諸經中亦說之爲無分別心，於六塵都不分別故；是故證得第八識者所發起的智慧即稱爲無分別智，以第八識不了別五塵及法塵故。

如是正理具載於諸經諸論中，今猶可稽，並非任何人可以己意顛倒黑白混亂佛弟子之正知正見。然而瑯琊閣、張志成等人顛倒佛法正義而加以扭曲，廣播邪見迄猶未已，至今已經年餘；吾人所見則是瑯琊閣主初創該網頁時即已隱身幕後，不撰文發表，暗中支持張志成等人的邪法論議；如今年餘已經了知張等人的法義錯謬，所以閣主退群，不再屬於瑯琊閣之屬，但仍有業在；而今亦已經被瑯琊閣中的一小群人所攻訐，亦不能自認即是瑯琊閣中的成員而出面辯解，是故至今並無一言以自辯。

如是等人，顯見野心甚大，然皆未曾實修心性而墮於名聞利養貪著之中，顧慮的只是自身的世間利益罷了，所以有許多於二〇〇三年本會法難時已經辨正過的錯謬法義，張志成等人仍繼續提出主張，並視爲正法而要求正覺同修會必須依之「改正」成爲錯誤的法義，方始罷休。但彼等諸人所提出的所謂佛法，悉皆違教背理，並非佛法，而是邪見；今觀本序中所舉張志成對於第八識自性的說明，即足以顯示其完全不懂唯識性。如是第八識之唯識性，是一切佛法之根本大義，於此不懂者，所說的其他法義必然隨之錯謬而不堪聞受。

修證唯識增上慧學者，入門之前即是加行位，先要建立下列正見而觀修之：謂所取的五色根及六塵等相分，都是自心空性如來藏；能取的七轉識見分亦是自心空性如來藏。因爲所取的六塵等相分及能取的七轉識等，都是自心空性如來藏中的一部分，故說所取空、能取空。由此證明有情的六識心從來不曾接觸外六塵，所觸知的六塵都是內相分，即是 佛於阿含諸經中說的「內六入」。如是正理，即是加行位中所應觀修者，若違此正見，則所修加行位必然唐捐其功，不得成就。

若是親證之人，皆得現觀第八識眞實如如的法性，名爲證眞如，是故般若系的經典中有時指稱第八識爲眞如，故說：「**如實知見諸法不生，諸法雖生，眞如不動；眞如雖生諸法，而眞如不生，是名法身。**」外於第八識即無眞如法性可觀可證故，而能生諸法的心即是第八阿賴耶識故。是故《成唯識論》中亦說：「**眞如亦是識之實性，故除識性無別有法。**」除了第八識的識性以外，別無眞如可以現觀故；能如是現觀者，方是眞懂唯識性之人。

徵之於唯識增上慧學之義涵有三：一、唯識性，二、唯識相，三、唯識位。必先親證第八識而能現觀八識心王中每一識的自性，方是懂得唯識性之人；證得唯識性之後，方有智慧與能力繼續深入而於八識心王的各種行相中觀行；對八識心王的各種行相觀行完成時，方是完成唯識相修行之人，即是已能現觀七眞如於三界九地中的行相者，方是完成唯識相的修行者。完成唯識相修行的人，方能繼續探究唯識位；唯識位者謂資糧位、加行位、見道位、修道位、究竟位。

如是略說唯識增上慧學有三法應學應觀，今觀張志成等人於初始之唯識性已經不懂，所說的第八識性完全悖逆諸經諸論中佛菩薩所說，彼等所說餘義則知必定錯謬，以第八識性即是唯識之根本法故，如是證明張志成等人顯然都是門外漢。如是不懂唯識性者，焉能懂得觀行唯識相，又焉能探究唯識位等正理？而強行要求正覺同修會要依其六識論邪見所說的歪理，否則即不放過。如斯行爲，猶如不識一字的大兵，要求秀才要依其所說歪理而行，死纏濫打而不知自己所說全然不符合世間邏輯，更全然違背因明學之道理。本會眼見現狀如同秀才遇見兵，有理說不清，因此置之不理，仍繼續出版唯識增上慧學的書籍及傳授，不浪費時間與其糾纏，盼能完成佛門中的要事而利益今世後世的有緣人。

而今又值出版此書第七輯之時，如是略說唯識增上慧學的要理，不多作註釋，若欲詳知者，請於明後年直接閱讀本公司出版的《成唯識論釋》即可，總有十輯，將會逐年隨於所講解已畢之內容而出版之。今於本輯中，不但繼續列載諸多同修悟入唯識性的見道報告，並列入一篇眼見佛性的報告，以供已經明心後想要再親見第八識如來藏的另一面目者，供作參考之用。此篇眼見佛性報告中所問內容，可謂唯余正偉老師所能問，亦唯平實所能答覆加以釋疑。而今刊載之，令佛門四眾皆得共賞而作進道之資，不亦樂乎。是爲序。

佛子　**平實**　謹記

於公元二〇二一年　夏初

見道報告

黃澤豪

神奇境遇從小時候就在我的周遭一次又一次的出現，似乎唯恐我不信有神佛的存在，就讓我感受到有一股莫名奇妙的力量在操控著，每一段過程似乎按照祂的安排在經歷，種種境界的串聯變成進入正覺的因緣，也讓這種因緣看起來像似神話。

回憶民國七十三年（一九八四年）二月份要回學校開學註冊，當天坐夜車到中壢，回到住處整理一番後倒頭大睡，隔天睡醒後，奇蹟似的竟然於早餐的葷食一口都不敢吃，到了中餐晚餐也都一樣，對平常所喜好的魚肉卻一口也不敢吃，就開始吃白飯或泡麵，卻似神話般的在末學身上演著——吃素人生。一夜睡醒就不敢吃魚肉，就開始吃素，這是奇蹟還是神話呢？眞令人難以置信。不過這是要來正覺前的起信，這個過程仍離不開神祕力量的操控，接下來更是神奇的境遇，也是進入正覺的主要前因，不只是起信，還帶有預言，而且有授記的味道。

同年的暑假，因小妹在台南安平工作而前往探視，與小妹老闆相談甚歡；到了午餐時間，老闆娘煮一桌好料，老闆熱情招呼請吃飯，那時候末學很抱歉表明吃素，當時小妹老闆愣一下說：「我們都吃葷，不過有一位朋友是吃素，不嫌棄的話，到他那裡去吃飯。」於是老闆去打電話聯絡朋友，說明一下就出發了；當我們到達那位朋友家門口，那位朋友早已在門口等候了，就連問候的話都來不及說，那位友人走向末學面前，用很嚴肅又莊嚴的口氣向末學說了一段話，在當時的末學是聽不懂的話：「你要等，等到四十幾歲，那位善知識才有辦法幫你開悟。而且從現在到四十幾歲所接近的宗教或善知識，對你都沒有幫助。」

當時的末學是丈二金剛摸不著頭腦，雖有聽，但沒有懂，但末學心中有個大問號「？」就向友人提出請問：「請問，現在的我才二十幾歲，還要等二十幾年後，到時候要用什麼方法才可以找到他（善知識）呢？」友人很肯定回答：「只要你認眞讀《六祖壇經》，一定可以找到他（善知識）。」這次奇遇的機緣在末學心中烙了一個印記——開悟。而這個奇遇友人預言，會有一位善知識在未來將出現，並授記末學未來會被印證開悟。由於有之前一夜醒來就開始吃素的因緣，在我心中思惟與友人這段奇遇，必定有其中的道理；雖然當時聽不懂那一番話，可也是因這一番話，讓末學好似中邪般又審慎的在意，於是開始研讀《六祖壇經》。

完全沒有看經讀經的經驗，剛開始研讀《六祖壇經》是一件非常艱澀的難事；只有第一品像讀小說般，以下每一品都是深奧的佛學名詞，令人難理解，故以摸索的態度來看待《壇經》，以致要深入其內涵很難。經中每一個字都認識，但是其意義卻不知不懂，這其中經歷了在學讀書、服兵役、出社會工作、結婚生子，於每一階段中都是看了又看、讀了又讀，回憶友人所說：「**只要你認眞讀六祖壇經，一定可以找到他**（善知識）。」這一段是不是意味著在《六祖壇經》中有一種可以找到善知識的方法，所以就在看經或讀經時立了一個前提：「**如何找到善知識的方法？**」

這次深具信心的鑽入《壇經》中研讀，腦裡思索著：「**這位善知識未來可能是演說《壇經》的人，或是所說與《壇經》內容有關，找到善知識的方法應該是《壇經》的內容。**」對！就是這樣——尋找到善知識的方法就在《壇經》的內容裡。友人的話又在腦中浮現：「你要等，等到四十幾歲，那位善知識才有辦法幫你開悟。」哎呀！內容一定是講——開悟是什麼的善知識。爲什麼一開始讀《六祖壇經》沒有這個想法呢？折騰了好幾年又好幾年，才理出一條曙光，末學自省是善根福德太淺薄，不過這才要開始而已，只知往開悟的方向，只知往找到善知識的方法探討，往後還有一段艱辛路要走。

讀《六祖壇經》首先探討《六祖壇經》到底在說什麼？所說又與找到善知識的方法有何關聯？就用一種符合邏輯觀的比對方法來探討：

【一】《壇經》開宗明義六祖惠能大師說：「善知識！菩提自性，本來清淨，但用此心，直了成佛。」從字面了知，一定要用這個心，才可以成佛，然而這個「心」是什麼「心」呢？爲什麼這個「心」是成佛的根本？

【二】接著五祖弘忍大師喚諸門人總來：「吾向汝說，世人生死事大，汝等終日只求福田，不求出離生死苦海；自性若迷，福何可救？汝等各去自看智慧，取自本心般若之性，各作一偈，來呈吾看。若悟大意，付汝衣法，爲第六代祖。」

這世人生死事大，可不就是人往生的大事？怎麼五祖弘忍大師卻說「若悟大意，付汝衣法，爲第六代祖」？這下可奇了，但到底什麼是「若悟大意」呢？卻與世人生死事大有關；是不是就是人往生的大事呢？好像與今世俗人或佛教界將辦理人往生超度之生死大事無關。若與人往生的大事有關，那人都往生，如何得衣法擔任第六代祖呢？但這「世人生死事大」卻與這個「悟大意」有關，這種邏輯要如何解呢？

【三】接著「五祖以杖擊碓三下而去。惠能即會祖意，三鼓入室；祖以袈裟遮圍，不令人見，爲說《金剛經》。至『應無所住而生其心』，惠能言下大悟：一切萬法，不離自性。」這「惠能言下大悟，一切萬法，不離自性。」就是五祖弘忍大師所說「若悟大意，付汝衣法，爲第六代祖」。那何謂自性？往《壇經》中一行一行找，一頁一頁的找，皇天不負苦心人，終於找到了，〈付囑品〉中六祖說：「自性能含萬法，名含藏識。」那什麼是含藏識呢？趕緊拿出《實用佛學辭典》（高觀廬先生主編），馬上查「含藏識」，但是沒有含藏識，卻有藏識：【（術語）八識中第八阿賴耶識也，阿賴耶譯曰藏，含藏一切種子之識也。《業疏濟緣記》三．下曰：「梵云阿梨耶或阿賴耶，此云含藏識。謂含藏一切善惡因果染淨種子。」】

由此可確定六祖惠能所悟之自性是——含藏識、阿賴耶識、第八識。這也就是說，惠能今爲禪宗第六代祖，所得之法正是 佛所傳的正法；也是從上以來代代祖師所得的正法，所傳的正法。到此末學心中非常興奮，爲什麼呢？感覺到友人所說，有那麼一點點像似眞的有那麼一回事——開悟這件事。想到這裡心中之興奮非是一般。（註：末學已在正覺學法多年，在佛教界常聞說：阿賴耶識是染污識，是生滅法。若如佛教界所說：阿賴耶識是染污識，是生滅法。那爲何六祖惠能大師悟後卻說「何期自性，本自清淨；何期自性，本不生滅」呢？因六祖惠能大師所悟的自性即是阿賴耶識，當如六祖惠能大師所說阿賴耶識是本自清淨，本不生滅，不該如在佛教界傳聞之邪見所說是染污識，是生滅法。）

【四】五祖爲惠能說《金剛經》，以致惠能「言下大悟」。那《金剛經》更是尋找善知識方法的源頭，那到底《金剛經》在說什麼？《金剛經》的內容闡述分兩大方向：

〔1〕說如來是什麼：從開經偈的內容探討更可得到旁證；〔無上甚深微妙法，百千萬劫難遭遇，我今見聞得受持，願解如來眞實義。〕簡單的語譯如下：這個無上甚深微妙法，是百千萬劫難遭遇的，我經今見聞得以受持

這無上甚深的微妙法，願理解「無上甚深微妙法」的眞實義——就是願解「如來」眞實義。所以無上甚深微妙法就是——如來。從《金剛經》中舉示證明如來是法，而非是言 如來佛，舉示證明如下：「如來善護念諸菩薩，善付囑諸菩薩」；「若見諸相非相，則見如來」；「如來者即諸法如義」；「如來者無所從來，亦無所去，故名如來」；如來到底在說「如來佛」或是在說「法」呢？這表示如來是要深入探討的方向，表示如來是有內涵的代名詞，而非代表佛的名詞，故於此可以肯定如來是「法」，無庸置疑了。

（2）說此經的勝妙：此外於〈依法出生分〉第八「若人滿三千大千世界七寶，以用布施，是人所得福德寧爲多不？」與「若復有人於此經中受持乃至四句偈等爲他人說，其福勝彼。」乃至〈應化非眞分〉第三十二「須菩提！若有人以滿無量阿僧祇世界七寶，持用布施；若有善男子、善女人發菩薩心者，持於此經乃至四句偈等，受持、讀誦、爲人演說，其福勝彼。」這上下比較，爲何於此經中受持乃至四句偈等爲他人說，其福勝彼？佛把此經中受持乃至四句偈等爲他人說，其福勝彼的原因告知須菩提，佛說就是：「一切諸佛及諸佛阿耨多羅三藐三菩提法，皆從『此經』出。須菩提！所謂佛法者即非佛法。」於《金剛經》中如此比較，前後共有八次。佛是一而再，再而三，三而四，乃至七而八，佛如此老婆心切爲何？佛乃在在引人入勝，入於勝妙的「此經」。一直強調此經之勝妙乃爲：「一切諸佛及諸佛阿耨多羅三藐三菩提法，皆從『此經』出。須菩提！所謂佛法者即非佛法。」再者佛說：「須菩提！一切諸佛及諸佛阿耨多羅三藐三菩提法，皆從『此經』出。」這一段對應到六祖言下大悟後所說「何期自性能生萬法」，以上文字的組合不同，但其意義內涵可說是相同。相對說明了「此經」就是「自性」「含藏識」「阿賴耶識」「第八識」的事實。在這裡 佛明確的說自己是從「此經」的「自性」而生，因一切諸佛包括過去、未來及現在的 釋迦牟尼佛與諸佛，皆從「此經」而生。相對說明諸佛以下一切有情亦從「此經」的「自性」而生。

【五】六祖惠能從《法華經》中：「諸佛世尊唯以一大事因緣，出現於世。一大事者，佛之知見也。」來說明諸佛所傳的法教是代代祖師所得諸佛的法脈。「佛告舍利弗：諸佛如來，但教化菩薩，諸有所作常爲一事，唯以佛之知見示悟衆生。」何謂佛之知見？若不知佛之知見、之義，而如何「開、示、悟、入佛之知見呢」？由六祖惠能來說明最有資格，且具文字記載，最有公信力。因佛將法一代傳一代，祖祖相傳至達摩祖師，再傳入中土，歷經二祖……傳到六祖惠能，這個地位沒有任何人可以撼動、可以推翻，故六祖說：「汝今當信，佛知見者，只汝自心，更無別佛。……世人心邪，愚迷造罪，口善心惡，貪瞋嫉妒，諂佞我慢，侵人害物，自開眾生知見。若能正心常生智慧，觀照自心止惡行善，是自開佛之知見。……開佛知見，即是出世；開眾生知見，即是世間。」由此六祖說明自已得自諸佛如來所傳，唯一佛之知見，是心。故心即是自性，即是佛之知見也。

於《六祖壇經》、《金剛經》、《法華經》中尋找出，其文字組合不同經文，但其內涵意義卻相同之章句，來理出確立 佛所得之法、佛所傳之法；再由祖祖相傳之法、祖師所得之法、祖師所悟之法，是自性、是如來、是此經、是佛之知見、是心、是第一義、是含藏識、是阿賴耶識、是第八識。就憑著這唯一的線索，是未來尋找善知識的依據。就因與友人的奇遇，也因友人的一番話，才能走到這一地步，已是十幾年歲月過去了。心中也有一股堅定的信心，深信在未來一定可以遇見善知識；只是等時間到吧（友人說要等到四十幾歲）。

以期盼的等待，熬到民國九十五年（二〇〇六年）十月份，因 導師來高雄那天是星期日，一大早出門上班，在高雄市五福路上，每一段路就有一支羅馬旗，上面寫著「第七意識？第八意識？平實導師主講。」看見羅馬旗上的標語，腦中一閃：二十幾年過去了，等到快要忘記的「善知識」三個字卻在耳邊響起。但鐵齒的末學仍然抱著懷疑的心情，錯過面見善知識的因緣；直到過年前（農曆），在屏東市一家素食店的結緣書架上，擺著一本《眞假開悟之簡易辨正法》小冊子；哦！作者是羅馬旗標語上的主講者，很好奇又好期待的心情，將《眞假開悟之簡易辨正法》請回家。

當打開看到第二頁看見五個字，就好像被閃電打了一下，似暈的感覺，立刻確認這位就是等待尋找二十幾年的善知識；心中的喜悅一直澎湃著，好似心中的一團迷霧，被「離見聞覺知」五個字給震散了：天底下怎麼會有那麼奇特的人，能將我心中所要找而不知的答案，用五個字給我解開迷團。雖知要找之善知識是弘傳第八識，但第八識有一體性是「恆而不審」，這位善知識必須要能將「恆而不審」的內涵解釋清楚，這是我要找善知識的附帶條件。因為，「恆」是不生不滅，而「不審」是什麼？長期以來試用好多形容詞來解釋，總是言不及義：「不知道」、「不懂」、「無知」、「不想」、「不對」、「不明白」、「不辨別」、「不會」、「恍神而不知」，就連六祖惠能大師所說「不思善不思惡」的「不思」都沒有比「離見聞覺知」來形容「不審」更貼切、更親切，故無庸置疑的確定這位作者——蕭平實老師，就是友人所說可以幫我開悟的善知識。太神奇了！真的讓末學給找到了。說也奇怪，讓人百思不解的是：為何從民國七十三年至九十五年之間，未曾聽聞 導師名號或任何一本書或任何演講，我足足等了二十三年才來到正覺同修會。

民國九十六年五月七日正式上禪淨班為期二年六個月，這期間所學的佛學知見，遠比自己摸索的多百倍、千倍，而且是正確的知見；再加上每週二聽 導師講經，可補足禪淨班課程外的知見；同時更正往昔錯誤的知見，讓自己心得決定拋棄錯誤的外道知見。由於當時民國七十三年（一九八四年）二月份在學校時，一覺醒來再也不敢吃肉，而每天只吃白飯或泡麵，同學得知此事，告知於末學說，他有一位前台中高中同學，就在我們隔壁班，他也吃素，於是就介紹我們認識；就在隔壁班同學帶領下，進入一貫道在校外設立的伙食團，在那搭伙吃素，也因這個因緣正式進入一貫道，也參與各種活動、各種課程的研究；就在同年暑假，在台南遇上友人的奇遇之緣，友人說過：「從現在到四十幾歲，所接近的道場對你都沒有幫助。」雖然友人有如此告知，但不論去哪個道場都沒有幫助，都要等，等到四十幾歲所遇上的善知識才有幫助；而一貫道的學長學弟道親們，又那麼善良親切，那不如就先在一貫道學習吧！但當接觸正法的熏習後，就決定拋棄錯誤的一貫道外道知見，迫不及待的立刻回歸正法的行列。

歷經無數歲月的參究體驗，好不容易又能再次進入小參室，覲見　主三和尚被當面勘驗，何其榮幸；主三和尚問：「如來藏在哪裡？」答：「如來藏就是○○○。」主三和尚說：「○○○○○。況且尚有○○○、○○○、○○○等，應當統合一種說法，那該如何說？」此時答：「○○○○○如來藏。」仍然無法通過　主三和尚的勘驗。主三和尚慈悲說：「○○○○○○下去整理，這可送一半答案了。」

從第一次禪三面見　主三和尚時已觸證，已知如來藏與五陰身同時同處在運作，只因如來藏無形無相，唯能見者是○○○○○○○○，亦明明知道

○○○○都是如來藏所作所爲，而非只能了別觀察思惟歸納統計的意識；況且意識是○○○○，依意根與法塵相觸○○○由如來藏出生意識。但要○○○○○來形容如來藏在哪裡？往往言不及義甚至落入意識思惟狀態，應該是開悟因緣未具足。也因已有二次禪三回答如來藏○○○的說法作比較，亦了知實證親證的道理是親身體驗，所謂「眞經不與紙經同，紙上尋經枉用功」。

再加上於日常生活中深刻體驗，觀察○○○○皆非意識能作能爲，○如來藏○○○。進監香老師的小參室，心中一直掛著 主三和尚叮嚀的話（主三和尚慈悲說：「○○○○○下去整理，這可送一半答案了。」）故於監香老師的引導，監香老師○○○○○○，指導末學○○○○○，問○○○○？末學答：「○○○○○○。」監香老師又問：「如來藏○○○○？」末學答：「○○○。」監香老師就問：「如來藏○○○？」末學答：「○○○○。」監香老師說：「答對了！○○○就是密意。」

眞是誠如六祖大師云：「善知識！菩提般若之智，世人本自有之，只緣心迷，不能自悟，須假大善知識示導見性。」六祖大師這個告示一點不虛假，且是眞實語；若非　導師的慈悲施設方便，以前自認有把握且有入處，明明知道○○○○都是如來藏所作所爲，都答得言不及義。接著一連續的考題，讓末學備感深受　導師的攝受、導師的智慧，以這連續的考題來證明這個所悟是千眞萬確，以確保未來不退轉，也使所悟者品質優良。讚歎　導師爲正法永續、爲學人用心。末學當以　導師之願爲我願，以　導師之志爲我志，盡無量際護持正法弘傳正法，以報師恩。

南無本師　釋迦牟尼佛
南無　觀世音菩薩
南無　彌勒菩薩
南無護法　韋陀菩薩摩訶薩
南無聖　克勤菩薩摩訶薩
南無　平實菩薩摩訶薩

菩薩戒子　黃澤豪

見道報告

—莊慧仁—

一心頂禮 本師釋迦牟尼佛
一心頂禮極樂世界 阿彌陀佛、觀世音菩薩摩訶薩、大勢至菩薩摩訶薩
一心頂禮護法 韋陀尊天菩薩摩訶薩
一心頂禮祖師爺 克勤圜悟菩薩摩訶薩
一心頂禮敬愛的導師 平實菩薩摩訶薩
一心頂禮敬愛的親教師 正元菩薩摩訶薩

記得在還沒到正覺同修會共修以前，經常夢到自己不管到任何地方做任何事，總是迷路無法回家；就算回到以前就讀的母校開會，也是迷路無法回家；而到正覺同修會共修以後，再也沒有作與此相關的夢。在第一次參加禪三回來後，有一天突然回想起來此事，才終於明白，原來弟子終於回家了，找到弟子這輩子可以安身立命的家，也是未來生生世世的家「佛教正覺同修

會」。

弟子在進入正覺同修會共修（二〇〇九年元月）以前，沒有參加任何道場的共修，也沒有學佛，更沒有看過佛學相關書籍，完全不懂任何佛學名相，更不懂明心見性；但常常到寺廟拜佛，主要求事業順利身體健康，當時以爲學佛就是到寺廟拜經、拜懺及當義工。在二〇〇二年十月初，心想要學佛（那時以爲學佛就是當一般的義工）；去找同單位同事，弟子說：「**我要學佛。**」請他帶弟子去他共修的地方學佛。這位同事帶弟子到正覺同修會台南講堂，印象中有一位出家眾在上課，當時教如何拜佛；回來後，學會拜佛的姿勢，並知道以後拜佛要拜三拜。回家與家內同修商量想參加共修，同修說：「**你要去共修，不如回家將家裡打掃乾淨。**」於是就沒有再去共修，就在自己的工作上打拚。

七年後，於二〇〇九年元月初，某一天在台南的法華寺，有一位比丘尼告訴弟子說：「**居士！你可以背《心經》的，背誦《心經》有多麼好。**」那時弟子不以爲意，回來後，就上網去搜尋《心經》的內容，印下來看，但看不懂，於是就花幾天的時間將《心經》背起來，每天上下班開車時，背誦《心經》來求行車平安。有一天突然起了幾個念頭：「弟子往後的日子不能爲自己而活，必須作一些有意義的事情。早學佛、晚學佛，早晚都要學佛，不如早一點學佛。」心中很確定學佛是弟子這後半輩的志業，生活的目標。於是找同事詢問，是否有《心經》相關的資料可以看，這位同事拿一本平實導師所寫的《心經密意》與弟子結緣，當時《心經密意》完全看不懂，只是心生歡喜，於是找同事表示看不懂《心經》的意思，同事跟弟子說：「你現在不要去猜它的意思，也不要到網路上去找任何解釋《心經》意思的資料，怕你會被誤導。」弟子就不再繼續好奇，改爲早晚拜〈觀世音菩薩普門品〉。於二○○九年四月初，某一天在台南的菩提緣素食館看到正覺同修會開設禪淨班的 DM，內心很高興，並篤定要到正覺同修會共修，於是很祈望開課那一天的來到。在此要感謝提醒弟子背《心經》的那位比丘尼，及將正覺同修會的法帶進本單位的這位同事，也感謝那位至菩提緣素食館張貼 DM 的同修，由以上條件才能成就弟子到正覺同修會共修的因緣。

參加共修前，與家內同修商量要到正覺同修會共修的事情，當提出來時，家內同修馬上就流下眼淚，同修說：「我要跟你離婚，過去你忙於工作，在家時間不多，你很自私只考慮自己，沒有爲家人想過。如果到寺廟拜可以，就是不能去共修。」當時弟子已經心得決定，不管任何人都不能改變弟子至正覺同修會共修的意志，經過協調，弟子主動提出會幫忙作家事、接送小孩、包便當……等雜事，並將費時的運動如游泳、騎腳踏車等運動停掉，幾乎全部的時間都留在家裡，同修終於答應讓弟子至同修會共修，上二〇〇九年四月底之台南講堂禪淨班。

四年來弟子一直都遵守此約定，在這段時間，由於佛法知見不具足及定力不好，剛開始會埋怨爲什麼別人學佛有人護持，弟子學佛需多作家事；經禪淨班上課之佛法熏習及與親教師小參，瞭解一切都是前世因果後，就比較不會埋怨爲什麼同修要遮障弟子學佛，反而覺得同修是在護持弟子，讓弟子的習氣性障快速的消除。也讓弟子學到當逆境來時，必須以佛法知見消除煩惱，想出雙贏的方法排除遮障，將逆境化爲增上緣。

在禪淨班聽親教師蔡老師上課，是一種享受，內容非常豐富，每次上課都很用心作筆記，回家後復習；因初學佛法，對佛法完全陌生，於是先閱讀佛法名相字典，再閱讀 導師所著《優婆塞戒經講記》來熟悉佛法的戒律；

而在憶佛、拜佛功夫方面，每天花一至二小時在上面；另外於福德資糧累積上，在時間許可範圍內，積極參與各種義工活動，並訓練自己能發起菩薩種性；有關知見方面，依據禪淨班上課內容及閱讀 導師的著作而思惟整理，若有問題則登記小參請教親教師。

於二○一一年十月禪淨班結束後，在蔡老師的鼓勵之下，報名了禪三，感謝 導師慈悲成全弟子，錄取弟子參加第一次禪三。禪三前，夢見 導師來夢中給機鋒，當時 導師對著弟子說：「三三六六三十六。」弟子醒來不知其中的含意（如今已經瞭解導師的用意）。另外參加同修會大悲懺法會回來後，晚上就發高燒，但奇怪隔天早上起來高燒就退了，就到大陸出差一星期，回國接到禪三錄取通知非常高興；剩幾天就要上禪三了，於是留在家裡作功夫；因禪淨班剛結束，拜佛功夫不好，知見不具足，帶著先試一次看看的不恭敬心，參加這次的禪三。

第一次禪三

第一天拜懺時，當唱誦到香雲蓋菩薩時，就流淚了，又拜誦到〈正覺發願文〉時，心酸而哭得更嚴重（參加四次禪三都如此）。到了晚上普說，導師開示公案時，眞是精彩萬分，就如祖師本人蒞臨現場為弟子們開示；只知坐在後面聽的護三菩薩們笑得很開心，但弟子完全聽不懂。第一輪與 主三和尚小參時，主三和尚問弟子有何體驗？弟子回答沒有體驗，主三和尚開示：「眼根觸色塵，如來藏出生眼識，將能了別色塵的功能還給眼識；耳根觸聲塵，如來藏出生耳識，將能了別聲塵的功能還給耳識；鼻根觸香塵，如來藏出生鼻識，將能了別香塵的功能還給鼻識；舌根觸味塵，如來藏出生舌識，將能了別味塵的功能給舌識；身根觸觸塵，如來藏出生身識，將能了別觸塵的功能還給身識；意根觸法塵，如來藏出生意識，將能了別法塵的功能還給意識；那如來藏沒有見聞覺知，下去後經由拜佛來體驗。」第一次禪三期間無有所獲，回來後跪在 佛前痛哭懺悔：沒有以恭敬心參加這次的禪三，辜負 主三和尚、監香老師及護三菩薩在禪三期間辛苦的付出。

幾星期後，有一位同修告知弟子，說他有夢到佛菩薩要他轉告弟子，要有「恭敬心」；夢到的時間在九月底，經弟子詳問後，了知那位同修夢的場景好像是祖師堂的 佛、菩薩。弟子聽了感到很慚愧，感謝 佛、菩薩對弟子的關照，從此弟子將以「恭敬心」爲戒，都以恭敬心及謙卑的心對任何人、任何事及任何物。

第二次禪三

當天早上清晨，夢見 導師來夢中給機鋒，當時場景是 導師抓起弟子的手，用食指由慢而快敲弟子的手七下，弟子醒來不知其中的含意(如今已經瞭解導師的用意，導師慈悲夢中機鋒，一次比一次親切)。此次弟子以非常恭敬的心參加此次禪三，第一天晚上普說，導師開示公案時，弟子知道關鍵在那裡，但還是不知道如來藏在哪裡。第一輪與 主三和尚小參時，主三和尚問弟子有何體驗，弟子回答沒有體驗，主三和尚開示與第一次禪三所說的內容一樣，又開示了一次，要弟子下去後經拜佛來體驗。此次的禪三回來後，知道在○○○○○中來尋找如來藏，弟子決定除了原來拜佛及參禪的時間外，一星期至少要再增加二天，每天六小時來拜佛及參禪，不然要破參可能咕—咕—咕—(台語很久的意思)。

第三次禪三

第一輪與 主三和尚小參時，主三和尚問弟子有何體驗，弟子回答沒有體驗，主三和尚開示與第一次禪三所說的內容大約一樣，又開示了一次，要弟子下去後經拜佛來體驗。第二天晚上用完藥石後，導師安排弟子洗碗體驗；雖然弟子已經參加過兩次禪三，洗碗體驗兩次了，但又一次自願洗碗（弟子不會放棄任何一次可以作體驗的機會，這跟就讀博士班的訓練有關，作一件事不怕失敗，只怕不會成功），在此次洗碗中 導師慈悲地說：「○○○○○○○○，去參那○○的是誰。」當下弟子就知道如來藏在哪裡，但有一點眞妄不分，還需要時間整理，就是無法將牛奶分開成奶粉與水。到了晚上普說，導師開示公案時，弟子會用眼睛聽了，知道如來藏在哪裡，但還是無法以口說手呈的方式來展現如來藏在哪裡。第三天時，在與監香老師張老師小參時，無法以口說手呈的方式來展現如來藏在哪裡，直至禪三結束還無進展。本次禪三終於有正確方向，眞的感謝 導師慈悲的引導，弟子回來後繼續透過拜佛、洗碗及思惟，瞭解拜佛、經行、過堂用餐之機鋒及洗碗有異曲同工之妙，並將眞妄分離。

第四次禪三

第一輪與 主三和尙小參時，主三和尙說：「你上次有找到，只是自己搞混了。」要弟子〇〇〇來展現，弟子以〇〇〇〇〇〇〇〇〇如來藏，回答：「〇〇〇〇，〇〇〇〇〇〇〇〇，如來藏是〇〇〇〇。」主三和尙說不夠直接。弟子思惟一下回答：「〇〇〇〇〇如來藏。」主三和尙說：「要如此才直接。」主三和尙又說：「所證的心在……。」到了晚上普說，主三和尙開示公案時，弟子已經懂得 主三和尙一言一行之用意，都是爲了讓禪子有入處，眞的非常慈悲。

第三天時，順利通過與兩位監香老師陳老師及游老師的勘驗後，再次與主三和尙小參；主三和尙先後出了兩道題目，讓弟子透過思惟去加深所證的如來藏是正確，確保弟子不退轉，主三和尙眞是慈悲。接著是喝水體驗，……。首先以眞心……，主三和尙以如意爲弟子點出要注意的要點，覺得很新鮮，如來藏如此犀利，完全配合意根，眞是「日用而不知」，另外自己也〇〇〇感覺如來藏如何……。接下來以〇〇〇〇〇〇，就是以十八界法來體驗〇〇〇〇〇，覺得妄心也是相當犀利，也就是未破參前對十八界法的觀行，但還要更細膩。最後將○○○○○兩種體驗合併，……恰到好處。

再次與 主三和尚小參時，報告體驗內容還不夠細膩，不完整部分由 主三和尚開示補充，讓弟子覺得很佩服，可以如此細膩體驗。主三和尚又以嬰兒○○○爲例，說明……才能完成。最後以○○或○○方式○○○○來作體驗，再次體驗眞心及妄心配合的重要性。主要爲弟子們說明妄心也是非常敏捷有用的，菩薩在人間需要妄心的配合，才能行菩薩道及修學佛菩提道，一直至圓滿成佛。此次禪三弟子通過 主三和尚及監香老師的勘驗，從找到如來藏起，一直擴展思惟至如來藏能出生萬法，並證明妄心是會斷滅，唯有眞心是貫通三世。

弟子感謝 導師及正覺同修會提供一個可修學正知正見之道場，讓弟子有次第的修學佛法，從禪淨班、進階班，教導弟子如何具足六住位之修行，並藉由無相念佛法門之修行，增加動中之定力，進而練習看話頭及參禪，等待因緣具足而明心，後有增上班可繼續增上修學佛法；如此完整的佛法修學次第，教導弟子修學佛法。弟子破參後，會盡全力修學正法，願早日具足能力，協助弘傳正法，讓宗門正法永住於世，幫助有緣眾生同證菩提，以報 佛恩、師恩及 祖師恩。弟子也發願在末法時代，能荷擔 如來家業，盡未來際生生世世追隨 平實導師，破邪顯正，弘揚正法，至末法最後五十二年，願能追隨 月光菩薩至兜率天宮聽 彌勒菩薩講經說法。等當來下生 彌勒尊佛住世成佛時，成爲當來下生 彌勒尊佛座下弟子。並發願生生世世行菩薩道，利樂眾生有情，讓眾生得解脫，得安樂，直至成佛。

南無本師 釋迦牟尼佛

南無大悲 觀世音菩薩摩訶薩

南無 韋陀尊天菩薩摩訶薩

南無 平實菩薩摩訶薩

佛弟子 莊慧仁 頂禮敬呈

二〇一三年四月三十日

見道報告

簡麗珠

人生的轉折、無奈，起起落落，個個不同，然所指的方向卻都一樣，任誰也否定不了，任誰也無法離開生命本源卻還可以生活著。人生境界相實在太豐富了，琳瑯滿目，讓人覺得眼花撩亂應接不暇、總是顧此失彼，迷失在貪愛、執著的境界中，雖一個也留不住，卻仍不肯出離。只因為覺受的滿足，讓眾生覺得太眞實了，一點也不相信這原來是虛妄的。只因為無好好的觀察、沒有正知見揀擇。

感謝諸佛菩薩、導師、親教師及義工菩薩護持，末學才有機會證悟明心，幾十年的生活無明籠罩，如今光明現前。證悟後細細觀察，如來藏的功德眞是受用無盡，在動靜中觀察自己，觀察別人，眼前呈現的似乎不再是眾生身，而是如來藏身；看見別人一舉手、一投足時，現在都只在心裡會心一笑，覺得好神奇、好快樂，我與眾生皆相同，如來藏○○、如來藏○○、如來藏和合七識出生萬法。證知有祂相伴，人生何憾。

末學生在南方澳，當地鮮少人學佛。大部分信眾是拜媽祖娘娘的，也是慈航普渡，保佑出海人平安回港。家裡人也都信奉，但求平安，不求生命實相；生就生、死就死，不會有多少疑惑，覺得生命是註定的，總有來去，非自我能改變。

末學一直到結婚後，因爲小姑意外往生，全家人（婆家）才開始接觸佛經，當時只知道抄經、誦經迴向，不懂佛法的道理，也不知道小姑往生後到哪裡去了？這件事情我們一直都放在心上。就在誦過幾本經書後，從《楞嚴經》中知道，佛經應該是講生、死、輪迴的，內容中提到有如來藏；如來藏好像是一個大寶庫，裡面藏的東西什麼都有；當時心裡就覺得很歡喜，好像自己很富有，甚麼都不缺。但心裡又想：這樣的道理說給爸爸媽媽聽，問他們生從何來、死往何去，他們一定說不清楚；再往下說人死爲羊、羊死爲人，父母也一定無法理解。

末學同修從小身體不好，又加上我家裡小姑往生，總是想要找出生命的實相是甚麼？然後到處求神問卜，乩童總說一些不是答案的答案給同修聽，又說小姑這麼年輕就走了，會在枉死城待到壽命終了才會去投胎。這些說法總會讓人百思不解，因爲若沒有如來藏，甚麼都說不通；疑問加矛盾，理也理不清，最後總是會離開拜拜的道場。

一天朋友從素食店請來二本口袋書，一本《如何契入念佛法門》，另一本《佛子的省思》；同修看了書上寫的內容，知道是自己千尋百覓想找的地方；打電話問後，週二到講堂聽經，下個週一就報名上禪淨班。當時同修脾氣不很好，是張老師攝受同修，我們全家人都很感謝！以前同修因爲找不到自己想要的解答，道教道場總是一再更換；到了正覺同修會學習後，因爲同修會有佛法、有正知見，終於塵埃落定，跟著 導師、張老師修學，且努力作義工培植福德。過了二年半，婆婆也報名參加禪淨班共修，接著是大伯；末學在小孩出外讀大學後，在張老師的攝受下，也報名上禪淨班修學佛法。

因爲曾在《楞嚴經》中讀到如來藏三個字，進禪淨班後，知道是要學如來藏法，證眞如，就歡喜信受。在禪淨班，二年半的課程安排很受用，只要好好聽親教師教導，信受奉行，基本功都可以鍛鍊得很紮實，一輩子乃至後世都能受用無窮。

在課程安排的內容中，從無相憶佛、拜佛、正知見都有教導。從眾生如何入胎、出胎、長成、死亡過程、入中陰身、隨業往生，投胎與有緣父母相聚；該如何修福、修慧、廣結善緣、除性障、改變業力，來世可受報得人身等。六根、六塵、六識出生的順序，八識如何和合運作出生萬法。觀行五陰十八界出生後，確定可以斷我見，再將憶佛的念轉成看話頭、參話頭，訓練動中定的功夫，將之運用在生活行住坐臥中，最後報名參加禪三，體究念佛、參禪，證悟如來藏。

這整個佛法修學歷程，在別的道場是學不到的。為了要實修實證，眞是辛苦，導師說：「**我們都不是人，都是菩薩，發了願要行菩薩道，在佛菩提道上救度眾生，自利利他，這生死大法一定要成就；證悟了才知眾生苦在何處，才肯救拔。**」

記得第一次錄取上禪三的時候，因為性障未懺除乾淨，接到錄取通知單，又歡喜又緊張，對於親教師說的「一進小參室就會腦殘、口似扁擔」的事，不很相信；覺得自己一向頭腦清楚，這種事不可能發生在我身上，覺得老師講的是別人。當時因在忙「425G0」活動，導師要在高雄小巨蛋演講，末學參加籌備工作，南北開會奔波。到了上禪三前幾天便開始生病，感冒加上拉肚子，吃藥都沒用。上禪三後的前二天，從起三法會唱誦、蒙山施食，到隔天與 主三和尚小參，只覺外面的聲音無法進入，全都落在身體不舒服的覺受中；也不太記得進小參室表達了甚麼，好像一直形容意根作意的事，導師給了一道題目，說：把水跟牛奶分清楚。出小參室怎麼也分不清楚。

第三天稍好，登記與監香老師小參，也一直訴說○○如果沒有如來藏，○○○○○。監香老師說：「**是沒錯，但很淆訛，要說出如來藏是哪一個？○○、○○、如來藏之間在作甚麼？洗碗、經行、拜佛都可以拿來說。**」其實出了 主三和尚小參室，早就忘了水跟牛奶的事了。到了第四天腦筋還是在糾結打轉，上禪三要找如來藏的這件事，早已成了意根不斷作意的事了。眞慘！未上禪三前信心滿滿，覺得一直在作義工，應該會得垂愛，僥倖過關；事實不然，豈有這麼容易，證悟的這件事豈是馬虎得了！後來只覺得羞愧萬分，是實力太差了。

回到進階班報告給張老師聽，老師說：「**正覺講堂的法很殊勝、很細，光有福德，慧力不具足就難以破參，出去外面讓人一問，甚麼都不會，這樣**

會砸了講堂的招牌。」於是一方面懺除業障、除性障，又繼續作義工，培植福德、拜佛作功夫、看書。在進階班聽課時，覺得進階班的法，張老師教得很勝妙，就安住下來，不再去想破參的事；只是一旦作意不報名，各方面的課業進行，除了作義工以外，就開始鬆懈。

二年過去了，講堂買了地下室 B1、B2，準備作拆除工作，末學因一直在行政組作義工工作，理事長便請我參與幫忙安排義工、訂便當、作一些分配工作。當時大家每天都像地鼠一樣，工作得很賣力，不斷清理廢棄物。因為道場是要弘揚正法用的，是 佛祖要用的道場，所以在很短的時間內我們就完成了工作，從廠商報價的二百六十萬到自己作只花了三十萬元完成，護持的義工們都很高興能如期完成。時值夏天，當時義工們穿的雨靴倒出來的水都是汗水，每個人都瘦了好幾公斤，講堂準備盒餐及大量水，供同修們取用；也有義工發心護持點心、飲料。因地下室通風差，工作時大量排汗，好像把身上原有的病菌都給排出去了；加上大量補充食物、喝水，沒有人因此生病，反而身體變健康了，這是護持正法道場的功德受用可以立即見到。

在地下室工作期間，末學接到行政人事指令，要擔任行政組副組長的職事，每二週要參加幹部會議一次。當時雖很欣喜，心想在聯絡義工時會較方便得力，可是幹部們都是破參明心的菩薩，自己尚未破參，無形中有一股壓力，每次開會總想快快結束、快快離開；覺得沒有破參，功德受用有限；雖有五根、五力的功德但發揮有限，便向張老師稟明要報名禪三，力求破參，張老師便指示看書：《維摩詰經講記、金剛經宗通、眞實如來藏》，一個字一個字看仔細，再寫一篇自己的如來藏；拜多尊佛，每一拜不超過三分鐘，才不會拜到昏沉；功夫行門很重要，不懂再進小參室小參。

第二次報名錄取上禪三，狀況比第一次好多了，上禪三前向張老師請示：如何向　主三和尚表述，親教師說：「**就把體驗說給主三和尚聽；因爲時間很短，所以要先整理好，以免耽誤時間。**」這次上禪三身體狀況正常了，起三法會很感動，感謝諸佛菩薩護念，每個人受到關愛，都痛哭失聲。回想起第一次全都在抵抗病魔，甚麼感動也感受不到，怎麼會差這麼多？這次至誠發露懺悔，哭到嘴脣都在抽動不能自已。果然不同，導師開示殺我見，這次聽得清楚多了。

第二天進　主三和尚小參室，想藉著經行述說參究的心得給老師聽，主三和尚說：「上次來，剛開始有點亂，後來才好一點。現在有什麼體驗要說？」末學說：「早上在經行有些體驗要說給導師聽。」主三和尚說：「時間不夠，要說快一點。」末學就說：「因爲在經行時有意根作意，體驗到先○○○、○○○，總是○○○○，末學知道那就是如來藏含藏的習氣種子。」主三和尚說：「不錯，比上次好很多。」接著問：「如來藏是哪一個？」我說是走路的腳，老師說腳是色蘊，我說是○○○○○○○，主三和尚說：「好！就……的關係，有體驗再登記小參。」

結果末學在登記小參時，總是詞不達意，說這也不是、說那也不是，因爲三者的關係總是無法用一句話來表達，體驗不夠。喉嚨裡總有個東西卡住，說不清楚，監香老師也很慈悲的說：「方向對了，那就繼續參主三和尚教的怎麼洗碗，回去座位好好洗洗看，眼睛仔細看清楚，或○○○或○○○○，參到甚麼再去登記。」

每天照三餐過堂，在齋堂，主三和尚總在吃過飯，就會起身走動給大家開示或給機鋒，一下子勸吃水果、一下子要大家抓飯粒、一下子又勸說吃饅頭，總說這是自家的東西、總問是甚麼、有甚麼味道；同修們答話不一，各有所想、各有所說。沒悟時說甚麼都不對，主三和尚總會說「賞你一棒」，或說「有點屎尿味了」，唉！眞難會，末學總是默默地聽著，等　主三和尚說：「**你有饅頭，我跟你要饅頭。**」末學二話不說，趕快遞過去。

當然這一次又沒過關，不過信心增強許多。又說第一次上禪三，三天普說，禪師解說公案，總是聽得迷迷糊糊的；這次就學聰明了，用過晚齋解散後，馬上進寮房休息二十分鐘，養足精神後，聽公案時就能隻字聽得較清楚；雖然機鋒還是聽不懂，心想熏習也不錯；畢竟，普說只有上禪三及護三的同修才有因緣聽得到。此生此世只有在此，才知道禪師的角色是如此的活潑、禪師的機鋒總是讓人摸不著、猜不透。

回來後趕快再培植福德，護持正法道場，爭取第三次上禪三的機會。此時因爲力求破參，一切都以上禪三破參爲標的；報名後，又蒙　佛、菩薩護念，錄取上禪三。這次更有經驗了，起三法會還是哭得很感動，以至誠心懺除所作諸罪障，每天在　佛、菩薩前發願、祈求　佛、菩薩憐憫加被、垂哀攝受，能早日破參、荷擔如來家業。睡前求願、睡醒也求願、用齋後上大殿照三餐求願；參不出來時再求，向　佛、菩薩求、向　韋陀菩薩求、向　祖師爺求，說：「佛弟子道心堅定，破參後一定荷擔如來家業、守護世尊法城、宗門法脈，救度眾生了脫無邊生死苦海，免受輪迴之苦；當來彌勒菩薩下生成佛，亦在身邊跟隨，護持正法久住娑婆人間。」如此跪拜到膝蓋脫皮，褲管都黏住了還是照樣跪拜求願。

第三次打三時，主三和尚說：「就按照上一次的題目繼續參，以〇〇〇〇〇，用一句話說出〇〇、〇〇、如來藏的關係，有體驗再登記小參。」主三和尚說：「這一題過了，後面就很好答了。」這一次末學已經能體驗會說出：「〇〇是〇〇、〇〇是〇〇〇〇，如來藏是〇〇〇〇〇〇〇〇〇〇。」就去登記小參，但監香老師說：「是要用一句話說出三者的關係，為什麼就一個結說不清楚？佛不肯幫妳，一定妳有甚麼地方沒作到。」末學當時很疑惑，也很難過，怎麼 佛會不幫佛弟子呢？出了小參室，帶著沉重的步伐，走到 大佛菩薩面前，剛跪下去趴下時就嚎啕大哭，心想：「佛啊！為何不肯幫我呢？」沒有 佛幫忙不就等於破參無望了嗎？心裡冷到谷底去了。

哭完了心定後馬上制止妄念，想說：「從頭再發願一遍，好好說給佛菩薩聽。」唸啊！唸啊！最後唸到一句話，自己也嚇了一跳：「永不入無餘涅槃。」這句話，我有多久沒發願了！平常 導師、親教師在課堂上一直重複的說：佛不會幫阿羅漢開悟，幫阿羅漢開悟後，阿羅漢不荷擔如來家業、不救度眾生，卻入無餘涅槃去了。對於 導師、親教師開示，我都點點頭，自以爲理所當然，不入無餘涅槃；就算發過願也已經是很久以前的事了，心裡是空空的，並沒有以至誠心發過這個願。

還好發現問題所在，趕緊叩頭禮拜，以至誠心向 佛、菩薩稟白：「**永不入無餘涅槃，生生世世荷擔如來家業，護持正法久住娑婆人間。**」也在 韋陀菩薩聖像前發願，又在 祖師爺聖像前發願。之後再登記小參就順利了，能說出阿賴耶識○○的功能；監香老師有了引導，終於把○○○說完整了：「**如來藏……、如來藏……。**」好歡喜如見光明，一切所受苦都值得。

接下來，開始問：五陰十八界，六識是○○○○？快速的解說一遍，末學作過觀行報告，所以很快就能答出：意根作意，眼浮塵根觸外色塵，如來藏變現出外相分色塵，經由視神經傳到大腦的勝義根，眼勝義根觸如來藏變現的內相分色塵及色塵上的法塵，眼勝義根觸內相分色塵、意根觸色塵上的法塵，引出如來藏含藏的眼識、意識種子，了別色塵青黃赤白、長短方圓，色塵上法塵的美醜、喜歡或不喜歡。

問：「斷我見，成初果人，該不該受人天供養？」答：「該。」問：「爲什麼說斷我見可成初果人？」答：「因爲證知色蘊虛妄，須由色蘊五根和合再出生的識蘊更是虛妄，初果人證已，我見即斷，即應受人天供養。」問：「醒著的時候如來藏○○○○○，那麼○○○如來藏○○○○？」答：「如來藏○○○○，舉例說明：如……等。」問：「死亡時，阿賴耶識○○○○○○？」答：「低昂兩頭。」問：「阿賴耶識爲何○○○○○○○？」答：「因爲阿賴耶識……變化物質讓人體攝取養分，長養色蘊五根。所以眾生是阿賴耶識……所以能○○在人間生活運行。」回答完問題，已經是第四天的下午四點半了，又要解三，監香老師說：「這一次已經來不及印證，等下次報名應該就順利了。不過還有一題，但不能給題目，等下一次跟監香老師參過，應該就能破參。」此時末學已是歡喜萬分了。

到了第四次報名，沒有錄取，向親教師報告，張老師說：「感覺怎麼樣？」末學說有一點難過，但 導師常說有失有得，也因爲剛護持大陸同修來台灣受菩薩戒，身心都很疲憊，既然失了上禪三的機緣，就得到好好休息的機會，否則上禪三可能也會參得很辛苦。一不小心又會出現腦殘現象。

終於又報名了，第五次報名錄取，很高興又蒙 佛、菩薩加被，一樣很感動，也很小心，行住坐臥都只在參究上。第二天與 主三和尚小參，導師說：「上次表現得還不錯，那說說看：○○○○○？」 主三和尚手上捏著一支原子筆，我回答說：「手。」○○是哪一個？我回答說：「拿筆的○○。」○○○○○○○？我回答說：「拿筆時○○○。」主三和尚說：「不夠直接，再說。」我說：「○○○○○○○。」結果還是不夠直接。後來 主三和尚很慈悲的說：「要說『○○○○○○』，因爲如來藏○○○○○○○，所以不能○○○，不能○○○○。七識○○○○，第一天就殺我見了，只有如來藏○○○○○○，又不能只說局部，這一句話要函蓋全面性。」主三和尚再出題：「就以剛才手拿原子筆，換一個話題，祖師說：六六三十六，是甚麼？」末學實在是太緊張了，又落到意識思惟上去了，說是數學公式。監香老師說：「上次沒給思惟這道題。」建議讓末學參參看，參到再登記小參，主三和尚說：「會的話，七七四十九也都一樣。」

如來藏○○所以要在○○上面參，有了消息時就去登記小參。以比量思惟：手拿原子筆，原子筆是色塵，……的是如來藏；祖師說「六六三十六」，六六三十六是聲塵，說完一句話的過程○○，○○○○○○○○○是如來藏，所以是：如來藏○○○○○○○○○○。最後監香老師反復再反復的一一確認：……？主三和尚再勘驗：「**妄心爲何**○○○○○○？**阿賴耶識爲何**○○○？」末學回答：「**妄心七轉識皆**○○○○、**且眠熟斷滅等等。**」及以因緣果報論，說如有生滅，則造惡者不必受報，每個人都不怕造惡受報下墮三塗。又如有生滅，則生時有法，滅時無法，則萬法時有時無，眾生和合所造器世間亦將時有時無，然現量非是如此；又以妙觀察智觀察自己，爲何生來即能判斷外道、喇嘛教、正法，而決定遠離或親近，是因爲阿賴耶識能含藏過去世執藏的妙觀察智種子來到今生的緣故。

終於得到 主三和尚認可，印證明心給金剛寶印，末學當下叩謝，出小參室照著 主三和尚吩咐，禮拜 佛、菩薩說：「**佛弟子經由平實導師印證明心破參，今後當依照所發願心一一實踐，荷擔如來家業。**」又到 韋陀菩薩聖像前禮拜，祈請 韋陀菩薩將來下生成佛時，能帶領弟子一起弘揚佛法；又到 祖師爺聖像前合掌跪拜，謝謝 祖師爺將這樣勘驗的法流傳下來，讓弟子有機會證悟明心，弟子會守護宗門法脈，讓正法久住娑婆人間，救度眾生離苦得樂了脫無邊生死苦海。

弟子感謝 佛、菩薩、導師、親教師慈悲護念，義工菩薩們辛勤護持，一點一滴拉拔成長乃至證得明心破參。這修學的過程，從無相憶佛、拜佛、看話頭、參話頭、培植福德、持戒、除性障、修學知見、增長慧力、觀行、懺悔、發願、功德迴向，每一個課業安排，都是爲了要幫助我們早證菩提，可以進入內門修學道種智。這樣的課程，只有在正覺講堂修學明心的菩薩才能證知，只有在正覺講堂才有眞參實修的功夫。雖然整個參學過程相當辛苦，時間總覺得不夠用；雖然不夠用，但還是要努力向上學習。

每每想到 導師如此護念弟子、陪伴不捨的心情，上禪三時我們都看得很清楚，導師總想盡辦法要幫我們破參，護子之心多麼地懇切；弟子在此向導師、親教師深深禮謝叩拜，感謝您們一路來的呵護與不捨，弟子的法身慧命是您們恩賜給的，弟子當秉持您們的教誨：護持正法永不退。生生世世荷擔如來家業，守護 世尊法城、宗門法脈，護持正法久住娑婆人間。生生世世勇發十無盡願，一心奉行。

一心頂禮　本師釋迦牟尼佛
一心頂禮　阿彌陀佛
一心頂禮　觀世音菩薩
一心頂禮　普賢菩薩
一心頂禮　平實導師菩薩摩訶薩
一心頂禮　親教師　張正圜菩薩摩訶薩
一心頂禮　親教師　余正偉菩薩摩訶薩
一心頂禮　監香　孫老師菩薩摩訶薩
一心頂禮　監香老師菩薩摩訶薩
一心頂禮　護三菩薩摩訶薩

佛弟子　簡麗珠　頂禮
公元 2013 年 11 月 8 日

見道報告

林槐泰

成長背景

自小在竹南小鎮鄉下長大，兄弟姊妹共六位，最上一位大姊，最後一個小妹，中間兄弟四個。早年祖父應是大地主，土地推測約有百甲之多；而且早期老家那地方，幾乎除林姓之外的其他各姓氏，大多是幫爺爺打工的外地人，也就是所謂的長工；後來因政府實施土地放領與三七五減租，當時好的水田與好的農地爲了能收取高租金，全都放租給佃農耕作，也就在那一波中都被放領出去，留下的大部分是耕效較差的種地；雖然如此，共有八個兄弟的家父，分產後兄弟每人仍分得三甲多，但也只能是一個有產的窮人，因產業都是持分的，土地的任何變動，印章動輒要蓋二百多個，所有地產都幾難分割與買賣，至今如是。對祖產，我們這輩子弟而言，則持可有可無的心態，它帶給我們的只是無盡的辛勞，至少念初高中時心裡總是這麼嘀咕著。

也因爲生長在鄉下，種地十八般武藝都會，挑水、插秧、割稻、犁田、種西瓜、花生等等，無一不會。挑重更是個中拿手，曾經一擔達二百斤之多；當時西瓜一個超過二十斤，一筐五個左右，一擔就有二百斤。從小就明白，種地是沒出路的，因此農忙時，總是藉口學校考試需準備爲由來逃避，倒楣的是大哥與兩個弟弟。當然，爲了有所交代，還是多少得念一點書，就這樣，迷迷糊糊上了初中、高中，後來大學也考上了，且是林家第一個上大學的。雖說是件喜事，可是這卻是家父母災難的開始，光是學費就是一大難題，爲了第一學期學費，家母起了一稻穀會，一年兩期；弟子當兵退伍回來，這個稻穀會還沒結束。至今天爲止，仍不知道大學四年的註冊費是怎麼繳上的。

因爲出身農家也窮，感覺總是不如人，也發現種地其實只能看天吃飯；在初中時，心裡暗自發誓，立志要趕快賺錢養家；初中畢業，沒敢參加高中聯考，只是應付地考了同校的高中部，然後就外出打工，住宿新竹一家紙箱裁切廠當臨時工；約一星期左右，有一師傅因不小心碾壓到手，手都糊了，一害怕就不敢待了，隔天一早就打包回家；家母突然間見到兒子，眼眶就紅了，問了情況，然後說：回來就好！那一幕，至今仍印象深刻。

後來人生道路上，全盤算著脫貧致富，考慮的是創業而不是就業，一腦門子心思往開創事業鑽。

接觸佛法因緣：

在就業幾年後，與幾個好友共同設立了一家貿易公司，地址設在臺北市信義路與金山路附近。記得公司隔壁有一位學佛人常打招呼，後來也偶爾邀往參訪；他供了一堆佛像金碧輝煌，當時因對密宗沒概念，只是想，怎麼這麼複雜？後來，有一天邀我一同前去聽演講，當一進去才知道是講堂，名字叫作「十方禪林」，南懷瑾老師主持，講的是《維摩詰經》。畏畏縮縮坐在後排，往前一望，前方幾排都是出家眾，衣著大都是喇嘛式樣的；很是好奇，持續去了一陣子，但是什麼也聽不懂，也沒排斥。

離十方講堂不遠，有一書局，名「老古文化出版社」，完全出版南懷瑾老師的書為主。常逛，當時買了一本《靜坐修道與長生不老》，很是著迷，以為學佛就是打坐而已，開始著尋尋覓覓能教打坐的地方。

後來因貿易公司股東拆夥，退出經營，在台北上了兩年班；接著又是創業的歷程，並且遷回台中。在這之前，爲了上班或創業的緣故，與家中同修是分居兩地的，我倆每隔著一週，搭著公路局的中興號互相探親，好不辛苦。回台中不久，同修的妹妹拉著我倆到天帝教，因有教打坐，因此懵懂持續數年。再接著，有一大葉大學教授介紹到「大毗盧遮那禪林」，稱說：默照禪，專修打坐。並說十法界中，如果打坐層次高的話，就像搭電梯一樣，直升而上，不必一層層停，就到了意想不到其中一界。他們說這是成佛之道，心嚮往之！

在不到五年內，總共打了十二次禪七。（不過，要強調補充一點，「大毗盧遮那禪林」這地方是邪教，創辦人前幾年性侵女學員，誑說爲：最高級教法。也是密宗的一支。）在那邊進出的幾年間，總是疑著：爲什麼《心經》每字都懂，但意思都不懂？

有一天，因常胸悶，故到台中榮總作心電圖檢查，在檢查等待的時間裡，翻閱座前櫃內結緣書，經過一段時間才知道是賈老師布置的；隨手取了一本《邪見與佛法》，只是看不到幾頁，也就輪到檢查，完後隔天就出國；在途中，一口氣看完整本書，因爲太精彩了，欲罷不能，內容精闢又入理，佛教界之現況完全就是書中說的，心想一定是位有高道行的菩薩所寫的。入住飯店後即打電話給台北講堂，詢問義工菩薩開班情形，恰好台中新班剛開始將屆滿三個月，也就是報名截止的期限，甚感幸運趕上了，那班的親教師是許文瀚老師，啓蒙的老師。

進入正覺後，想就此結束原來常上課與打坐的地方，因爲一進入禪淨班就覺得正覺很不一樣；心也想著，應該試著度一些人過來，因此試著兩邊上課，欲拉一些較熟識的學員過來，首先試著介紹正覺的結緣書，但效果不佳；直到有一天，拿一本《無相念佛》欲與一出家師父結緣，她則說：「**蕭平實我知道！**」一副輕蔑的樣子，度他們入正覺的熱忱，也就涼了！就這樣大約在那邊無謂的多待了三個月的光陰。

剛進講堂上課，環境仍有一些不習慣，原因是：以定爲禪的人常希望周遭都很安靜，譬如以前的地方，手機與塑膠袋是不准帶入禪堂的，對所有人都嚴格要求。不過，這樣作法倒是很表贊同，至少對法、對老師同參都是一種尊重。

能進入正法殿堂，心裡感覺是很幸福的。偶爾回頭看，心想如果沒到正覺來，現在的狀況會如何？不自覺的捏了把冷汗，也許還在到處流浪著。由此，特別感激賈老師，因他在榮總結緣書擺放，發心把 導師所著的法寶推廣出去，讓有緣人有機會接觸到正法，進入正覺同修會——正法的殿堂。

接著，要感謝蔡○○老師，引導進入推廣組，讓弟子從中學習菩薩的願行。在推廣組中，每次任務安排時，常會發現，各小隊負責人接受任務安排時，從未在腦海中停留一秒鐘的猶豫，或考慮自己是否有事在先無法抽身參加，總是先接下工作再說，每次小組開會時，都會讓人很動容。推廣組很多菩薩默默耕耘著，不知利益了多少人，其實，正槐就是其中最大的受益者！誠摯的希望大家多多來參與推廣組的工作，利人又利己。尤其更要者，破密這件大事，更是關切到每個人這一世與未來世之法身慧命，特想要替推廣小組請命，希望菩薩們踴躍加入推廣小組，小組總是缺人，每次出勤，都是老面孔，小隊長經常面臨人手不足的難題。

密宗的邪惡，在正覺的菩薩們都很清楚，但是仍要根據多次參與書市經驗整理一下，再次強調，因爲這太重要了！曾經多次發放破密文宣時，就有人過來說：他們親友或鄰居就有人因到密宗，信奉喇嘛教而家破人亡的，說：

「你們作得太好了，你們很偉大，很有勇氣！」

密宗「阿姊鼓」的故事，很多人都知道；在正玄教授寫的《假藏傳佛教的神話—性．謊言．喇嘛教》那本書，一開頭就提到這個故事。一位西藏小姑娘，被喇嘛選上，剝皮做了鼓，喇嘛說之爲最大功德；她的弟妹從小就不知阿姊去了哪裡？等長大了以後才明白：天邊傳來的鼓聲，竟然是他們阿姊的哭泣與控訴聲。非常悲愴，也可見喇嘛教的邪惡！

心想，除求開悟明心外，另有一件事所有正覺人一定現在就要作，就是破密。密宗，在台灣有二千多個道場，大陸則通山遍野，無處不是。如果不把仿冒佛教的喇嘛邪教趕出佛教，下輩子誰也難保不會不小心地走到密教去！如果我們現在不把環境打掃乾淨，誰能保證下輩子再來，周遭環境不會還是一樣烏烟瘴氣呢？

再接著，要感謝親教師楊正旭老師。楊老師總是非常慈悲的攝受與代學員承擔，攝受細節的部分就不細說，代爲承擔部分則想提一提，例如：之前曾請教楊老師有關受戒前，所從事的行業是否有違戒問題時，楊老師在有辦法的範圍內，盡可能的幫找開緣，能感覺到他的用意，是在解除學員壓力或遮止退轉，但是開緣一出，如果眞有業果，老師可是要擔業的，至今總是這麼想的。

班級小參，法義以外，其實大家大多已有想法的，只是無法一下子就承擔，請問親教師，主要是要老師背書而已！曾有位師兄開玩笑說：在鑽法律漏洞，自我安慰而已！在小參中，很多看似問答而已，親教師可是默默幫著扛著；但，捫心自問：信受尊重老師了嗎？

說到尊重，總體感覺上，我們對法、對親教師之尊重仍不夠，最明顯例子之一就是上課關手機，我們把漏接電話的重要性認爲高過求法；大家聚會的公共場所關手機，只是現代公民禮儀的一個基本要求而已！以前，在其他教團期間內，被要求見到老師一定要頂禮三拜的。當然，以正覺門風，親教師都不會接受頂禮，而且，所有正覺親教師，都是無償來上課，也幾乎從不缺席，除非時間衝突。原因無它，只爲護持正法，利益學員。但是，有部分學員，對親教師所講的法是沒有完全信受，曾經缺課過的一定也有相當比例，這就是對法、對親教師不夠尊重。經典上說不傳如來藏法給「不虔恭求者，不信者」，對親教師不信受，學法一定會有障礙的。

前不久，對一位剛上課不久的師姊說起，我們正覺親教師都是自費來幫學員上課，而且還經常護持講堂，她聽了卻哭了；原因是之前她去的道場都不是如此，浪費了無數時間與錢財不說，大把供養、儀式一堆，被誤導又無法可學。知道這位師姊是善根深厚的菩薩，之前她雖曾經走錯了道場，最後卻能幸福的進入正法的殿堂——正覺。對 導師、親教師恭敬心，是一定要有的，傳法之師何等偉大！

精進禪三

剛進入禪淨班約一年多以後，有一天許老師請了一位剛破參的女眾老菩薩來作見道報告，介紹中提及這位破參菩薩是小學學歷，且去了七次禪三方被 導師印證，許老師介紹中一直稱呼她爲「阿密師姊」；也因此，往後心中泛起禪三的任何想像，總是非常鮮活的與「阿密師姊」結合在一起。

報名禪三，受菩薩戒是會裡的其中條件之一，但是，對是否受戒猶豫再三、心懷恐懼；唯恐受戒就馬上破戒，因此一拖就五年過去了。直到二〇一一年三月，方才受完導師傳授的上品戒。受完戒後，其實對持戒看法改變了，心更為篤定；日常生活中，持戒也沒猜想中的困難，反而更能敏捷反觀所行所為。

受完菩薩戒那年，報名四月份精進禪三，非常僥倖地被錄取，無限的興奮持續到上山；曾多次參加其他外道禪七，心一直盤想著精進禪三會有何不同？

拜懺法會後，就正式起三，請師時，遠看 導師瘦小身軀，為正法、為求悟佛子沒日夜地付出時，內心湧動，不知為何眼淚就控制不住直流！接著，導師為大家說明斷我見的內容，並說斷了我見就有初果的功德；說此次來禪三，若沒有破參，至少也有初果的收穫，並微笑著說：口袋至少裝了一個水果回家，高不高興？如果是首次上山的菩薩，肯定會答說：高興！導師卻接著說：這也是我見。

第二天與 導師小參時，導師簡要地為弟子說明八個識的體性，並再說明如來藏把對應六塵的見聞覺知性功能全交給前六識，意根處處作主，第八識如來藏則如愚如魯。後令下去參究，交代說：如果找到了，可登記跟監香老師小參。懵懵懂懂的回座位參了起來，坐著累了就起來禮佛，如此交互參得昏天暗日的，直到解三時也沒一點消息。

導師每晚普說公案，或於過堂時神頭鬼臉扮演著，看著聽著，總是茫茫然一無所知；更怕 導師針對著弟子說，總不知如何對應而手足無措！除報到日那天外，其餘三天無不緊繃著神經，這完全不是以前所參與過的所謂禪七的內容；之前的禪七只是打坐，儘管打坐，好吃好睡的，每天對抗的只有腿痛而已，參禪一事更不足論也。

感謝 導師的慈悲，第二次、第三次禪三又非常幸運地接連被錄取，可是進展的情況，並沒超出第一次多少，每次除讚歎和羨慕已體驗喝水的破參菩薩，內省自己仍用功不夠，定力慧力是有所不足。解三返回後又擬定一個新的用功計劃，先暫停報名禪三，作息則改為早上四點半起床，拜佛用功時間提早到上午五點，時間以一小時為限；晚上拜佛則稍具彈性，時間長短不一，視當天工作與體力情況而定，但還是以半小時為標準。如此這般，起始時，堅持度還是夠的，後半年懈怠心起，有了一次就有第二次；堅定的計劃，被時間溶蝕後就不堅定了。

精進禪三再被錄取已過一年又半，自信心稍起，對禪三道場從初次的興奮，已改爲親切的感覺，心態也較專注與平靜。但，方向全無，只是循 導師教導洗碗的方法在座位上不斷地乾洗著；第三天上午，導師瞧見弟子全無進展，挨著過來並蹲下指示洗碗的正確方法，如獲至寶，精神提振許多。不久，輪到小參，監香 孫老師慈祥問了弟子說：「找到如來藏了嗎？」弟子慚愧的回說：「還沒！」孫老師接著說：「上午經行時，香板敲一聲時〇〇〇〇〇〇，〇〇〇〇〇〇〇〇〇？」弟子答曰：「很自然！」接著又說：「這樣問法，只在禪三時能說，下去再好好參！」

下午，在 佛、菩薩與 克勤祖師聖像前重複弟子所發的願，也祈願 佛、菩薩加持。不久，與 導師小參，導師慈祥又慈悲地引導之前對弟子所指示洗碗的要領，並詢問七轉識妄心之所在；這一下子，弟子全身通透，渾然忘我，然後只聽到 導師指示：「下去好好參究！」當時因太過專注，竟不知禮拜 導師賜予法身慧命之大恩大德。回座以後，回想 孫老師小參時所說，一下子就感覺說得太白了！可是當時不懂就是不懂，眞是奇妙！晚上，導師公案普說，竟都能心領神會，心情之興奮，眞無法用任何言語可以表達！

輪到第二次與監香老師小參已是第四天上午，碰巧的同是 孫老師。一開頭老師就問：「如來藏在哪裡？」即刻○○○○，老師又問：「爲什麼祂不是妄識？」答曰：「第八識是○○○，故不是妄識！」老師又問：「祂沒有妄識？」遲疑一下，答：「有！和合運作。」老師接著說：「眞妄要分清楚，且能口說手呈。下去再整理清楚，然後可登記小參。」可是，屆臨可以登記小參時已是中午過堂以後，盼著再一次與監香老師小參，最終也沒輪到。解三時，導師對下山學員的諄諄交代，雖部分內容如前幾次一樣，可是，這次的感受竟那麼不同，有點沈重，並能深深的體會 導師的語重與心長。雖觸證了，理該高興，然而下山的感覺，肩膀似乎重了！

第五次上山，過程眞有點曲折，通知函至今仍未到達。獲悉錄取方式乃前一週六較晚時分，台北講堂某師姊電話告知方知，但心仍狐疑著：「是眞的嗎？」隔了三天，心想萬一報到時而不在名單內將會是尷尬萬分，有求證之必要。幸好，最終證實無誤，心就落下了。當天，與張師姊同車，不到七點就從台中出發，到關西休息站略爲休息，就趕快趕路，兩人都是第五次上山應是熟門熟路，可是，近到土城交流道才發現已過頭許多，迴轉後往南趕路，兩人惦著都是龍潭交流道，雖進入省道，越發覺走得迷糊，不得已，求助某師兄，方才脫困，到達祖師堂時，時間剛好九點三十分，已屆報到指定時間。

心情其實是受到趕路的影響，直至拜懺法會前方才過去。當晚導師普說公案都能領會，心情也愉悅起來。其實，自上次下山後，就抱著導師所著《公案拈提》共七輯研讀，直至再度上山前，已歡喜地讀了將近兩遍；此次對照導師普說內容，更堅定所觸證的內容無誤。

第二天下午與導師小參，問：「如來藏在哪？」舉如○○○○○○○○○○，導師說：「好！」接著說：「為防退轉，○○○○○○○○○○？○○○○○○○○，下去整理完後，可登記小參。」

第三天快中午，方輪到與監香陳老師小參，除印可所答導師之前的提問外，另出題曰：「……。」並令下去整理再小參。下去後，先行禮佛求願，不久，接著與導師小參，導師非常慈悲攝受，以前知見不連貫處，一下子有了提升，對問題的整理迅速許多。接下來，皆能順利完成答問。

禪三到此，慶幸與感慨各半；慶幸的是，何其有幸得遇眞大善知識出興於世，佛子方有證悟之因緣！感慨的是，現今佛教界，哪裡不在籠罩人！千年不遇之大善知識，奮不顧身著書傳法，然而總是有為數不少的人，視而不見或極力抵制。尤其，仿冒之假佛教——喇嘛教，在台灣、在大陸通山遍野。大善知識憂心疾呼，螳臂擋車，無非出於大慈大悲之心，欲救護千千萬萬佛弟子而已也！

能被 導師印證，只是更加在正覺四百多位菩薩摩訶薩之後，再度證實正覺的法，導師所傳的正法，正真無訛，是可再三地在不同人身上重複被印證的！進入新的旅程後，除不違誓願外，冀能為 導師分憂解勞！下山的心，湧動著無盡的感激：

首先感謝

南無 本師釋迦牟尼佛 世尊傳法娑婆世界，佛子方有機會得此無上大法

一心頂禮

南無 大悲觀世音菩薩

南無 大智文殊師利菩薩

南無 當來下生彌勒菩薩 護佑我們

感謝

韋陀菩薩　護持道場
　感謝我們的法主，正覺的大家長
平實導師　大善知識出興於世
　感謝
師母的無私護持，讓　導師無後顧之憂來攝受我們
　感謝
正覺教團菩薩們
　感謝
監香老師、護三菩薩、親教師們、助教老師們、義工菩薩與同學同修們。

弟子　林正槐　頂禮　2014.05.06

學佛的因緣和見道報告

溫樂樂

一心頂禮　本師　釋迦牟尼佛
一心頂禮　諸佛菩薩　龍天護法
一心頂禮　克勤祖師菩薩摩訶薩
一心頂禮　法身慧命父母　上平下實和尚
一心頂禮　親教師陳正瑛老師和余正偉老師
一心頂禮　諸監香老師和護三菩薩眾

二〇〇六年十月適逢南下高雄探訪妹妹家人，妹妹邀約第二天晚上兩人一起去高雄講堂聽 平實導師演講「第七意識與第八意識？」雖然搞不懂演講的內容，卻立即答應。當晚會場人數眾多，簡直可說是水洩不通啊！當晚的演講內容我完全聽不懂，心想這麼深奧的演講，怎麼會有這麼多的人來聽呢？兩小時的演說結束，大眾禮佛又禮謝　導師後，我抬頭一看：師父怎麼下法座了？依自己在西藏密宗修學的慣例，法會結束時，師父應該還坐在法座上，接受當天與會民眾供養紅包才對呀？我著急地拿著準備好的紅包，催促妹妹趕緊追上去好供養師父紅包，可是人潮擁擠寸步難行，終於擠到前面書櫃旁邊，詢問穿背心的義工，才知道這位師父從來不接受供養，正納悶著的時候，義工又告訴我書架上所有的書籍都是免費結緣，當時既興奮又貪心的催促妹妹趕緊取些書回去閱讀。（後來才知道這裡是個師父、老師們都不接受供養，卻把大眾護持的錢財拿來布施給眾生的佛教道場。）

隔沒不久，妹妹報名參加高雄禪淨班共修上課，她勸請我可到台北講堂聽善知識講經；我因為短淺無知沒聽過《勝鬘經》，就錯過聆聽　導師親講此經的因緣；妹妹經過幾個月又告訴我說　導師現在講《金剛經》，當時眼睛為之一亮，我有些心動，卻仍蹉跎而未心得決定。不久之後，我聽到已離開藏密的女眾同修親口告訴我，曾被喇嘛性侵雙修的事情之後，才心得決定踏進台北正覺講堂聽　導師講《金剛經》，那時已演說到第十二分，當年十月也正式報名進入禪淨班上課熏習佛法。

剛進入正覺學法時，禪淨班的親教師余老師，多次提醒同修們將以前在其他道場所學的東西，先打包放一邊，如此才能吸收正覺親教師所教的佛法知見，否則會混淆不清反而障道。因此從一開始上課起，我就決定將自己完全歸零，先否定自己的過去所學，否定過去在喇嘛道場，自以為是累積福德而所作的種種荒謬的事情；就好像生意人所說的血本無歸，也就是說自己那些年都是白搭了！轉念後就用心聽受親教師的說法，這也是我在正覺學法的第一次重要的轉念。

一年後，講堂鼓勵同修參加推廣組發送文宣，我雖然積極的參與出勤，每次想到導師都已經破斥喇嘛教多年，我居然在喇嘛教鬼混的那段渾渾噩噩的日子，就覺得好羞愧！因為生起了慚愧之心，反而更激發起積極參與推廣的動力。當時就決定要為一年後即將受上品菩薩戒作心裡準備，也敬告家人和稟報冤親債主，受此千佛大戒的殊勝和重要性，請他們不要遮障並能全力護持。在剛開始修學的過程中，還發現正覺學法的內容，和自己的想像內容完全不一樣；學了將近兩年的時候，老師開始教參禪功夫看話頭，心想為什麼修學佛法會和參禪連在一起？還以為：參禪是剃頭出家修行人的事，我又沒有要出家。當時根本不曉得出家是有幾種分別：心出家身也出家、心出家身不出家、身出家心不出家，身心都不出家。這是兩回事，也可以是一回事的眞實義理。內心莫名又惶恐，但是頭都洗了，沒有回頭路，也只能往前走，畢竟自己是很相信親教師，因此很快的就丟棄不如理的想法，跟隨師教所言作功夫。

兩年半禪淨班的學習還剩三堂課，心中很歡喜就快要完成初階學習，轉到進階班去熏修，不想卻在那個時候發生了一個小車禍，現在看來非禍事也。事逢一個週日，請兒子騎機車載我去新店碧潭橋附近的太平宮廟，盤點一週前廟方許可擺放的正覺結緣書數量，不料機車撞上宮廟前不鏽鋼管的護欄，我的左腳大拇指當場撞斷，還來不及哀叫，淚水隨即簌簌落下；在廟旁聊天的民眾看到以後，好奇的圍過來說要趕緊呼叫救護車，我忍著痛楚說：「沒那麼嚴重啦！」低聲吩咐孩子先去盤點擺放廟內的口袋書，然後再騎車載我去醫院掛急診；心想一定要先完成任務才行，否則我的腳拇指不就白斷了嗎？高雄妹妹要我當天立刻搭高鐵南下養傷，下午到達高鐵左營站時，看到妹妹菩薩推著新買的輪椅來接我，我緊抱著她，激動地掉下熱淚，她很像媽媽一般的軟言安慰，一切盡在不言中。

第一個星期妹妹在床邊照顧我湯藥飲食，除了沐浴外，她堅持要我安分躺臥床上；她顧慮的是左腳未癒，下床走動會徒增右腳負擔，如果造成兩腳都受傷，那就更難痊癒了。過了幾天我又得到重感冒，除了吃藥、昏睡、愛哭之外，連憶佛的功夫都很難提起，時常失念或者是散亂。更絕的是妹妹全家人吃涼麵都沒事，唯獨我不停瀉肚，才警覺到其實那是業障種子現行；於是提醒自己一定要拜懺，迴向冤親債主能解冤釋結，否則就辜負了在正覺兩年多的學法。趕緊收拾起散亂懈怠的情緒，每天坐著輪椅，在 佛前至誠禮拜八十八佛洪名寶懺，早晚各一次；時間延續大約一個多月，但是感冒咳嗽的症狀卻仍然拖著。那段日子裡讓我最開心的是每週二晚上，妹妹都會推著輪椅帶我去高雄講堂聽 導師講《法華經》。有一天接到台北家人的電話，告知收到我可以參加第二梯次禪三的通知單，我激動難耐，趕緊拐著到 佛前禮謝佛恩和師恩，感謝三寶加持呀！

第一次參加禪三是一拐一拐的咳嗽上山，一根腳拇指頭的受傷，居然有牽一髮動全身如此大的不適之感；身體雖然虛弱無力，參禪的心卻很緊繃，不敢稍有懈怠。第一天下午的拜懺，更是慚愧惶恐，感動涕零到無以復加。接著進行隆重又莊嚴的起三請師儀式，完全被整個法會的肅穆氛圍震懾住，主三和尚接著慈悲的爲參禪佛子們去黏解縛、斷我見，很是受用。因爲是第一次上山，重點都抓不到，看到別人登記小參，內心會著急；輪到自己進入小參室後，被監香老師的一問而已，就只能張口結舌；若要說二問的話，又是被打回原形，參禪參得好痛苦。晚上禪宗公案的普說，應該是精采連連，才會聽到坐在後方護三菩薩們的笑聲四起，可是自己卻完全有聽沒有懂，眞是難體會啊！

後來接二連三的上山參禪，經驗雖然彌足珍貴，仍然出現進步有限的窘況；我反省會有那樣的結果，絕對都是自己的問題，是個人的福德、智慧不足、性障未伏除等多種因素所導致；就算有所觸證，但未發起功德受用，也是一無是處。監香老師也再三強調 導師在書中的文字記載，都是善知識的親證；當時自己所呈報的內容，都不是自己的語言所說和體會到的東西，要我以自己的語言作說明才可以。就這麼來回打回票，要我回座位後再重複體驗洗碗或拜佛功夫。所謂「因緣果報還自受」，多年前還在外道護持喇嘛吃喝玩樂之時，導師都已經在破斥喇嘛邪教，自己卻倒行逆施護持他們，無明到讓喇嘛得有暖飽思淫慾的機會，以私下傳授密法爲由，誘拐無知的女信徒並性侵得逞；如此這般的惡因緣和顚倒行，哪有二、三回就能讓我順利破參的便宜事，一切眞的是自作自受啊！

在正覺修學的頭兩年的時光，常常自責自己的智慧和福德欠缺，才會扯上那種惡緣；後來有一個因緣，明玉菩薩鼓勵我將過去在喇嘛教的經歷訴諸文字，將來有機會可以拿來作爲破密教材並利益民眾遠離誘騙。爲了不辜負導師、親教師的提拔和菩薩的勸請，我必須願意將那些早就被我打包又準備丟棄的污穢記憶，重新拾起並且作成文字記錄。將近一年的文字整理過程很磨人、也令人難過，每天等到夜深人靜，才有靈感坐在電腦桌前回想此生與喇嘛的生活點滴，然後再手寫記錄；我經常痛苦掉淚，因爲很心痛那些被喇嘛性侵的朋友的遭遇；自己雖能全身而退，但覺得是浪費生命很不值得。

當年自己好像被烏雲籠罩或鬼迷心竅似的，渾然不覺，可悲呀！現在終於知道喇嘛教的根本教義，居然以男女性愛作爲證悟空性的法教，而且還是他們自己白紙黑字明寫出來；這種與鬼神相應的迷信邪教，荒誕到無以復加，而他們所謂的空性與境界，又與眞實可證的佛法完全不相干，根本就是世紀宗教大騙局。但是這一年唯一的充電機會，就是每週二進講堂親聽導師講《法華經》，和週五聽親教師陳正瑛老師講課；尤其週二更是勸勉自己要盡量「用眼睛聽那弦外之音」，雖然不容易體會，但我深信善知識的所教和所說，總是目不轉睛、全神貫注的隨聞入觀、學作功夫，相信總有一天因緣成熟時，一定會讓我瞅見祂。

學法期間有助教老師或義工菩薩，詢問是否能參與某項義工職事，我都義不容辭答應爲先，心得決定要參加講堂義工活動的心態是「捨我其誰」；但諷刺的是過去自己在接觸喇嘛教的時候，也曾經出現「捨我其誰」這樣子的想法，套句台語俗諺：「同款卻不同師父。」記得導師在講《法華經》時，曾經數次鼓勵正覺學員護持正法，令法幢高舉，勇敢承擔破密的推廣工作，並能發心作導師的「手腳」。幾次聽到善知識這樣的開示，我都會當場羞愧掉淚；過去自己顚倒妄想，在密宗時以爲作師父的手腳就是護持他吃喝，開車載他們出遊也是累積功德的方式之一；喇嘛都是以這樣的說法在爲親近的信眾洗腦，近乎嘮叨的方式勸誘信徒，發心服事喇嘛阿師的生活等事，說這樣就是孝順心，也是發菩提心。其實這都因爲自己的無明和無知所障，才會相信這些誑語。進入正覺修學正法後，才知道那些事與佛法根本是風馬牛不相干，與佛法完全扯不上一點邊。爲了要懺悔自己此生曾經進入喇嘛教多年的錯誤行爲，就敦促自己多懺悔、多發願，以善法難得和善知識難值遇想，絕對不作輕易想，戰戰兢兢不敢稍有懈怠；如今比較過去和現在兩個不同的道場，其間心態的轉折和兩樣心情，不只是不可同日而語，簡直天差地別啊！

第四年遞出禪三報名表後，收到生平第一張「遺珠之憾」通知單，當時痛哭一場，擦乾眼淚後反問自己：「這張遺珠之憾，難道只有用淚水哭一場就解決問題了嗎？」「不行！我一定要從這張遺珠之憾得到教訓，決定不可以輕放這件事情。」因此決定要重新調整自己的學法心態。當確定這個想法之後，我決定將自己的學佛目標調整爲三個階段，不再將「明心破參」當作現階段人生目標，改將它設定爲遠程目標，近程目標是腳踏實地的作好一位「菩薩」，一定要發起作菩薩所應具備的廣大心量和心態，所以「能上山參禪」就設定爲我的中程目標；只有近程目標是我可以次第作到的事情，那麼能否上山和能否順利明心破參，就不是我應該去煩惱和能決定的事。這是我在正覺學法的第二次重要的轉念時機，當我立定這個志向之後，眞的是菩薩道上任我行，也更能少分的體會到所謂的「功德受用」。

二〇一二年慶幸又再上山，第五次能夠再次上山參禪，一直都是蒙受佛、菩薩的加持、平實導師的慈悲、監香老師和護三菩薩等眾的護持和照顧；如此愼重的恩德，內心再起波濤；但是上山就應該以參禪爲要務，其他沒必要的妄念簡直就是自找麻煩；轉念之後，也就立即安止於個人的參究功夫當中。這一次上山參禪，每晚的禪宗公案普說已能體會三、四成，無奈自己的福德智慧仍嫌不足。下山後，再將　導師所寫的幾本禪宗《公案拈提》，拿出來好好的閱讀一番，越看越親切，確定穩紮穩打建立自己的功夫，更加明白如果沒有發起更多的功德受用，是不足以荷擔如來家業的道理。

自此之後又連續收到第二張和第三張「遺珠之憾」，我深信善知識再給我這二張「遺珠之憾」有更深一層的用意，「遺珠之憾」是我的逆增上緣，它絕對不是煩惱之法。不是只有民眾當面撕毀我發的文宣，或當面無矢之的謾罵，或眷屬障礙學法等才叫作逆增上緣，這通知單更是我逆增上緣的一個珍貴法教。我早已決定轉念將「遺珠之憾」通知單拿來供佛，愼重禮拜　佛、菩薩的加被，禮謝 導師有看到佛弟子的禪三申請表，我鼓勵自己在正覺學法所遇之事，不論順心違心，都不可輕易放過；佛法本來就應該運用在生活中，如此才能夠在各種歷緣對境中，正知見能有所增長，煩惱才能有所伏除，否則錯失能更增上的機會，扼腕也來不及囉。

有一天在家中洗碗盤，我把在禪三時 導師教我洗碗的功夫再度提起，就在那個洗碗的過程中突然之間會了，如此的親切又現成；洗了五十多年的碗盤，原來根本就不會洗碗；現在總算是會洗碗，可是洗碗的又不會洗碗，以爲會洗碗的其實不會洗碗。太妙了！原來就是這個，原來有慧眼是這回事，尋覓這麼多年，祂眞的沒有躲起來，祖師說祂是眼皮下的事，眞的是日用而不自知。我很小心地去體會，擔心祂會消失不見。唉呀！根本就是白操心，祂趕不走也揮不去；我熱淚奪眶而下，也沒法向誰道訴，這是自個兒的事，只能默默、細細地體會個中滋味兒。洗完碗盤擦乾手，趕緊去 佛前跪拜禮佛、謝師、謝三寶！

再將 導師寫的好幾本禪宗《公案拈提》的書籍請出來閱讀，除了拜佛、出勤作義工之外，日夜都加緊閱讀；雖然有些內容還是不懂，還是可以看懂一些禪師的作略和機鋒。開心之餘，知道這一切都是三寶的加持和庇佑，也敦促自己千萬別輕易起慢心；慢心的升起是會障礙自己菩薩道的行進速度，那可不是鬧著玩兒的；謹慎！謹慎！從此之後，無論買菜、散步、坐捷運、出勤作義工等生活運作，都盡量學著轉依那無形無相亦是無名相法的眞心，面對有緣的對象也更有方便善巧了。

此次收到錄取通知單時，定力功夫已有些成績，佛法知見也有所增長，和前面五次上山的情況相比較，當不可同日而語；有信心但沒有把握，自己更珍惜這次機會，內心知道一切都必須全然仰仗 佛、菩薩的加持，和善知識的慈悲方便才得定奪，拼了！因爲了知諸行無常，內心有很多的無常想，害怕無常來障礙自己的學法和菩薩法的行道，害怕此生好不容易遇到正法也得進入參學，和善知識同住難，但自己卻多次得此難得的機緣；雖然說諸法無我，還是會害怕自己日漸退化的膝蓋，無法安忍四天三夜的長時拜佛和參禪呀！

在第一天的拜懺中，値遇監香老師陳正源老師的帶領和引導，他非常慈悲的善誘禪子們在 佛、菩薩面前祈求諸佛菩薩擔待、作證，帶領參禪大眾

向本師 釋迦如來至誠的懺悔；懺悔自己於過去生，也曾在 釋迦佛的座下熏習佛法，無奈個人因爲無明遮障，也因爲懈怠而未曾努力用功修學，白白浪費往昔的珍貴時光而空過與 釋迦佛學法的大因緣；乃至 釋迦佛滅度之後竟然進入外道法中，又更造作種種惡業而不自知懺悔；如今雖然學佛了，更被無明遮障，今此佛前至心懺悔，並祈求 釋迦佛仍慈悲不捨、授手救拔佛弟子參禪得力，只爲佛法長興、正法久住、法輪常轉；並向累劫冤親債主徹首徹尾的懺罪，懺悔自己過去生以來，不如理的身口意的傷害和業行。整個拜懺法會的過程和功德，非「痛快」二字所能表達於萬一。

起三請師儀式的整個過程，我打從心底激動和感恩，感恩 平實導師讓佛弟子能再次上山參禪，感謝諸佛、菩薩的庇佑、監香老師和所有護三菩薩的護持。當時在禪三道場唯一深深的作意，就是將一切對諸佛菩薩和對勝義僧的感恩之心，化爲用心參禪的動力，唯有功德才能回報 佛、菩薩恩與 師恩。導師依然慈悲的爲大眾解說斷我見的關鍵要領，弟子也是用心隨聞入觀作功夫，一心要再將我見斷它個乾乾淨淨、永不復生，並斷三縛結和證那無果可得的初果。

祖師堂參禪的過程中，每餐的食量胃口居然都比平常大好多，我將菜汁淋拌在白飯，以碗就口方便直接撥飯菜入口，重複細心去體會其中到底是誰在吃飯？以為吃飯的居然從未吃到飯，此生眞的從未吃到一粒米飯；看見餐餐都是色香味俱全的整桌豐盛菜餚，也都食不知味，妙哉！導師快速用餐後，都會慈悲的遶行各桌開示和使機鋒，不斷地催請大家在自家用餐、吃水果都不要客氣，說到這是臨濟宗與東山禪，吃水果，眞心沒有客氣可說，祂不與客氣相應；要大家直接用手拿水果，還高舉一粒花生或一粒葡萄或一口饅頭，問大眾這是甚麼？我早瞧出其中的端倪，好現成又好明白。

導師您也太老婆了！家庭教育都要求我們要有餐桌禮儀，用手拿水果不好看，有筷子或叉子就應該用工具；我們遵行了幾十年，也是這樣教育下一代；但是參禪卻是要直心，直心是道場；如果說吃水果用手拿不好看，那都是意識心的思惟，是後天學習的生活習慣，與眞心完全不相應，也離眞心法遠矣！眞實心，眞的是要直心方得瞅見祂。離開齋堂前，導師總是再三叮嚀「注意腳下」、「腳下有金蓮」，這次眞的能深深體會出舉步維艱卻又禪味十足的步履。

每天晚上的禪宗公案普說更是精采可期，禪子大眾擠坐在一起聆聽 主三和尚的公案開演，眞幸福！和尚經常慈悲的手舞足蹈、或與大眾兩眼直視卻良久不語、或坐著將雙臂斜插腋下也靜默不語、或是頻頻晃動手指指著銀幕上的文字問大眾：「**法在哪裡？法在哪裡呢？你們倒是說說看，法眞的是在那裡嗎？**」我心跳加速的心想：「**導師！您講的好明顯，也說的太白了吧！**」和尚眞是苦口婆心，扮足了禪師神頭鬼臉，尤其是坐在後面的護三菩薩都頻頻笑出聲了，眞的是很親切呀！一則則精彩的公案普說，眞是拍案叫絕；大菜小菜齊上，可撐著我們這些禪子們了呢！若非再來的大菩薩，絕對無法交代出公案發生的時空背景，和作出精闢的詮釋呀！

晚板後，我很想繼續用功，但身體眞的好疲累，沒辦法再硬撐，白天用腦參禪或許會耗損很多體力吧？！大約睡個三、四個鐘頭，清晨三點就起床刷洗，把握珍貴的時間趕緊上禪堂去用功，頭腦清醒的狀況下拜佛、參禪會比較得力。進入禪堂時，總會看到護三菩薩的值勤身影，不看也不管是哪位菩薩，只管在方法上用心，還是禮佛求願要緊；能在清淨又清涼的大殿上參禪作功夫，太幸福了！這樣的進行方式，因爲作機會難得想，萬萬不可辜負了三寶，我都運用在每次上山參禪的功夫之中。

四天的參禪過程中，每當妄念稍要蠢動之前，或參究過程有所停滯時，我就立刻起身到 佛、菩薩、韋陀菩薩、克勤祖師菩薩跟前，敬心祈求並數數發菩薩願；每次發完菩薩願之後，都能夠化險爲夷，篤定回座繼續安心參究和體究。在 佛、菩薩面前跪地求願，都不會語無倫次了；更感受到 韋陀菩薩的慈悲，沒有讓冤親債主遮障我參禪，他眞的有爲我擔待，並對冤親債主曉以大義，讓我得有機會將參禪功德和利益，迴向給累劫怨親以解冤結。我也乖乖的遵照 導師的教導，要緊抓 韋陀菩薩的衣角，在 韋陀菩薩的跟前至心求願，祈願護法菩薩未來成佛時，不會放捨我，我也將會跟隨他，並在他座下護持和熏修佛法。在 克勤祖師菩薩座前，也是數數開口發菩薩願，每次都是淚流滿面的至誠發願；但這次我的內心卻倍感親切與溫暖，已經不像往常上山參禪時，會有些畏懼 祖師菩薩的威嚴外相，這次一反常態的總能向 克勤祖師滔滔不絕的陳述自己當時參禪的情況，並祈願得到 祖師菩薩的冥佑指導和加持。

在上山參禪前一個月，曾經在夢境中遇到 導師，善知識還讓弟子我隨伺身旁，並幫忙拎著一個裝滿水果的藤編提籃，隨同他一起出門去給有緣民眾送水果。夢醒之後我好開心，自己早已經蒙受善知識的多次加持，只是自己粗心愚魯不知而已。平日裡我總是乖順地依照著善知識對我說出「勤能補拙」的指點，認眞作一個菩薩，其他一切都無需擔心，就只等自己因緣成熟。

爲了報答 佛恩和 師恩，我當遵守一位正覺佛子的本分，努力於各種學法的功夫和各種義工職事，數數懺悔己身的業障、調整放寬作爲一位菩薩應該發起的心量、發起更大的願力。想到自己在佛前親口所發的誓願，要生生世世跟隨眞善知識行持佛菩提道的願望，心想如果這些誓願連自己都無法感動自己，又如何能感動諸佛菩薩和眞善知識呢？也因爲這樣的思惟，激勵自己每天以至誠心在佛前懺悔和發願，同時也更積極參與推廣組等各組所施設的義工工作。

這些義工工作讓我學習到如何將破密的資訊，想辦法去和有緣面對的民眾作法布施，所謂「沒關係找關係，找到關係就沒關係」。事前資訊的準備工作就很重要，比如思惟要如何傳達正覺的公益內容，並能與有緣的各階層民眾或是受訪人作連結，思考如何讓對方關注我方所表達的重點，思惟如何引起對方去關注他們的自身利益可能會受到的影響層面，思考如何讓對方不會認為事不關己等等；因為這些珍貴的義工工作，讓弟子得以有更多難得的機會去歷緣對境，修集自己見道資糧，在利益他人的同時，也能對治自己的煩惱。

多數的出勤機會，義工團隊都能打動民眾的心底，許多人甚至產生同仇敵愾的心態，當面口頭承諾願意扛起衛護鄉里民的平安，拒絕喇嘛邪法侵害這片國土而願意勇敢說「NO」，甚至主動希望正覺義工們藉著鄉里辦的各種活動作公益宣導；這些義工團隊的經營結果，其實都是因為導師施設這方大福田，和正法的威德力，才得讓弟子有歷緣對境修除性障和增長福德的重要收穫，也真正體會到功德受用的真實義理。

這次上山期間，幾番的進出監香范老師的小參室，終於能順利再進到主三和尚的小參室；原以為等了這些年後，自己會很激動到痛哭流涕，結果卻出奇的篤定平靜，我終於承擔祂了！後面的喝茶和走路，體驗真妄和合的微妙配合過程，真的是太絕妙，若非　平實和尚道種智的證量顯發，才能將世出世間之法作如此詳細解說，這才是娑婆世界中的大菩薩；捨此大菩薩之外，誰能有此能耐啊？！能歸依大菩薩您的座下作一名入室弟子，眞的是額手稱慶、何其幸運！

明心下山後，第二天進講堂聽 導師講《佛藏經》，弟子隨聞入觀的聽法，眞的好親切，好像是專爲明心的同修們說法，這也印證眾生聽善知識說法，眞是「隨類各得其解」；生平第一次這麼輕鬆、這麼清楚的聽到此如來藏金剛心勝妙法，也體察到明心菩薩們爲什麼大部分人後來都不寫筆記了；弟子現在終於能眞正體究那三歸依的眞實內容了！許多的感恩之情，難盡言表，叩謝 平實導師眞善知識的師教，叩謝 師母菩薩對恩師生活上的悉心照顧。

當此再次愼重發菩薩願，此生盡形壽並未來際盡塵沙劫、得遇大乘勝義僧、不遇聲聞緣覺僧、護持正法法幢高懸、破邪顯正精進勇猛、將喇嘛邪教盡快逐出台灣和中國地區、不爲個人名聞利養、緊隨 平實導師和正覺教團諸親教師行持菩薩道、廣度有緣有情悉發菩提心修學正法乃至成佛。謹此

恭呈

平實導師菩薩摩訶薩

弟子　溫樂樂敬叩　2014/05/13

見道報告

陸寶娸

我出生於戰後嬰兒潮的末段班，家裡有四個兄弟，沒有姊妹，不好動，手腳不是很靈活，只喜歡坐著或躺著看小說、故事書之類的；跟兄弟們的習性完全不同，對周遭生活變動的反應有點慢。小學成績不太好，直到五、六年級我的數學開始比同學好，才漸漸有所改變，不過我還是不喜歡上學。

生活態度散漫，老是忘東忘西，又不太注意自身以外的事情；看到人時老是不打招呼，媽媽常為我這些事情生氣。成長過程有點孤單，我的童年大部分是一個人在重慶南路的東方出版社度過。嚴格來說，家中沒有什麼宗教信仰，在那個時代，只要從事商業買賣，就很容易累積一些財富；爸爸趕上時機，因此賺到一些錢，偶爾父母會帶我們去龍山寺拜拜。

爸爸很疼我，可是卻在四十一歲的盛年因心肌梗塞往生，那時我剛考完高中，我們後來就靠父親留下的錢過日子。爸爸過世，我很難過，也很氣憤：

「我爸爸死了，太陽第二天照樣升起，地球也沒有慢轉一秒鐘。」我曾想要以死向這無情無義的世界抗議，可是後來想到：「我死了，太陽還是一樣升起，地球也照轉，一切還是不會有所改變。」我也就不了了之的繼續活下去。

然後上大學、畢業，因為畢業可以離開學校生活，有一點高興，總算可以交差了；不過就在畢業前有一天，我在公車上又如往常一樣失神時，突然感到一種難以形容的輕鬆的快樂，這種感覺不知從哪裡冒出來，我一直在回想：剛剛到底在妄想什麼事？我怎麼會有這種輕鬆的快樂？為此我還試著要複製當時的情境與過程，只是這種覺受就沒有再出現過（進同修會後知道這叫作「善根發」，同修會中很多人有過這種經驗）。後來就匆匆的結婚，因為大家都這樣走過，所以我也理所當然的這樣作，至於生命是不是苦、或生從何來死從何去，這類的問題從未出現我的心中。

婚後我才發現錢是生活的重要因素之一，而且錢不是想賺就一定有；兒子女兒又接連出生，生活的眞相對那時候的我眞是一個震撼教育，所以就一股腦投入賺錢的行列，當時的日子就是忙與茫。有一次同修下班帶回一本《慈雲集》，我翻沒兩三下，不知所以就決定吃素（吃得不清不淨），也參加了大乘印經會；可是我當時並沒有特別的想法，佛法在當時的我看來，是一種類似文學的東西；唯一的概念就是在大一時，看過中國論壇出的方東美教授百年紀念專輯，其中提到：人往生到下一世，名字也換了，長相也換了，也記不得過去的種種事情，那麼到底是誰在受報？看不太懂，但是印象很深刻。

我不太記得是方教授的結論，還是我自己的妄論，我只依稀記得我有一陣子的觀念覺得：A死了往生爲B，大家誰都不記得誰，那B受報干A何事？大乘印經會每個月都會寄來他們出版的書，但這些書很多是將古書重新照相排版，我看不太下去，累積沒看的書讓我有強烈的負債感，所以多次請他們不要再寄；可是他們從來不間斷，多年後我決定不再匯款，才停止收到他們的書。其間爲了方便帶小孩，改從事補習班教學的工作，但是這反而使我在孩子上學後，有多餘的時間又回到重慶南路的書店消磨時光，只是光顧的書店從東方出版社改爲三民書局，看的書仍然以閒書爲主。

大學時代認識些佛學社的同學，但是從未想要加入他們的社團，也鮮少和他們談到佛法，所以說不上學佛，但是大部分的雜書我都會大概的看一看。二十六、七歲時，我第一次夢見往生的父親，他看起來沒有什麼好或不好，只是有點在避開陽光，我因此有些罣礙。後來得來一本《地藏經》，在那兵荒馬亂的日子裡，我竟然就每天晚上在家人睡著後，自己一個人在客廳讀誦起來，時間長達四十九天；此後每年的農曆正月、七月，我每天都會讀誦一部《地藏經》（後來知道要迴向，也再沒有夢見過父親），直到進正覺的前一年。

我讀《地藏經》的日子中，曾有兩次讓我讀不下去，一次是因為仔細想經中的內容，讓我悲傷的大哭，我一直在問：「有這麼嚴重嗎？地獄需要這麼可怕？眾生好不容易出了地獄，怎麼多被惡業來結其心，不久之間復墮惡道呢？」另一次是兒子女兒讀高中時一起作怪，叛逆不讀書；因為生平無大事，發生這樣的事就足以讓當時的我很難忍的對著佛像問說：「我這麼努力成為一個好人，不是說善有善報嗎？佛陀！您欠我一對好兒子、好女兒。」這兩次都讓我忿忿然的用力合上經書，離座而去。不過我很快又恢復原來的念誦《地藏經》的習慣。綜觀我的生活，除了單純還是單純，少有人事往來，因為我有時間時，同學、朋友沒有時間；工作都算固定、順利，三餐又都在家解決，很少外食。

我記得有一次在翻閱大乘印經會寄來的書時，因為都看不懂書中到底在說什麼，讓我不禁跟同修說：「孔子說朝聞道夕死可矣！不知道有沒機會碰到一位證道的人？」不知道是不是因為這句話，讓我展轉二十年後有因緣進入正覺？

八年前，我得到一套《楞嚴經》，我向來沒有什麼耐性，對於看不懂的從不太用心去嘗試理解；但是這次我就是想把它看懂，因為我的古文程度實在太差了，連基本的字面意思都無法瞭解，所以到三民書局想找看看有沒有白話翻譯。結果有找到一套法師的解說，可是在書局裡看了很久還是不知道自己在看什麼，反而是看到 導師的《宗通與說通》，當時心中感覺 導師書中說明事理清楚分明，而且內容非常得多，只是能懂的不多；不過眞的不像我平常看到的一些類佛書，它們大概都在說「意識境界」，頂多就是人天善法；主旨都類似，只是用不同的文字敘述來表達，而且整本書沒有太多內容。

看到《宗通與說通》沒看幾頁，我很快就聯想到我曾在板橋的一家三財素食店，看到一本沾了油漬、沒有封面、前後還各缺了好幾頁的書，裡面以禪宗的公案為例，說明星雲大師的錯處，文章後面還附上一首詞；當時我也不是那麼認同星雲大師，所以看得很高興。為了把書看完，我連著去那家素食店吃了好幾次。我在《宗通與說通》書後找到電話號碼，在一個星期六的下午，一時興起就打了過去，接電話的是一位師兄，我只是要問在哪裡、有開課教人嗎？那位師兄就要我現在趕快過去，現在正在上課中。

我本來有點猶豫，因為下午要工作，但是我拿了包包就去了。沒多久，沒有深思，我就結束工作，開始正覺同修會學員的日子。可是我也要承認我開始上課時是有一搭沒一搭的，屢屢無故缺課；因為很多年沒有週末的假日，兒女都在家，加上婆婆，眞是一家出遊的好時機。但是每天早晚都拜佛，幾乎沒有事情讓我少拜，而且我拜得很慢，很享受其中的舒適。

我原來以為我的親教師就是 平實導師，直到十月，我忍不住問知客：「有沒有其他課可以上？」知客一臉困惑地說：「星期二有講經，可以聽。」第一次去聽《勝鬘經》，才知道原來有這麼多人來聽經，我的座位旁邊是游師姊，很親切地歡迎我來聽經；她的人讓我感覺很舒服安定，後來知道她是同修會的元老之一。上課很精彩，很像《宗通與說通》的內容，原來 平實導師不是我禪淨班的親教師，二乘阿羅漢在 導師口中好像也沒有這麼厲害。

當時聽得很有意思，只是奇怪 導師爲什麼要花這麼多時間來評論釋印順？如果釋印順有這麼多錯誤，自然會被淹沒在時代洪流裡，然後被新一代的法師取代，幹麼花時間去理會一個錯悟的老人？第二次再去，聽到 導師說：經過上次的解說，我們就應該瞭解了「……」的經文，我想：「什麼叫瞭解、什麼叫不瞭解？」回家搭捷運的路上我看到一位師姊就問，那師姊一臉客氣的說：「師姊好精進。」我立刻回頭往旁邊望去，看到剃小平頭的甘老師，猜他也是同修會的人，我又上前開口就問同樣的問題，內容不太記得。

後來我把講堂各樓層的書架搜尋了一回，把我缺的書，尤其是電子報盡量補齊，每天就捲曲在我的椅子上看，除非必要很少離座。在這段過程中，我最先看的書是《邪見與佛法》，心中既認同又震驚，然後才看其他的書籍。後來連續幾個月，我有時會在捷運站刻意等人問問題；謝謝甘老師當時包容我的莽撞，因爲他的包容，我上課比較認眞一點。很快的 導師開始講《金剛經》，我大部分坐在九樓聽經；有一次上課前，進講堂後我不知爲什麼事離開座位到知客處，後來感覺旁邊有人在跟知客菩薩說話，我側頭一看是 導師，開口就叫出聲：「導師！」還蠻大聲的，導師客氣的點頭微笑；還沒等 導師說話，我轉身就回座位去。後來還有一次，我坐在十樓後面，聽到 導師在到九樓上課前，和我座位旁的師姊寒喧；那位師姊趕快叫她帶來的小孩站起來，一起向 導師致意；我坐在旁邊不知如何反應，甘脆來個相應不理，背對 導師假裝不知道的繼續坐著。

有一天，我在打字時，滿心在想其他事情，突然想到：「我心裡明明在想別的事情，為什麼○○○○○○○？」我想起小時候和父親的對話，存著滿心的狐疑，一直想要用淺薄的知見解釋這件事情；後來發現生活中處處是這種現象，也因此開始非常注意上課內容。第一次參加彌陀法會時，禮堂牆面上掛滿了偈文，內容讓我有說不出來的感受，非常吸引我的注意力。整場法會結束，只知道腳站得很痠很痲，根本沒有聽到〈正覺公奠文〉的內容；第二次再參加彌陀法會時，我想：「都來參加彌陀法會了，如果不知道我們的公奠文內容，那我就是傻瓜。」我非常仔細地聽，聽到「自不作主亦不起於見聞覺知、唯對意根意識所思言聽計從」，眼睛像是亮了起來，從此聽《金剛經》的課程，我都像是豎起耳朵一樣。

我的福報眞好，進同修會時是講《勝鬘經》的尾聲，讓我有緩衝時間進入狀況；至少先知道我們原來有八識以及基本的知見，跟著講《金剛經》，剛好讓我檢驗自己想的是否正確。有一次週二聽《金剛經》，走進講堂，在入講堂口對 世尊問訊時，抬頭就看到投影銀幕出現：「**知見立知，即無明本；知見無見，斯即涅槃。**」（如果用另一種斷句更容易理解：「**知見立，知即無明本；知見無，見斯即涅槃。**」）像是冥冥之中有人幫助我一樣，讓我很容易猜到其中的要處。

有一次我在捷運上遇到甘老師，他問我是否清楚知道五陰十八界？我很快就想出眞妄的差別。又例如 導師講到外道問 佛，佛踞坐默然；我下課在女廁外排隊，排在我前面是一位個子小我兩三號的年長師姊，我站在她後面看著她吸氣、呼氣，肩和背緩慢的動著，我想原來如來藏〇〇〇〇〇，眞是奇妙。又有一次九樓座位滿了，只好坐到十樓，透過投影銀幕，我才眞正看清楚 導師的面貌；看著看著，我看得出神起來，導師講起公案，眉目生動得不得了，時而豎起食指比畫，時而吸吸鼻子、清清喉嚨；我覺得當時的我目瞪口呆了，難怪 導師會說如來藏從來不掩藏；難怪眾生找不到如來藏，只因太近；也因此，有一陣子我都坐十樓。

配合《阿含正義》一輯輯的出版，其中的一、二、三輯我看了很多遍，眞的是獲益良多。以前如果半夜小腿抽筋影響我的睡眠時，我都會生氣；可是有一次又半夜小腿抽筋，我摸著堅硬的小腿背，心中一直讚歎：我身中的四大成分並沒有明顯的變化，怎麼只要加一點化學放電，調整一下四大排列的整合，我的洋肌肉瞬間變成土肌肉？

後來加入編譯組作《大正藏》校對，我發現原來有這麼多的經文，雖然都不懂，但就是覺得有趣。我被分在般若部，般若部的經文內容有的時候會不斷重複，所以有些經文當時可以順口背出來，從此展開我很認眞的正覺生涯。我是這麼投入，不是爲了作義工，而是因爲喜歡，我也很擔心編譯組沒有分配給我連續的經文；後來有菩薩問我怎麼有時間作這麼多校對？他們都不知道我當時的生活中，除了校對還是校對，吃飯睡覺能省就省。

我到很後來才理解有印證明心、見性這些事情，原來上禪三還要報名、經過挑選才能上；因爲不認識任何人，也沒想到要問，也不懂得上不上禪三有什麼重要，可想見我當然不會被選上，然後就進了週三進階班。我被安排到週三進階班何老師的座下，當時的助教正是甘老師；這有一點讓我驚訝，但也就安住下來。我不知道我如果被分到別班會如何，但是親教師對學生的照顧眞是無微不至，年齡和我相當，卻像個母親叮囑大小事情，而且任何問題都可以問，讓我很慚愧；以前在補習班教數學時，我好像沒有這麼用心。老師還叮嚀我們要作觀行，我當時很疑惑：什麼叫作觀行？

有一次從陽明醫院爲人助念出來，離捷運站有些距離，我邊考量捷運站的方向，又隨意起念想試試如何觀行，正在想著時，我就看到我的腳抬起來了，我的頭也自動前傾，方便我的眼睛看腳；我注意到在每一個抬腳之前，胸腔就會自動準備好要吸氣，就在下腳時空氣就會從胸腔吐出，腳著地時可以明顯的知道腳趾在用力。固然○○很厲害，我覺得○○也很厲害，我走路時看腳，但是身體平衡得多好，而且我還不忘自己是女生，右手按壓著背包的肩帶，走起來就是不會像個男生，我自己覺得別人看到我的樣子一定覺得很好笑。

後來我就開始很注意意根，以及我們是如何想、如何記起、如何認爲、如何決定。有一陣子我都在看公共電視台播放日本人製作的「奇妙的身體」（節目名稱不知有沒有記錯），和傳統戲曲，仔細的觀察演員的表情與身段，這個過程讓我很確定佛法是最最科學的。我曾看過一部日本人對於一些科學觀點所作的實驗影片，日本人測試出一個雞蛋可以承受大約七十五克的重量，那麼：理論上五千顆雞蛋就可以承受將近四百公斤的重量。這些日本人先將五千顆雞蛋整齊的平鋪在一平台上，然後在這五千顆雞蛋上面放置一大塊壓克力板，再找來一隻重約三百公斤的駱駝，由一位訓練師先努力的安撫好這隻駱駝的情緒，使駱駝能夠完全的平靜下來，最後再以不驚動駱駝的方式，將這隻駱駝和這位訓練師一起吊起，放到這塊壓克力板上，當時現場是鴉雀無聲的，駱駝也完全平靜的沒有受到一丁點的驚嚇，壓克力板下的雞蛋也一個都沒有破；我在當下都可以感覺到自己也有一些屏息，結果現場有一位工作人員不小心發出了一個不算大聲、像彈指般的聲響，駱駝顯然心動的回頭了一下，雖然它的動作不算猛然，但是可以感覺有輕微的雞蛋裂聲，除了前幾個裂聲慢慢開始後，接下來的裂聲就變得清楚，可想而知，雞蛋於是就全破了！

因爲這個實驗，我相信阿羅漢一葦渡江不是神話，是絕對可能的。我們同樣可以以水黽和螞蟻來比較，水黽的重量顯然比螞蟻重多了，可是牠卻可以不打破水的表面張力而停在水面上，而螞蟻若是落水，不用三兩下就會溺斃；雖然一般解釋說因爲水黽腳上有厭水毛，可是螞蟻腳上也有毛，只是不如水黽的密；但是我們若是觀察兩者的動作、習性，我覺得這才是解釋何以大水黽可以停在水面上，而小螞蟻反而會溺斃的主要原因。水黽科昆蟲一般生活在靜水中，但也有些是生活在流水中，雖然我目前沒有辦法證實；但是只要阿羅漢心思夠細膩，能夠體會身體重量和水流速度交互關係，以借力使力和反作用力的幫助下，要成就水上飄，何難之有呢？

可是我心中也產生了疑惑：如果阿羅漢心思眞的這麼細膩，怎麼還會有不迴心的阿羅漢？既然他可以看到法現起的過程，他怎麼有可能不知道身中有一個如來藏？怎麼有可能還會入無餘涅槃？如果明心的人現見如來藏的運作，爲什麼明心的人還會退轉？我因爲這個疑問問過親教師很多次，但仍然讓我很難理解。

在進階班上的內容是《攝大乘論》，親教師常常會增添補充教材讓我們作對照；上課的內容加上日常生活的觀察，雖然能體會的很微少，但已足以讓我讚歎如來藏受熏持種的力量令人震撼，這是一個有超大容量和超強功能的主機，只要配上制心一處的功夫，就可以威猛無比，眞的是「制心一處，無事不辦」。所以學習掌控心、調整習性，應該是任何一位佛弟子都要努力的課題，更是心性散漫的我首要全力以赴的目標。

第一次沒上禪三，我有覺沒感；但是第二、三次沒上，我很在意，我用當年考聯考的心態想：我有這麼差嗎？我的知見哪裡不對？我以爲我是一個好人？我像是《楞嚴經》中的演若達多，因爲無明而有各種妄想，然後造作了各種心行；然而好戲在後頭，竟然在第一次上禪三鎩羽而歸後，想到導師說只有開悟後才能進入內門修行，否則永遠都只是外門修六度萬行，破參的人也說自己從此智慧大增；我開始擔心自己的前途，但想到自己無量的過去世和無量的親緣眷屬，就讓我難得一夜好眠的，其中心情轉折不足爲外人道也，只能說：一言難盡。

後來在自認無能爲力的情況下，我不想再看書了，我想：我既然信受如來藏受熏持種的力量，也就是說我相信功不唐捐，那就將大部分的時間投入作義工中吧！一方面讓自己因爲忙而放下自艾自憐的妄想，一方面我想：應該消過去的業障，藉著 導師所開闢的福田，努力爲未來世培植福德，即便是微少也應該要累積吧！否則我下一世不知會去到哪裡？要如何依憑而活？大概也就因爲這個過程，我的習性因此有些調整，比較能理解和同情眾生（包括我自己）的我見，以及爲何迴向文會說「四恩總報，三有齊資」的道理；也更能體會何以《大智度論》中會這樣讚佛：「天上天下無如佛，十方世界亦無比；世間所有我盡見，一切無有如佛者。」如果 導師沒有站出來力抗錯悟大師們的錯誤弘法，眾生不知還要沉淪多久？我又如何能得度？

睽違上一次禪三的三年後，這次上禪三能破參，我必須承認是 導師慈悲；我和人們應對時，有時看似很老練，有時像是生活白癡，自己都搞不清我到底是怎樣的人，我常常在面對事相時不知如何作合適的反應；即使是生活上的事情，有時候會遲疑我是應該微笑、大笑、還是不在乎？以至常常呆滯在當下。如果 導師仍用公案中祖師徒弟的對話來勘驗我，我大概又會落入文字分別中，可能結果又只是「糟了」可說吧！

被印證後，導師交代要到 佛前發願，我也覺得眞的是要好好想這個問題；從前以來，一直把自己當小嘍囉想，生活中都是別人要我作什麼我就作什麼，很少主動想要作什麼。我在 佛前跪下，可是覺得一時不能說分明，

後來我對 佛說：「所謂菩薩是不是就應該要有大人相？願我從現在開始，一分一分的行出大丈夫行，拋掉女人的戲論相，行於菩薩行中。願我因為佛菩薩的慈悲加被，成為一顆好用棋子，堅定的站在我應該站的位置。願我終將是一位有悲願、有定力、有智慧的菩薩，所有與我有緣的眾生，都能因為我而種下菩提種子，過去的種種都會成為未來菩薩法事的前因。但是要如何行出大丈夫行、菩薩行、如何有福德、有定力、有智慧，我現在不知道，但是我一定會努力學習，我一定是一位菩薩。」

解三後，有一段時間都在興奮中，幾天後終於有了久違的好眠，花了一些時間處理了世間該完成的事，也讓自己好好回憶、整理自己前半生的過程，希望所呈現的是如實、是恭敬的，而且我可以確定的說：我的發願文如下：

願我修學大乘理，不遇聲聞緣覺師；
願我得遇菩薩僧，受學大乘第一義。
不久見道證眞如，隨度重關見佛性；
隨我導師入宗門，親證三乘人無我。

願具妙慧勇摧邪，救護佛子向正道；
普入大乘第一義，受學究竟微妙理。
願隨導師學種智，通達初地法無我；
修除性障起聖性，發十無盡大願王。
願我依佛微妙慧，善修菩薩十度行；
無生法忍增上修，地地轉進無障礙。
乃至究竟菩提果，不捨眾生永無盡；
願我世尊恆慈愍，冥佑弟子成大願。
南無釋迦牟尼佛，南無十方一切佛，
南無大乘勝義僧，南無究竟第一義。

這次上禪三，我看到 導師和同修間的互動過程，我最大的感受是 導師對每一個同修都很關照。以前聽雷京師姊說起他們現代禪李元松老師彷彿是一名鐵漢，以心和他的弟子們交心，很有一夫當關的氣勢；我在圖書館還看到李老師的弟子爲他結集的書，叫作《來！李兄，乾一杯！》書名氣勢好，氣質也很好，只是仍屬意識境界。可是我觀察到的 導師，他以細膩的作爲照顧每一個弟子，只可惜的是被照顧的弟子因爲只住在自己的境界中，對於其他的動靜都是有看沒有見、有聽沒有到，所以以爲自己孤立無援。我應該也是那些弟子之一，但是我現在很相信 導師是在爲每一位弟子尋找合適的因緣。很多人聽「菩薩底憂鬱」的 CD 時，都說菩薩的多情；可是我更看到一位菩薩爲續佛慧命，一肩扛起弟子們的道業，其堅定更勝三國第一好漢趙子龍在長坂坡一人獨戰三十萬曹軍時。

最後我想要對所有參與並見證我這一場尋根大夢的所有人，致上深深的禮拜。因爲大家的參與，我的尋根之夢才能圓滿；因爲 導師的慈悲施設，我才有機會站在巨人的肩膀上，一窺生命的實相；因爲親教師的關照，和所有同修會同修和家中同修間互相扶持，我才能一路堅持走到這裡。這只是修行的起步，長遠的路還在前頭，祈願 佛、菩薩繼續慈悲加持，親教師前面引領，同修們和我緊跟在後，隨從 導師一步一踏實，完成我們的學佛大夢。

學佛因緣

于珮珍

我的學佛因緣很好，母親是一位虔誠佛教徒。平常我除了上班就是跟著她在寺院進出；久而久之，寺院的師父都認識我們，師父會問我和姊姊要不要出家，說：「**我們寺院有佛學院，你們可以先來上課，再考慮要不要出家。**」我那時對於佛法的瞭解只知道因果，要吃素、對眾生要有慈悲心。於是我辭去工作，就這樣，我開始了學院生活。我一共讀了三所佛學院，眞的很慚愧，在這段時間我享用了十方的布施，用盡了我的福德資糧，未來世不知要怎麼酬償？想到這問題，腳底都發涼。

三所佛學院所教，都是依《妙雲集》爲基本教材。書中對於佛法詮釋，我很難讀懂；雖然老師補充說明，但還是無法瞭解它所要表達的內容。我考試時都是靠著死背，考完沒多久，幾乎全忘光。現在回想起來，佛菩薩還眞是慈悲救了我，沒有讓我種下太多錯誤的種子。上《菩提道次第廣論》，老師解釋名相，告訴我們什麼是「我慢」，就是「我慢慢來」；什麼是「煩惱」，就是「火燒貝葉經」，又如「無明」的無，就說火燒什麼、什麼。幾乎都用部首或用拆字來解釋，不是依　佛陀聖教來解釋。上《百法明門論》時，老師依安慧所著《大乘廣五蘊論》解釋百法；後來我看到《識蘊眞義》，才知道《大乘廣五蘊論》是一部邪說。

有一次執事，我分配到圖書館工作；當時我發現有正覺的書，被放在鐵櫃最下層的角落處，上面標示著「外道參考書籍」。我把它排列整齊，覺得這些書看起來很眼熟，有《無相念佛》、《念佛三昧修學次第》、《我與無我》等書，這些與平常我媽媽看的、發的、家裡門口放的結緣書相同。那時我怕母親被騙，我問前任館長：「這些正覺的書有哪裡不對？」館長支支吾吾的說不出來。心想：上課問老師好了。老師們笑笑回答說：「這些書，沒時間看。」或說：「這是新興宗教。」同學們都投異樣的眼光看著我說：「就是那個蕭平實，報紙之前有登過他的文章，妳都不知道嗎？」附加一句，要我小心，說：「他們那個法有問題。」當時我開始注意到這個問題。

其實在家居士在佛學院讀書，必須面對出家這個問題。所以每隔一段時間，就會有人遊說我出家。對我而言，我是來學佛的，自己在還沒弄清楚佛法眞實義之前，我絕不輕率剃髮。我都是用這類的話來回答，這是我當時唯一的智慧，所以我至今還是在家。感謝佛、菩薩默默的庇佑。

畢業後回家，當時父親身體不適，到埔里的藥師院拿藥，藥師院師父爲父親開示說：「世間無常、苦、空、無我，放下、不要執著。」這很耳熟，眞的是千篇一律。又說：「家族如果有人出家，能超渡七賢九族冤親債主。」說是對父親病情有幫助，還是在遊說我出家。母親聽了，反對因這個理由出家，她說：「自己造業，自己擔。個人吃飯，個人飽。」覺得不識字的她，如今變得很有智慧。連佛學院的同學，打電話到家裡來找我，母親都會跟她們聊天，問同學：「近況如何？學院有教生命實相嗎？有一個心一直讓妳們生生世世不斷輪迴，妳們知道嗎？」「如來藏是什麼？有聽過嗎？佛陀降生人間，一手指天，一手指地說『天上天下唯我獨尊』，是在講第八識如來藏，老師有教嗎？」「平常可以試著看正覺的書，或來正覺聽導師說法；平實導師對出家人很敬重，也很慈悲；你們因緣很好，年紀輕輕就出家，跟釋迦牟尼佛同樣姓『釋』，很有福報，不要辜負釋尊來人間弘揚這大乘了義正法。」「如果看了平實導師的書或法義上有疑問，應與大乘經典比對；平實導師所評論的是依法不依人。」我在旁邊聽了，覺得這些問題，我也無法回答（因爲學院沒教）；媽媽對佛法的瞭解非可同日而語，非常讚歎我家的這位老菩薩改變這麼多，不再是盲從的信仰，有自己的見解。我同學跟我說：「老菩薩越來越會說法，但還是要小心妳們家老菩薩的錢財不要被騙了。」從此以後同學與我聯絡都用手機，不敢打家裡的電話；並且先約好時間，怕又被媽媽考試。從那時我有一點被打動，想到正覺學法。

母親一如往常勸我到正覺學正法才能明心，那時也不知道「明心」是指什麼？常常請講堂師兄師姊到家中來度我；當時師兄問我知不知道「佛法大意」？如來藏是什麼？有時候看正覺的人來家裡，我都會到外面去；不喜歡他們問我問題，因爲我答不出來。連跟媽媽出去都會遇到正覺的人（母親眞的是布下天羅地網要我進來正覺，眞的是用心良苦），我曾經多次遇到週六班親教師李老師，每次他總是很親切的法布施給我；記得有一次來家裡，他隨手拿了一本書，看了一下就跟我說：「書中所說的有關於『滅盡定』的意思寫錯了。」當時我很驚訝在那麼短的時間就能看出錯誤的地方，那時我還是無動於衷。

還有週三班親教師游老師，他跟我說，他是看 導師的書才知道自己被誤導那麼多年。告訴我：「**導師所說的法是正確的，而且只有地上菩薩才能把這個法講得那麼殊勝。**」而且又是可以實證的，我當時還是不為所動。那時游老師的同修跟我一樣還沒有進來正覺，也都不喜歡聽到有關對於佛法的評論；尤其游老師評論非常犀利，游老師的同修很怕游老師招惹麻煩。記得那時正覺正在辦歸依，游老師的同修邀我一起歸依；心想：「**也好，到台北看看母親心目中大智慧的平實導師。**」我第一眼看到 導師時，覺得人如其名，平凡又樸實，沒有架子，是一位很有親和力的長者。

每隔一段時間，母親都會拿正覺開課報名表給我，要我到正覺上課，這不知道已經是第幾次了。同時會說：「**妳就讓正覺騙兩年半，如果不喜歡，再離開。**」我心想：「**在寺院都待了十幾年，沒學到什麼，很怕又被騙。**」所以私下先偷看《無相念佛》、《我與無我》、《識蘊眞義》、《燈影》等書，這與之前在佛學院所學大不相同。心想：姑且去聽聽看。就答應媽媽上課。有一次上課，我的親教師楊老師說到眞正學佛的條件，他列了三點：一、能成佛；二、相信未來世（有未來世，就表示有一個沒有死的）；三、因果（有因果，行六度才有意義）。我當下很信受親教師所說的這三點，這是佛學院裡所聽不到的。在這裡所上的課都是依　佛陀聖教解說，之前認爲正覺是批評別人，原來眞的是依法不依人；而且最重要是，證悟的人才能說法，於是我安住在這裡。這樣持續一年多，我發覺自己以前所學是跟佛法毫無關係，之前母親問同學的問題及師兄姊們問我的問題，我現在都能解答。

此後，平常除了上課，就是跟著媽媽四處放結緣書、發開課文宣，如今覺得這是我今生學佛以來最充實、最寶貴的時刻。記得每次下課回家，母親都要我把今天上課的內容重複講一遍，怕我聽不懂；如果有遺漏的地方，要姊姊補充；若還有疑問，要我下次上課跟親教師小參。我不但在法上獲利，還能與母親一起爲正法努力，心生歡喜，我因此也學了如何將結緣書、開課文宣發出去。

後來母親生病，沒辦法再出去放書及文宣，躺在床上還是會問我們：導師、老師今天講了什麼？我與姊姊下課還是會分享上課的內容給媽媽聽。美好的時光非常短暫，媽媽不斷地想學更多的法；我心裡很慚愧：比不上她老人家精進。我發願要度佛學院的同學們回歸正法。

一心祈求　歸命本師　釋迦牟尼佛慈悲攝受加持，讓因緣早日成熟。

見道報告

一心頂禮　歸命本師釋迦牟尼佛

一心頂禮　歸命當來下生彌勒尊佛

一心頂禮　歸命大慈大悲觀世音菩薩

一心頂禮　歸命護法韋陀尊天菩薩

一心頂禮聖　克勤圓悟菩薩

一心頂禮恩師　平實菩薩

一心頂禮親教師　楊正旭老師

在拜佛時，當鼻子觸到地面，看到鼻子呼吸〇〇〇〇〇，突然一念相應，豁然明白就是因爲〇〇〇〇〇，眞是日用而不知。再觀察〇〇〇〇〇〇〇，還有母親睡覺時○○○○○○，心中好高興找到了。上禪三，主三和尚問我找到如來藏了嗎？我說：「找到了，○○○。」主三和尚說：「也對。」更加確信自己眞的找到，看其他人眉頭深鎖，想自己在上禪三前就找到如來藏，這很簡單，心生自大，而不知自己只是個半調子。之後主三和尚和監香老師所問的問題我幾乎都不會，當主三和尚要幫我時，被我拒絕。禪三，結果去了六次，最後還是得請主三和尚教弟子整理問題；一遍聽不懂，再重複講一遍給我聽，直到我聽懂。在聽完主三和尚教導之後，心裡越加沉重：自己不懂的地方還眞多，竟然之前還對師長傲慢，主三和尚依舊不計較的幫助我。心生慚愧懺悔，謝謝主三和尚不厭煩，爲笨弟子引導，我會用功趕快提升自己的道業。跟著主三和尚學習一肩挑起如來家業，讓正法長久住世間。

弟子　于珮珍　叩首敬上

正覺禪三見道報告

賴正順

一心頂禮本師 釋迦牟尼佛
一心頂禮 觀世音菩薩摩訶薩
一心頂禮 平實菩薩摩訶薩
一心頂禮監香、護法、護三菩薩摩訶薩

弟子在過去未學佛法前殺害很多動物（豬、鴨、鵝、魚、蛇……等），也作了偷盜、邪淫、貪瞋、妄語及酗酒等罪業深重的浪子，能在大乘法裡明心見道，作夢都不敢想，也在此公開懺悔往昔所造諸惡業。

從小出生在高雄縣美濃鎮外六寮鄉下小農村，從曾祖父到先父都沒有人修學佛法，從小就聽聞不到佛法。先父是祖父十六位孩子中唯一兒子（倒數第三），從小家裡主要種植香蕉、稻子、蕃薯（養豬用）及一些雜糧，工作非常辛苦。當姑姑都出嫁以後，重擔都落在先父母身上，更加辛苦，從小就要幫忙作家事。

記得有一次割香蕉要交青果社，從晚上九點開始採割，到隔天中午才完成交貨的經驗；先父負責採割，先母負責挑(三十五至四十公斤)到馬路邊。弟子當時讀高工，也幫忙跟著作，感受到先母眞的很辛苦，因此從小就有努力用功讀書改善家庭的想法。寫到這裡情不自禁、落淚盈眶，感嘆未能報答先父母，只有以破參功德迴向先父母，早日走入大乘法共修佛道。

小學畢業考到美濃初中資優班，但因初三時，迷上養鴿子被父母反對，就賭氣不喜歡讀書；想到軍事機械學校就讀，但因近視沒有被錄取。初中畢業考上屏東高中就讀，當時每次上英文課都在打瞌睡，只好準備重考，順利考上高雄工業職業學校建築製圖科。當時下定決心努力用功，第一學期全校第一名。從此就開始朝準備考台北工專方向念書。三年下學期在校外實習，也努力準備考試，忘了報名時間；幸虧吳貴仁同學提醒，眞是貴人(貴仁)相助，最後一天才到學校報名時，卻被消遣說「要去台北玩，不是眞要去考試」，結果只有我一人考上。可能是末學第九名畢業，被認爲不可能考上，才讓他有此想法。

因託唐智校長的福，剛好調到台北工專當校長，才有機緣被保送甄試（一般是前三名才能保送），結果考上台北工專三年制土木工程科。當時也順便報考二技聯招，也考上台北工專工業工程科建築設計組，選擇土木工程科就讀。從一開始就下定決心要考土木技師，在校期間喜歡研究姓名學、紫微斗數及奇門遁甲等，後來看了《了凡四訓》知道命運可以改變，就沒有再沉迷下去。為了要考技師就延畢一年準備考試，想一次考上；本來志在必得，卻自己太大意疏忽而落榜。檢討起來，可能交了女朋友，有自損福德的關係；福德不夠，有再大的本事都沒有用，因此體會到福德的重要。

只好畢業去服兵役，二年後（一九八〇年）退役，從此進入職業生涯（開明工職、建築師事務所、台北市職訓所、省公路局、交通部高鐵局、交通部鐵路改建工程局、營造廠主任技師），第一個工作是被在開明工職當教師的工專同學萬〇偉引介，到該校當建築科教建築製圖、測量及數學老師；因薪水不錯，時間又多，本想就此過一生。但好景不常，第三年就沒接到聘書（被學生檢舉莫須有的事情）；教書當時已三十歲未婚，朋友介紹認識了屏東市雙胞胎的姊姊訂了婚，但在訂婚席上表哥不小心湯匙掉落地上碎了，弟子心也跟著碎了；沒多久又發生小學生莫名來撞我的摩托車，被告上法院又失業（沒接到聘書），認爲這個婚姻有問題，因此就退了婚。只好換到建築師事務所上班，剛好台北市中央大飯店在作室內整修，被派去當監工，學了不少裝修經驗。現在回想起來，佛菩薩在暗中呵護安排著，希望所學能被正法所用。

一九八三年工專同學孫○利考上台灣工業技術學院研究所，要我陪他去念書，我就考上二年制營建管理系；這也是可以應用在地下室裝修管理上，又是佛菩薩冥冥之中的安排。讀書期間爲了生活及繳學費，就到台北市職訓所兼職教建築製圖。

畢業前半年，工專同學陳林○與找我陪他去考台北縣（新北市）乙等基層特考，弟子從小就不喜歡當公務人員，盛情邀約只好陪他去考試，眞是「有心栽花花不發，無心插柳柳成蔭」，考上了。當時考試前一天（一九八五年十月三十一日），弟子也與現在同修訂婚，第二天就去考試，俗稱：「**娶某前，生兒後，運氣當好**。」果然不錯，考上後被分發到省公路局，於一九八六年元月一日結婚，育有一子二女。弟子今天能明心，同修沒有阻擋，家事一肩挑起來，讓我能夠無後顧之憂，全部時間投入講堂作義工，是幕後大功臣，因此向同修頂禮致謝。

學校畢業後（一九八六年六月九日）就到省公路局規劃處（在台北火車站）從事道路規劃工作，於一九九〇年因緣成熟，考試院放寬錄取名額，終於考上土木技師。一九九一年技術學院陳明利學長告知，交通部高鐵局招考一位副工程司，薪水更好；想存錢買房子，就轉到高鐵局服務，被派到南部施工區（高雄火車站後方）上班，十四天後南部施工區撤回台北火車站。當時台北市地下鐵路工程處蔣○如副處長問我要不要轉過來，就隨順因緣，被分配到地下鐵路工程處（簡稱地鐵處）規劃組，從事鐵路地下化東延南港可行性研究監督工作。由於表現良好，一九九三年被董○處長指派當隊長，接到派令上班，在火車站前被撞壞車前燈，只好找蔣副處長婉拒當隊長的意願。

繼續從事鐵路地下化東延南港規劃、設計委託發包及監督工作的承辦員；由於努力工作，也自己設計了南港施工區的二層樓RC臨時辦公室（這件事情在公務機關是沒有人敢作），縮短委外發包設計時程，因此又再次被升派施工區隊長。一九九六年被告知隊長要換人，只好自簽不適任，退下隊長職務，從此改變了一生，因此非常感謝要我退下來的長官。回到台北車站規劃組當計畫管理承辦員，因少加班，作息正常，就有時間學打太極拳、練氣功。一心想要打通任督二脈，就跑到新店求師；沒想到說我年紀太大，被潑冷水。有一天看到帝王（九九）神功可以打通任督二脈廣告，就繳了幾萬元去練習。一九九七年同修提早退休，全心照顧三個孩子，因此在公務機關比較有時間付出。

一九九八年公路局客家李○中同事要我別去學什麼氣功，說去他們那邊比這邊更好；又跟著去他們祖師的家庭道場，接觸到今世從未涉獵到的知見。諸如：道的起源、生命的起源、眞空妙有……等。因祖師是屏東縣內埔客家鄉親，格外親切就一頭栽進去，精進跟祖師修學。當時有接觸到一貫道書籍，寫到 釋迦牟尼佛是老母所生；也眞的相信，傳播出去，在此要公開懺悔。半年後開始吃肉邊菜，一年後開始吃全素（奶蛋不食）到現在。每二星期聚會一次，由祖師當乩身，恭請仙佛降駕說法，偶爾替人排解冤仇。弟子也曾跟著學乩身，但是沒有成功，可能又是佛菩薩護佑。

二○○四年機關搬到板橋火車站，自己是地鐵處太極拳社社長，開始研究五教經典，因此接觸到佛經。看最多的是宣化上人所翻譯的，其中一本《楞嚴經》，看了完全看不懂；想佛法怎麼這麼深？就有了探究的想法。佛經看多了，對於生命起源仍然不很瞭解。

有一次交通部佛學社舉辦二天一夜到中台山朝聖，由交通部次長(惟覺的弟子)帶隊，就跟著參加。午齋前見○法師介紹中台山，提到中台山是世界最高的佛寺；當時就有不以為然的想法：修行應在法上用功，怎麼在建築物上追求？晚上席開四桌，與惟覺老和尚共聚「藥食」宴席，餐中不免供養惟覺和尚；當時本想不供養，又想來吃人家一餐，就隨著供養一千元。當天晚上安板睡覺時作了惡夢，墜落到黑暗深坑，讓弟子嚇了一身冷汗；是不是佛菩薩又暗示：此處會讓你墜落地獄深坑？第二天早上天未亮，一起跪拜朝聖，在聽到引磬聲及唱誦佛號繞塔時，不禁淚流滿面，讓弟子覺得奇怪：為什麼會這樣？以後再邀請就沒再去。

又有次 SARS「非典型肺炎」來時，公務機關宣布全面量體溫管制，減少蔓延；祖師邀集幾位弟子向供奉的主神(混沌太皇太祖)祈求收回病毒，眞的一星期後就消失。弟子現在知道這是干預因果，要公開懺悔。

有天想要沉靜自己的浮躁心情—工程人員難免交際應酬喝酒—就起一

個念，抄經書。開始下班後在家席地而坐，用毛筆抄寫《妙法蓮華經》、《華嚴經》（八十華嚴）、《藥師經》、《地藏王菩薩本願經》、《維摩詰經》、《楞嚴經》、《阿彌陀經》、《金剛經》、莊嚴劫、賢劫、星宿劫諸佛佛號等，抄寫了二年半。二〇〇五年左右，服務的機關成立了淨心社（主要因機關發生貪污事件，藉此來淨化人心），機關有社團小房間，也開始幾乎每天中午唸《妙法蓮華經》，連參加機關自強活動都不放過，也助印《妙法蓮華經》分送到宮廟。

二〇〇七年四月在局（改名交通部鐵路改建工程局）裡圖書室看到《宗通與說通》（圖書室唯一的一本正覺同修會的書），當時也不認識蕭平實老師是誰，就把它看完，讓我非常震驚：怎麼寫得如此好？把佛法宗門與教門分析如此清楚。開始依書上所列網站，將每一本書的簡介全數看完，真的挖到寶；以前在祖師那邊所不知的疑問，終於解開。這又是佛菩薩早就安排好的事證。

就開車從民權路往西到承德路講堂請書，來回繞了三趟沒有找到；只好開回民權路往東走，眼前出現承德路路標，原來被遮障，開過頭去到重慶北路。進了講堂九樓請了幾本書，順便護持一千元。回家很快看完，就開始星期二下班從板橋捷運站搭捷運來講堂聽《金剛經》，記得當時講到第七品。

愈聽愈深入，知道這裡才是自己所要依止之處，就寄出二〇〇七年十月新班報名表；當時還擔心不被錄取，當收到上課通知，很高興。十月二十九日第一天上課，由於求法心切，就坐到講桌前第一位（求學期間從未坐前排），被親教師余正偉老師指派清掃廁所，非常感謝余老師讓學生一開始就有機會培植福德。

此時腳踏兩條船，因情執很難開口，及祖師有鬼神通，我怕連累家人。時間愈久，佛法正確知見愈深入，離開的心愈來愈強烈，只等待適當的因緣。二〇〇八年五月舉辦祝壽午宴，祖師依例說法，講到生命起源，與正覺所學不一樣。晚間弟子鼓起勇氣跟祖師說：祖師說的跟我的認知不一樣，我要離開。從此不敢再去，直到現在。

離開外道後就專心在講堂學法。余老師設了很多善巧方便，要學員在慧力、定力、福德、除性障能夠均衡用功；學生依教奉行，努力作功夫，閱讀導師的書；一年後開始登記義工表，只要可以作的都塡「願意學習」。感謝各組組長提攜，讓末學可以參與推廣組、行政組義工，福田組助念、彌陀法會也努力參與，也經常用各種方式捐款護持同修會及正覺寺籌備處。

時間過得很快，於二〇〇九年受菩薩戒，因為禪三報名者要受菩薩戒始可受理，就順便報名禪三。沒想到禪淨班剛結業，就被錄取。更加努力希望一次能明心，當時淨心社所養蘭花及聖誕紅盛開，讓我更具信心，應該可以過關。第一天拜懺泣不成聲，每次過堂淚流滿面；第二天與 主三和尚小參很緊張，主三和尚所講的，出了小參室腦子竟一片空白，只好再努力參究。突然佛菩薩〇〇〇〇暗示，同時給一個念：「**若見諸相非相，即見如來。**」弟子才恍然醒覺，過去以念的前頭為方向去參究是錯誤的，就開始檢驗佛菩薩的提示：祂是否無形無相、無覺無觀、無五陰十八界等。均符合，就到佛菩薩前禮謝，控制不住號啕大哭。主三和尚過來安慰弟子說：「**沒有人第一次跟主三和尚小參就過關的。**」要弟子不要干擾別人參究。弟子心想，在 導師書上有讀過，弟子有沒有明心，師父一見就知道。以為自己參的不對，是魔來故意示現干擾；就不敢向監香老師報告，因此第一次上山就鎩羽而歸。

進階班被分配到游正光老師座下，繼續學習。此時更努力作義工（推廣組寄書、搬書、假日發書等，行政組音控，福田組助念、彌陀法會，不定期捐款護持講堂……等）培植福德，慧力部分更努力重複閱讀 導師的書，排除一切交際應酬，練習憶佛拜佛工夫。

二〇〇九年十月及二〇一〇年四月報名禪三均被錄取，但因不知監香老師對同一題目會再問一次，第二位監香老師再問時，以爲自己前面答錯，沒有辦法回答。所以這二次禪三都與監香小參二次就解三，只好繼續努力下次再來。

因連續參加三次沒有破參，佔著茅坑不拉屎；就想讓出一名額，給第一次上山的菩薩多一名額的機會，就開始沒有連續報名。同時也檢討是否自己罪業深重，根本不可能破參、福德不夠、理路不清、性障磨得還不夠等，讓自己有更長時間來充實慧力、累積更多的福德及磨一磨自己的性障。也觀察親教師、助教老師、班級義工菩薩，爲什麼他們可以被指派擔任，弟子可以借鏡學習的地方。

因 導師提過，不要將今世的福德完全享盡，要留到未來世像滾雪球一樣愈滾愈大。二〇一〇年七月(升任科長作了一年多)，本身是專業技師，審核預算特別嚴謹，替國家省了一百多億元的預算，對國家無愧，決定退休全心投入正覺同修會義工行列。因此更努力勤作義工培植福德(推廣組寄書、搬書、林口書庫搬遷、平日假日發書、素食專坊等；福田組助念、彌陀法會；行政組影音、急修小組、定期捐款護持講堂……等）。記得〈解密快報〉破密當時全講堂都動起來參與，連回美濃過年也帶回故鄉發，也救了正要去學《廣論》的退休人員。

退休之後兼任營造廠主任技師，只要每二個星期左右去工地勘查一次，其他時間全部從事講堂義工；值得一提的是，佛菩薩也安排弟子接引一位師兄（當時在營造廠做甲方監工），目前該師兄全家已在高雄講堂禪淨班上課。

二〇一〇年四月第四次報名禪三也順利錄取，這次只好將第一次禪三佛菩薩慈悲示現，拿出來使用；果然　主三和尚確認方向沒錯，但怕弟子悟得不深將來會退轉，就讓弟子去監香老師那邊闖一關，嚴加考驗；雖然未過關，至少方向已正確；只欠眞妄要分得更清楚，並能〇〇〇〇〇〇〇〇〇便行。

因退休關係，更有時間增加參與媒體專案拜訪工作，開車遠赴桃園、苗栗及宜蘭拜訪地方民代、宮廟等破密工作，及林口倉庫增建二樓鐵架平台的義工。有一次爲了防止木頭倒下來打到師兄，就用右手順勢去扶，被二支鐵釘插進手掌心；當時一個念頭：痛是意識心。就慢慢拔出來，雖然會痛也繼續工作，正要回家時手腫得像麵包一樣，勞駕李正興菩薩載回古亭，正興菩薩對末學說：你手腫得那麼嚴重，應該去看醫生，明天休息一天就不要來。當時回答：「**有義工可以作，怎麼可以不去！**」弟子認為作義工是很快樂的事，因此第二天照常去。也要感謝余春元菩薩，弟子二次作義工身體受傷，都是余師兄的協助才康復。

二〇一三年四月地下室裝修專案，開始進行拆除，接著進行規劃設計（弟子未被告知參與）。二〇一三年七月地下室上方的停車場防水工程開始施工。二〇一三年九月接著由廖永來菩薩帶領義工菩薩開始整地、地坪灌漿；弟子當然每日參與，深深體會到這是很耗體力、粗重工作，很多義工怕髒、怕累不敢來，或來了一天下次就不來了，弟子也要在此隨喜讚歎不斷參與的義工菩薩。

二〇一三年十月第五次報名禪三也順利錄取，由於 主三和尚慈悲加持指導方向，要弟子去闖監香老師那兩關，並授記弟子：不是這次，就是下次應該會過關。第三天過堂後，主三和上要大家〇〇〇〇〇〇，如來藏〇〇〇？當天晚上普說後，留在禪堂繼續參究，感覺自己與 主三和尚心靈相通一樣，原來是在提示弟子，如來藏是哪一個。但因弟子破參因緣未成熟，又沒有過關。

回來之後，地下室繼續作地坪灌漿粉平工作，有天廖理事長建議導師同意，告知要弟子協助地下室裝修工程當總監工，當然意不容辭全時投入。到此才體會到弟子不管在求學、就業、婚姻等，佛菩薩一路上都在暗中呵護安排，深怕歷練不夠無法被正法所用。弟子開始整理專案工程的所有工項，諸如：地坪粉刷，冷氣風機、冰冷水管、冷氣排水等安裝；RC牆、輕隔間牆放樣及施作、水電配管配線、電力配管配線；冷氣主機、空調箱、空調風管、排煙機、排風管等安裝；天花板骨架施作、插座電燈開孔位及管線預留、木作(儲物櫃、備長碳櫃、辦公桌)、結緣書架、音響、視訊、消防箱、監控、貼塑膠地磚、穿堂貼地磚、電梯間牆面修補、樓梯扶手、樓梯貼磁磚、茶水間貼磁磚；緊急照明、緊急廣播、逃生標示、喇叭、天花板、冷氣出風口、空調出風口、電燈、節能風扇、投影機等安裝；鐵捲門、鞋櫃、牆面油漆粉刷、中央監控系統……等的施工時機及順序，預定二〇一四年四月初步完成提報消防及建築審查，但因作業疏忽延至七月完成消檢。

弟子接了監工以後，從早忙到晚，一天都超過十二小時，雖然身累、但心不累，所以每天回家一看書就累得睡著了。二〇一四年四月禪三，弟子想，剛好要趕工提供消防檢查，而且預定要在八月份可以完成啓用，只有一個多月時間可以爲自己的法身慧命衝刺，因此放棄，等下次再報名，全心投入地下室裝修工程。

二〇一四年八月工程沒有按預定時間完成，讓弟子很擔心，沒有時間準備禪三怎麼辦？本想不報名，但後來游老師上課開示，遞陳第六次禪三報名表，只好隨順因緣繼續每天的監工及協調工作，還要當工頭帶著義工菩薩施工。隨喜讚歎辛苦參與的義工菩薩們：沒有你們的付出，講堂沒有辦法於二〇一四年九月二日完成安座，二〇一四年十月七日對外開放聽經。

接到禪三錄取通知，完全沒有喜悅，因爲中央監控工項還未完成，每日仍然須到講堂督工；直到禪三報到前一天下午，提早回家準備上山物品。很慚愧沒有時間看書、拜佛，只有依據前六年所下的慧力與功夫，以及每週護持捐款同修會而上山，一切交給佛菩薩安排。第二天與 主三和尚小參，一次給弟子二個題目下去整理。第一個題目……？在參究時突然想到第五次禪三過堂○○○○的提示而一念相應；第二個題目：⋯⋯？與監香老師小參時，回答：如來藏繼續攝取外五塵，變現內六塵，再由意根接觸法塵，了別法塵重大變動，喚起意識⋯⋯等，被監香說不直接，打回票，回去再參。就向佛、菩薩發願祈求，由於佛、菩薩及導師慈悲加持，後面幾個考題，監香老師仁慈解除弟子緊張，終於思緒清楚一一過關，後被主三和尚印證及喝水。

檢討起來弟子一路上走來，都是佛、菩薩慈悲暗中安排與協助，最後參與第五、第六講堂佛像安座大典的「十供養」，消除一切罪業；願意在大乘法裡當傻瓜，及參與地下室工程累積了廣大福德，水漲船高，終於破參明心。感謝世尊、觀世音菩薩、韋陀護法菩薩、克勤祖師爺、主三和尚、監香老師、護三菩薩、余老師、游老師⋯⋯等，沒有您們慈悲呵護，就沒有我今天能在大乘佛教裡開悟明心，在此衷心叩謝。

以下是禪三前整理資料，若有機會刊登、分享大家：

如來藏在我們身上，遍一切處（十二處）、遍六入、遍一切時與五陰身並行運作，○○○○○○○，與五陰非我、不異我、不相在。如來藏無形無色、離見聞覺知，一般眾生僅能透過六塵而猜測祂的存在。如來藏如鏡照燭、漢來漢現、胡來胡現，我們所見都是如來藏所變現內相分影像，覺知心從未接觸過外境；一般眾生未藉由善知識深入教導，很難了知無鏡框的鏡子（如來藏）存在，以爲自己眞實接觸到外境。

閱讀了 平實導師《楞嚴經講記》以後，知道如來藏透過五扶塵根接觸外相分——五塵及五塵中之法塵，經過人體神經系統轉換成帶質境之內相分——六塵在勝義根出現。然後如來藏又出生見分—六識—來了別內相分六塵（五塵及五塵中之法塵）。見分六識的見、聞、嗅、嚐、覺、知是三界內生滅性之法，屬世俗諦；而如來藏是不生滅性，是能生五陰的眞實心，在五陰出生之前早已存在無量數劫，是無始的，屬第一義諦。

如來藏接觸外六塵時，如鏡照燭變現內相分六塵，完全不對六塵（內相分）加以了別，所以離見聞覺知，無餘涅槃中即是祂獨自存在，《阿含經》中名之爲本際。由祂變現六塵之後，再出生六識來分別了知六塵（眼識了別色塵、耳識了別聲塵……意識了別法塵）。如來藏自不作主，完全○○○○○，言聽計從忠實變現六塵，又出生六識來了別六塵，整個運作過程中由眞心（如來藏）與妄心（七轉識）和合運行，因此也可以說整個○○○○○○○，與色身、覺知心非一非異。

如來藏無形無色、無覺無觀、不生不滅、不增不減、言語道斷，祂所出生的五蘊（陰）身，有生必有滅，因此如來藏是「非生滅、非不生滅」之中道性。若沒有善知識教導，自己想要摸索出這個中道性之甚深微妙法，眞的非常困難。有幸値遇善知識時，要好好把握。

如來藏有○○○○○可以○○○○○○，再由共業有情眾生的如來藏共同變生山河大地等器世間，此為外相分的五塵（內含外法塵）。眾生的五陰十八界是藉由如來藏直接或間接轉轉出生，是非常、是苦、是空（暫時有，終必消失）、無我（非眞實常住的我）、是有生滅之法，又稱之為空相。空相要依附空性如來藏才能存在，也就是生滅有為法必須依於不生滅的空性心如來藏才能顯現。也因為有生滅法，才能了知不生滅法的如來藏是眞實存在可證。而且兩者之間非一非異，共同和合運行。若分離了，就沒有覺知心能了知空性心如來藏的存在。如來藏可獨自存在，成為無餘涅槃無境界的境界；但因如來藏離六塵的了別，無自證分、證自證分了別自己的存在。因此若沒有器世間及五陰世間等生滅法，就沒有三界世間存在可以生活，也就是有情都同樣眞心與妄心和合運行。

所以眾生如來藏（阿賴耶識）永遠是理事圓融中道體性——空性與空相和合運行。因此《楞伽經》所說「○○○○、○○○○○」之密意自然而解。在生活中○○○、○○○○都是眞妄和合運行，只是能否分別何者爲眞？何者爲妄？其實《心經》早就明說了，因被無明所遮而不能了知。五根身（或五陰身）沒有如來藏就變成屍體，眾生存在當下就是有根身，就離不開有爲法與無爲法和合運行的中道性。

如來藏自己出生了相分（內相分與外相分），然後出生見分（六識）去了別內相分，眾生就在自己的如來藏內玩來玩去而不自知。相分與見分都是如來藏所生，因無明業力的關係，如來藏依眾生所造業之不同，不斷地變生世世各種不同的五陰身來酬償果報。持五戒修造十善業，如來藏就幫他變生天身，在天界受報；造作極重惡業，如來藏就幫他變生地獄身，讓他在地獄受報。

如來藏本體不生滅，所出生的五陰身在如來藏內不斷生滅；五陰十八界雖然不斷地生滅，但攝歸如來藏來看時，五陰身永遠在如來藏內生生滅滅，差別只是世世的五陰身不同而已，所以菩薩把五陰身攝歸如來藏時，就可方便說為不生不滅。因此萬法歸一，一切法即一，一即一切法，生死與涅槃不一不異。

外相分六塵是由如來藏見分所了別，如來藏的見分就是佛性中的一部分；如來藏了眾生心行，○○○○，○○○○，透過五根身接觸外六塵變現內相分六塵，再流注六識種子去了知一切萬法；因此如來藏並非完全無作用，而是非有作用、非無作用，非有覺、非無覺，永遠是中道性。

由衷感謝大善知識　平實導師來教導我們了知「生從何來，死往何去」的生命實相了義正法，從此人生活得有意義。以前常出國遊玩欣賞美景，以為很美麗、很好看，現在認為完全沒有意義，看來看去都只是自己內相分的境界。少被六塵境迷惑，一切隨緣；煩惱慢慢減少，人生觀完全改變。因此提早退休投入正覺當義工，以微薄力量作　導師左右手來摧邪顯正，救護更多的眾生遠離邪見，以報答師恩。寫到此處不禁流下眼淚，祈望更多眾生可以離苦得樂。

見分六識覺知心　相分六塵虛妄法　一念無明煩惱障　無始無明所知障
空相生滅世俗諦　空性無生第一義　本來清淨涅槃性　涅槃寂靜無生滅
一念相應見無生　人法無我無一法　眞妄和合非一異　如來不知不分別
不知不覺了心行　離諸分別廣分別　衆生日用而不知　日用不知菩提心
不即不離恆中道　非眞非假非虛妄　非垢非淨體清淨　搬柴運水無疲倦
洪水猛火不著身　任運隨緣不分別　無分別中廣分別　萬法如來藏中生
菩薩身踏兩條船　實相虛相任消遙　利樂人天歡樂行　廣度衆生三僧祇
圓滿福慧兩足尊　成就無上正等覺

一、願生生世世能遇善知識修學佛菩提道，明心見性，地地增上，直至佛地。

二、願今世能成爲　導師左右手，破除西藏密宗邪法，振興佛教正法，直至假藏傳佛教（喇嘛教）離開佛教爲止。

三、願盡未來際在娑婆世界護持　世尊法脈，直至末法五十二年。

四、願盡未來際護持佛教正覺同修會弘揚　世尊了義正法之義工。

五、願成爲未來賢劫及未來際十方諸佛座下弟子。

六、願生生世世護持追隨十方諸佛、菩薩弘揚佛法，度化眾生圓成佛道。
七、願一切眾生皆成佛道，始成正覺，誓願不成不取涅槃。
八、願盡未來際於十方世界演說《妙法蓮華經》。
九、願一切眾生離苦得樂，修習正法因緣早日成熟，佛菩提道上少諸障礙，早證菩提，圓成佛道。
十、願佛法長興，正法久住。

南無本師　釋迦牟尼佛
南無　觀世音菩薩摩訶薩
南無　平實菩薩摩訶薩

弟子　賴松順　跪呈
二〇一四年十一月七日

見道報告

—楊惠燕—

一心頂禮本師 釋迦牟尼佛
一心頂禮大悲 觀世音菩薩
一心頂禮 克勤圓悟菩薩摩訶薩
一心頂禮 平實菩薩摩訶薩
一心頂禮 親教師菩薩摩訶薩
一心頂禮 監香老師及諸護三菩薩

一、學佛因緣及過程：

一九九七年是我第一次接觸佛書，當時因爲家庭關係相處不好，非常苦惱。洪美珍助教老師是我公司的主管，知道她在學佛，在向她請益後要我多誦持〈觀世音菩薩普門品〉及〈大悲咒〉，至此對學佛的概念僅止於誦經。

到了一九九九年十月是我第一次接觸佛法道場，當時參加中台禪寺高雄講堂的禪修班；我和一般世俗人一樣，想學佛是因為想要解脫煩惱，想要從中尋求心靈的慰藉，讓自己可以家庭和樂、生活美滿，這是我學佛最重要的目的。就這樣在禪修班的數息打坐、參加法會誦經拜佛中，一待就待了七年（真是後知後覺）！後來警覺到這麼多年的修學，對於整個佛法內容沒有一個完整架構？什麼是大乘？什麼是小乘？《心經》講的五蘊是什麼？為什麼都是空？是不是瞭解空之後就能解脫煩惱？難道佛法就只是數息打坐、練腿功、趕法會誦經拜佛嗎？下了課回到家，煩惱還是一大堆？當初我想要學佛的目的：解脫煩惱、家庭和樂、生活美滿都沒有達到。所以在二〇〇六年六月我離開了禪修班。

二、進正覺同修會及學法的過程：

二〇〇六年七月就在我離開中台禪寺道場沒多久，洪美珍助教老師告訴我一個訊息，說 平實導師要來高雄演講，非常殊勝，推薦我去聽講（佛菩薩已幫我安排好最佳因緣）。當時聽到是 平實導師，我的心裡是有防備心的：最好不要靠近。因為中台禪寺師父的邪教導，告誡學員說 導師的法義有問題，要學員別看 導師的書，所以只是虛應一下美珍老師而說「好」，結果當然是沒去聽講（已向導師懺悔）。一直到二〇〇六年十月二十七日正覺高雄講堂開新班了，美珍老師仍然是很有耐心的邀請我去報名；因爲還想探究佛法的眞正內涵，於是我就報名參加禪淨班了。在此非常感謝美珍老師的接引及慈悲攝受的恩德！菩薩度眾生就是要有耐心，今後要多學習。

剛開始上課，不知道正覺的法是眞正的法寶，所以不是很認眞地學，後來是被張正圜老師度眾的慈悲所攝受。當時還沒有高鐵，不論颱大風、下大雨，只要是沒有放颱風假，張老師每個星期都要冒著生命危險搭飛機特地南下教課，心裡非常非常感動，自己絕對不可以辜負老師，因此就比較認眞的上課。這就是菩薩攝受眾生的威德力！

之後眞正讓自己心得決定安住下來的，是老師講到菩薩戒課程的時候，不知道爲什麼聽得非常的法喜，從不缺課；也在後來課程的熏習中，漸漸地終於瞭解原來學佛的目的，不是一個心靈寄託，不是只要解脫煩惱、家庭和樂、生活美滿，而是要「成佛」！（後來知道這才是三界中最究竟的事。）要學習佛的慈悲、學習佛的智慧、學習佛的願力，來救度眾生得以出離生死乃至成就佛道。但是當時心量眞的太小，覺得佛菩提道太難了，要三大阿僧祇劫！我只要學解脫道就好，所以也就不敢受菩薩戒。

一直到二〇〇九年九月　導師宣講《妙法蓮華經》，在每週不缺席的聽法下來，終於瞭解原來二乘解脫道只是一個化城，諸佛世尊唯以一大事因緣故出現於世，就是爲眾生宣說佛菩提，爲眾生開、示、悟、入佛的知見，因此漸漸長養對大乘法的信心（導師講經的課非常重要，地上菩薩的攝受力是不可思議的）。更因當時親教師白老師的慈悲攝受，他帶領我發「我要成佛」的大願，心量狹小的我擔心自己作不到，一直不敢發大願，但是勇敢的說出「我要成佛」的願後，內心非常感動，眼淚直流，好像找到我最終的依靠了，至此心得決定，所以在二〇一〇年二月我受了菩薩戒。

受了戒就要學習當菩薩了，於是就開始參加講堂活動以及擔任義工，包括推廣組結緣書攤以及編譯組校對工作；多年下來自己在作義工的過程中，看到菩薩們爲護持正法、弘揚正法那麼努力的付出心力，尤其這幾年藏傳的喇嘛教猖狂，騙財騙色宗教性侵，更欺騙大眾宣稱它們是佛教，還要誣告　導師，眞是太可惡了；於是在心中發願此世一定要追隨　導師護持正法、摧邪顯正、復興中國佛教，將假藏傳佛教趕出佛門，一定要盡自己的一份心力。因著這個願力，督促我在道業上更精進用功。

在每週聽 導師講經、親教師上課教導；以及練習無相憶佛拜佛功夫、閱讀 導師的書籍，不斷地熏習正法之下，自己在定力慧力才稍稍有進步，這對於斷我見及伏除性障幫助很多。最明顯的改變是，對於世間法的一些人、事、物比較不那麼執著；家裡同修也感受到我比較調柔了，因此自己終於能以菩薩的愛語攝來攝受同修開始念佛（以前和同修總是相敬如冰、各走各的）。感謝 佛、世尊及 平實菩薩大慈大悲，不捨眾生輪迴生死苦，下生娑婆弘揚佛法，弟子才能有今日的解脫功德受用！但是眞正的佛法只有在正覺，在其他相似佛法道場是學不到的！

三、危機就是轉機

在二○一二年八月的時候，我面臨了學佛的一個危機。當時公司要推動一個新制度，工作非常非常忙碌，壓力也相當的大；再加上編譯組的校對工作都是有時效性的，有時拖著疲憊的身體下班回到家，忙完家事後得再打起精神來校對，有時會忙到半夜一點多，隔天又繼續上班；就這樣身體發出警訊了—胃潰瘍、十二指腸潰瘍、睡不著、吃不下，一個月的時間暴瘦了六公斤。當時工作、講堂及義工全部請假，在家調養身體。因爲平常無相憶佛拜佛功夫不純熟，生病這時要用就全然派不上用場了！整個心思完全放在色身的病痛上，心一直靜不下來，拜佛也不想拜了，可以說忘記學佛這件事了。要不是美珍助教老師的菩薩心腸，帶我看醫生、購買許多營養品，最重要的是每天每天的電話關心，耳提面命要我再提起憶佛念、要繼續用功、要在佛前懺悔、要在 佛前發願，求佛加持讓我色身康泰、學法無礙；漸漸的心安定下來了、身體才慢慢康復，也再重拾起學佛的心(再次感謝美珍老師)。所以學佛路上同參道友很重要，大家一定要和正法綁在一起，互相提攜，直至成佛，更要學習菩薩的慈悲心懷。

生了這場病，是佛菩薩給我的小小考試，考驗我走佛菩提道的道心是否堅定？也是 佛陀的慈悲，用病苦來讓我深刻體悟生命的無常！有時在睡夢中會驚醒，害怕我的生命還有多久？我擔心再不用功這輩子可能沒機會爲正法作事了，更沒有機會當面向 導師懺悔了，那怎麼辦呢？於是我的心就更加堅定，「除了佛菩提道這條路，再也沒有別的路可走了」，「早走晚走都要走成佛之道，現在值遇善知識一定要緊緊地跟好，絕對絕對不要跟丟了」，所以心得決定，於佛菩提道更精進用功，才是眞正報答 佛恩、導師恩及 親教師恩！於是鼓起勇氣報名禪三！

四、見道過程與內容：

二〇一三年十月感恩 導師慈悲錄取我參加禪三，又讓我擔任請師代表培植福德。第一天進入祖師堂二樓大殿，看見了 世尊，心裡一酸，眼淚便在眼眶裡打轉；擔任請師代表，在練習走位時，進入 主三和尚小參室門前，眼淚再也忍不住了，內心感動莫名！下午的拜願在唱頌 世尊聖號時，就像回到多年不見的父親面前一樣，不由自主的淚流滿面。世尊一直守護在身邊，但不孝子卻放逸荒唐的虛度歲月，非常慚愧無地自容，至誠在佛前懺悔往昔所造謗佛、謗法、毀佛禁戒等生死重罪，導致此世修學大乘佛菩提道不得力、懈怠不精進、至今無有成就。至心祈求 佛加持冥祐弟子道業能有所成，有能力荷擔 如來家業，並發願生生世世爲護持正法、弘揚正法、救護一切眾生得以出離生死乃至成就佛道而努力！

第二天，期待許久的日子，終於可以和 導師相見了。進入小參室先向 主三和尚頂禮及懺悔，因中台禪寺師父的邪教導，告訴學員說 導師的法義有問題，不要看 導師的書，弟子也以此錯誤知見要同事不要看 導師的書，誤導眾生，至誠向 導師懺悔。導師非常慈悲接受了弟子的懺悔，而且還開示幾個方法要我繼續參究，非常感激 導師。但是在之後幾天用功還是沒有入處；經監香老師點醒，再次於 佛前懺悔，並發願要彌補誤導眾生的過失，要努力攝受同事回到正法（所幸該同事福報具足，目前已安住在講堂中修學，感謝佛菩薩加持）。

晚上普說時，這場景似曾相識，彷佛回到古代聽 導師講法一樣，非常親切；但公案內容不是聽得明白，辜負 導師辛苦的教導。這一次禪三因爲定力不足、知見、觀行不足、眞妄不分，鎩羽而歸。

二〇一四年四月感恩 導師慈悲錄取我參加禪三，又讓我擔任請師代表培植福德。第二天，和 主三和尚小參時，報告早上經行感覺好像有一個心，但是〇〇〇，並敘述在家洗碗的觀行：我這個假人是假的，〇〇〇〇？覺得很恐怖，到底〇〇〇〇呢？導師要我再多觀察參究。第三天整天參禪下來一樣沒有入處。導師慈悲為我施設方便，開示如來藏是〇〇〇〇〇〇，無形無相〇〇〇；當時因為對妄心觀察不確實，不能完全體會 導師的開示，辜負了 導師的教導，內心非常慚愧。

晚上用藥石時心情非常凝重，難過的流下慚愧的眼淚，竟害 導師誤以為我觸證了才掉淚(在此向導師懺悔)。所以在晚上普說後 導師慈悲讓我和監香老師小參。那時向老師報告如來藏是〇〇〇〇〇〇，祂遍滿全身，祂的〇〇〇〇為因，加上異熟業種及無明為緣，攝取父精母血出生五色根，再出生內相分六塵，最後才出生六識，所以在意識出生之前，如來藏就已經一直存在了，因此六識所有的了知都是如來藏的功能。

監香老師說這只是知見的整理，並未現觀；之後我對老師的提問大多回答不完整，老師要我繼續參究。出了小參室，再次於 佛前懺悔，弟子何德何能，讓 平實菩薩多加提攜照顧，但卻辜負了菩薩，弟子至心懺悔，並發願加快腳步更精進用功，以報 佛、菩薩恩、師恩！

第二次禪三雖未抱果而歸，但是內心充滿感激，功夫與知見在 導師的攝受下有長足的進步，最重要的是我深刻的感受到什麼是菩薩的慈悲！解三時看見 導師疲累的身軀在為我們開示，聲音很微細，內心非常的不捨與慚愧。導師為了續佛慧命、為了正法久住這麼努力的教導我們，弟子深深的被感動，發願一定要世世在 導師座下修學，追隨 導師弘揚正法！

解三回家後就越發精進，增加無相拜佛時間來培養定力；及閱讀 導師的書籍整理知見；以及培植福德；最重要的是禮拜、供養、懺悔、發願、迴向，祈願佛菩薩加持讓弟子早日為正法所用。

二〇一四年十月感恩 導師慈悲錄取我參加禪三，又讓我擔任請師代表培植福德。第二天，和 主三和尚小參，報告在家洗碗時的觀行。洗碗時參禪「〇〇〇〇？」〇〇〇，但手的皮膚會爛、肉也會爛、血會流乾、骨頭也會壞滅，那就〇〇〇〇〇〇了，想起 導師的開示：如來藏無形無相、〇〇〇〇，那〇〇〇〇〇〇就是如來藏嗎？而祂是〇〇〇，〇〇〇〇〇，所以〇〇〇應該是如來藏，但又不確定？。所以 導師問我，……？我卻回答不出來！因為當時我誤以為〇〇〇〇〇〇是如來藏，但 導師一路引導下來卻發現〇〇〇〇〇，是妄心，這下子卡住了？因為過堂時間到了，導師要我再多觀察整理。

第三天上午和監香老師小參，因爲還是沒有〇〇〇〇，所以老師問我：七轉識妄心在運作的時候，如來藏〇〇〇〇？我竟回答不出來！出了小參室，趕緊到 佛前懺悔，並向 佛稟白弟子是眞的、眞的想爲正法作事情，一心只想要追隨 導師護持正法、復興中國佛教貢獻心力，求 佛加持冥祐弟子成就大願，再回到座位繼續用功。導師慈悲再爲我施設方便，再次開示如來藏是〇〇〇，〇〇〇〇〇……等。我恍然大悟，原來「〇〇」是由內到外〇〇〇〇，所有的……全都是如來藏在運作，所以衆生本是如來藏身，本是如來藏色；衆生本是如來藏，根本就沒有衆生……所以〇〇〇〇的就是如來藏！〇〇只是如來藏〇〇〇〇〇，〇〇只是如來藏〇〇〇〇〇，都是如來藏出生的。弟子感恩 導師的慈悲引導，讓我有機會成爲眞正的佛弟子，讓我眞的回家了！

第四天輪到和監香老師小參，老師問的許多考題都是再次幫忙整理知見。當老師問我，爲什麼如來藏〇〇〇〇？我回答因爲……所以三界唯如來藏心！但在回答〇〇〇時卻有點籠統，只知道蘊處界諸法都是如來藏所生，說不出眞正關節點。感恩監香老師慈悲引導提點弟子，終於瞭解到蘊處界諸法都是由眾生造作而產生，而○○○○是如來藏，祂藉色身爲工具○○出來的。譬如杯子，是由大腦意識思考設計然後藉由色身去做出來，意識是如來藏所生、如來藏……，所以……是如來藏第八識所生，因此說「萬法唯識」。至此融會貫通了！

接下來再和 主三和尚小參，導師要我們整理二個題目……等。這次禪三因爲時間緊迫無法喝水體驗，非常期待下次禪三護三，能體驗更多眞心與妄心和合運作微細的法，可以再向 導師學習到更深細、更勝妙的法，讓自己的智慧增上道業更進步，能攝受眾生修學大乘第一義！

弟子今生得以值遇大乘第一義諦，修學無相念佛殊勝法門乃至破參明心，完全是 佛、菩薩加持，與 導師的慈悲引導，慧淺愚魯如我才能有明心的機會，才能讓我的法身慧命活過來，導師的恩重如須彌山！在此弟子願將破參明心的殊勝功德迴向 導師色身康泰、長久住世、弘法無礙、復興中國佛教圓滿成功！弟子願盡未來際追隨 導師，修學正法、護持正法、摧邪顯正、弘揚正法，爲荷擔如來家業而努力！

南無本師　釋迦牟尼佛
南無大悲　觀世音菩薩
南無　平實菩薩摩訶薩

弟子　楊惠燕　至誠頂禮
二〇一四年十一月

給導師的見道報告

陳錦慧

壹、成長過程

我出生在一個很純樸的家庭，祖父在日治時代擔任書記的工作，父母親在那個年代也都受日本小學教育。我有二個哥哥一個姊姊，因爲排行最小，所以比較受寵愛，哥哥姊姊都要讓我；不過不太會讀書，上學經常遲到，記得上幼稚園時就常常一個人走在路上，到學校都升旗了，眞的很散漫。家裡是類似一條龍的磚房大厝，前面有曬稻子的大埕，出了大門就是一大片的稻田；大哥和我差五歲，可是最喜歡黏他，他也不會嫌煩，會跟著他到田裡踩踏，抓昆蟲挖東西，把土裡的蟬幼蟲用瓶子裝水灌出洞口爲樂，想起來眞是無明，傷害了眾生。

因爲祖父重男輕女觀念，男生要注重教育，所以兩個哥哥常被叫去學背三字經、千字文等，姊姊和我就不用學，讓我開始覺得同樣爲人但卻有不同對待。大姑姑嫁人後住在都市，開店賣皮鞋過得很富裕，回娘家就會帶好多外國餅乾糖果給我們；表哥表姊穿得很光鮮，一看就是有錢人家小孩，對照自己又舊又皺的衣服，心裡好羨慕。大年初二大姑姑回娘家，很高興有好東西吃了；但是母親卻被要求不能回去，在廚房揮汗忙碌準備招待的食物；雖然當時年紀還小不懂，但年歲較長後，內心替母親感到不平，沒來由就會有股淡淡的憂鬱湧上來：是什麼原因讓人有這麼的不同。

從小就很挑食，除了挑某些青菜不吃外，豬肉的味道也怕；尤其是肥豬肉，誤食就會作嘔、吐出來，魚類、雞肉類較不排斥。讀國中時離開祖父母，全家搬離了大厝。外婆送隻雞來作爲起家用，跟那隻雞相處了幾個禮拜後，母親叫我一起抓雞到市場給雞販宰殺，回來後一塊肉都不吃，因爲只要回想雞被殺的過程，咯咯咯的慘叫聲在心中迴盪揮之不去。一直想如果不殺牠，現在還在雞籠裡閉目養神，活脫脫的生命就在一念之間不見了，自此不再吃雞鴨肉，二十七歲那一年就茹素了。

貳、學佛的因緣及過程：

聽母親說，在我未出生前家中是信仰一貫道，在一九五〇年代前，一貫道是被禁止的，所以共修時都要關門保密；因爲教義主張會翻天盤，意思是會再改朝換代，所以對政府來講是在散播謠言。另有一說是共修時男女要脫光衣服，所以違反善良風俗被禁，但我家裡的信仰是沒有這種情況的；不過幾年前發放破密DM時，有一位婦人年約五十多歲說出她的經歷，讀初中時被拉去共修，親眼看到共修男女脫光互疊在一起的景像，證明早年一貫道被列爲邪教，不是基於宗教迫害，而是教義及修行方法確實有問題。後來姑姑修到走火入魔，差一點精神錯亂；父親聽說也出現了奇怪的行爲，因爲修的內容都是有爲境界法，所求的是要看到或感應一些殊勝境界；只要貪求，邪魔就化現假佛來入侵，所以我出生後家裡就改信佛教了。

和祖父母住在一起時，祖父早上會打開收音機播放淨心法師空中傳教節目，名稱叫「空中報教」；當時沒什麼感覺，因爲聽不懂在講什麼。家中設有佛堂，記憶中祖父也會誦經，和附近寺廟也往來，並且歸依懺雲法師；因爲是這樣的背景因緣，在日後想要去尋找宗教依止時選擇了佛教。

在世間法上我一直不是個伶俐聰明的人，從小學到高職因爲不太會讀書，但在當時學校教育是以智育成就代表一切，所以對自我的評價不高。上學是一件無聊的事，常常作白日夢，對未來也茫然。不過對周遭特定的人事物常會感到好奇和疑惑：人的差別是從何而來？爲什麼我沒有出生在有錢人家裡？有些人好窮，住的房子很破舊，那個阿婆好老、好可憐，還在垃圾堆裡撿東西……，諸如此類。年歲漸長之後對世間法的煩惱就越來越多，所以就興起要學佛的念頭，在我學佛及尋找法門的過程中有一位很重要的人，那就是我大哥。

大哥對學佛這件事和我很契合，他服完三年兵役後考上彰化師範學院，在大學時就積極參加學校佛學社團；而我在那段時間考上了實踐家專北上讀書，學校沒有佛學社，但有插花社，在學三年都參加。我不是一個喜歡拈花惹草的人，心思也不細膩，學習插花技巧是希望日後能佛前供花，因爲那是一件很殊勝的事，但已不記得是什麼因緣讓我有這樣的想法。

因爲對人生一直有出世間的渴求，所以大哥一直在尋找修學的法門；一九八八年李元松居士成立現代禪菩薩僧團，隔年高雄成立分會，大哥約我一起去共修。和一般傳統寺院以念佛法門用石頭壓草的方式伏住煩惱有很大的不同，教團主張「情慾中的佛心」，修行道次第是先要開放心靈，只要不違反法律不傷害別人，已有的情慾儘量去發揮；並教導平常有空做每次三分鐘傾宇宙之力活在眼前一瞬的功夫，即三分鐘一念不生。在一九九一年也歸依了高雄分會的一位親教師，被傳授了心法，就是：「**你現在聽我講話的這顆心就是眞心。**」就這樣會中也有師姊被印證已證初果。當時不知道被印證的是意識心，境界來時又缺定力，雖被印證明心並沒有受用；漸漸的共修的人少了，大約過了一、二年分會就解散了，所以修學的因緣也散了。

一九九二年大哥因世間法不順遂，女兒的身體出現了狀況，也聽到李元松居士曾提到一位東密上師，就是住在高雄旗山光明王寺的悟光上師；大哥和我多次去拜訪了這位上師，並解決世間法的問題，之後就接受灌頂及歸依，也請了修行的法本回家操練；但是對於要唸好幾百萬句的咒語（眞言），又要打手印，感到很累，沒有耐性；所以法本請回家後，大概操練了二次吧，就放著沒再動了。

自實踐專校畢業後，去當了兩年國小代理教師，之後考上公職，一九九二年報到上班，工作很忙累；接著又因騎著摩托車載母親過馬路發生車禍，我只輕微擦傷，但母親頭部受創嚴重，進行兩次開腦手術才救回生命；從此生活無法自理，需要復健及旁人照顧；心中很愧疚，猶如一個沈重的枷鎖鎖在心頭，爲了逃避這種壓力，於是沈溺世間法的娛樂，對修行這件事提不起勁。

之後，到了一九九八年，大哥又找到了一個叫佛乘宗的團體，在高雄也有分會，約我去參加，每月要繳三千元學費；教授的內容其實就是練氣功，再套上佛法名相，要修到入法性、出法身，根本違反 佛的聖教。領導的人叫李善單，住在台北，三不五時就寫些書法，畫一些看不懂的抽象畫，誆說很有能量，請回去一起練功打坐，功力可以大增多少倍等。記得寫「南無大自在王佛」書法要價五十萬，抽象畫要價二十五萬；不然就推銷靈骨塔位、鼓勵投資等等，非常的不清淨，我也被騙了很多錢。

最後決定要離開是因爲有一位師姊一陣子沒來，問講師原因，她說：修我們這種法是要有福德的，如果連每個月三千元的學費都繳不起，表示是沒有福德、沒有資格來修這個法。聽後非常反感，這眞是污衊 佛，污衊佛法。現在回想起來李善單及那些講師們所種下的業，眞是可惡又可悲，斷人慧命又以佛法名義騙財，身後長劫沈淪。

離開佛乘宗已經是二〇〇一年四月，十年來這段時間，除了忙碌世間法外，想找到一個能契合安住的修行法門也找不到，又被騙了錢，有點心灰意冷。因爲隨著年歲增長，在耽溺娛樂時，內心深處就是不安，想到人生能過多久，這輩子就這樣了嗎？死了之後又要去哪裡呢？這些問題時而縈繞心頭。經過幾個月，大哥來約我學藏密，因爲對藏密印象不太好，佛像看起來邪邪的，又要唸咒又要打手印，這樣的修行方式不喜歡，所以沒跟去學。大哥學了兩個月就放棄了，這種假的藏傳佛教，修雙身法的邪教怎麼可能會信受。

終於在二〇〇一年九月值遇正法的因緣成熟了，大哥看到 導師的著作：《悟前與悟後》一書，書中一句話「意識心是假的，還有一個眞心」，解開了多年的疑惑，我雖然沒聽出什麼端倪，但直覺這個法門有內容；當時台南講堂成立並開設新班，就報名參加了。第一次上課是二〇〇一年十月二十五日，是每週四晚上七點上課；下班和哥哥約在高雄火車站，坐自強號火車到台南聽課，結束回到家都已經晚上十點半了。

這樣上了一年多的課程，直到二〇〇三年法難發生，當時有人邀請我們去退轉的師兄姊處聚會討論，大哥很淡定的回絕了！因為我們是為了 導師的法來修學的，導師著作中所演繹出來的法義是那麼勝妙，不是一般凡夫所能作到，對 導師所傳的法沒有懷疑，因此安住。

二〇〇三年五月張老師來台南講堂擔任親教師，隔週六上午上課，從此和大哥、大嫂三人一起開車到台南講堂上課。二〇〇八年四月大嫂明心破參轉入增上班，三人行變成二人行；二〇一〇年四月大哥也破參了，我心裡慌張，因為落單了，開始想求明心的念頭。但是散漫的個性及懈怠，這些年來拜佛憶佛的功夫沒有落實，定力不足；課後沒有觀察思惟法義，知見不足，福德部分也覺得不足，因此心虛不敢報名禪三。大哥一直鼓勵，所以才從二〇一〇年起開始報名，至二〇一四年止，非常感恩佛菩薩的垂顧及 導師的慈悲、親教師的教導幫助。

參、見道過程與內容

第一次報名禪三是二〇一〇年八月，內心很掙扎要不要報名；因為去一次禪三要消耗很多福德，自己又懈怠沒什麼作功夫，又想 導師應該不會錄取我吧！所以十月接到錄取通知時有中獎的感覺。第一次進 主三和尚小參室，這麼近的看著 導師，心裡不會緊張，也沒有生疏感，好親切。主三和尚開示要先建立尋找的方向，知道什麼是不可能的，要往○○○○○○去找。出了小參室後用拜佛方式去找，很努力拜了一天，什麼也沒有找到；沒有訊息，感覺是空空的。

登記小參，監香楊老師問我：「**是什麼？**」回答：「**好像進了一間空空如也的房子，什麼也沒找到。**」楊老師要我去體驗，因爲體驗不夠所以才空空的。我心裡有點懊惱，平時若多作一些功夫，定力好些，也許較能有體驗，心想下山回家一定要好好的作功夫。

到了第三天，主三和尚叫我到小參室，第二次這麼近看著 導師，發現導師的眼睛好像菩薩的眼睛；但不容我多胡思亂想，很快攝心。主三和尚要我……，○○○○，突然○○，問：「○○○○？」不假思索回答：「**如來藏。**」但心裡很震撼，爲什麼會講出這樣的答案？接著主三和尚又問：「○○○**有分別嗎？**」○○○○又問：「**有分別嗎？**」「剛剛怎麼○○○？」「○○○○的？」回答：「**如來藏。**」出了小參室開始疑惑，如來藏不是心體嗎？

爲什麼 導師提點的都是五蘊的身根。

第四天下午又去小參，監香蔡老師看我疑惑的樣子，就敲敲牆壁及桌子問：「如來藏在這裡嗎？」回答：「是。」監香老師驚訝的表情到現在都還記得。蔡老師提點要從自身找，並且……（以上參禪過程涉及體驗內容，從略。）

這次禪三也得到 佛、菩薩的加持，學員中有一位老菩薩，年事已高動過手術，位置排在鄰座，呼吸很大聲，讓我一直無法攝心；但看別人都很專心的在參究，好像沒有受到影響，心想自己平日太懈怠、定力差，才會受到干擾。就起身到 佛前及祖師菩薩前跪求加持，讓自己業障消除定力增長；回坐後感覺聲音真的變小，而且不影響拜佛參究的專注力，感恩世尊及祖師菩薩的加持護佑。

第二次上禪三是二〇一一年四月，有了前次經驗，這次心情較不緊張，但定力一樣沒進步。第一次上山帶寶貝回家後，因工作忙碌加上自己懈怠，沒有持續每天拜佛訓練動中功夫，也沒有用心觀察思惟禪三時的體驗，所以在禪三報名表觀行與修學心得欄寫如來藏是「〇〇」；因爲歸納公案裡的祖師每次指導學人時〇〇〇〇〇，例如：打罵人、畫圓、作揖、吃茶等。

進小參室，主三和尚問：「風扇○○○○，電風扇是如來藏嗎？」心想電風扇當然不可能是如來藏，但又不太甘心好不容易歸納出來的答案被否定，於是回答：「……，所以……；人……，是因為……，所以如來藏○○○。」主三和尚說我真妄不分，再慈悲提點：「○○有生滅、會增減，怎麼會是如來藏？」於是……（以上參禪過程涉及體驗內容，從略）主三和尚再逼問：「是什麼？」心想這些都屬於五蘊，是生滅法呀！所以答不出來，只好說不知道。

主三和尚要我用洗碗與拜佛的方式去觀察，○○等○○，於是很努力用功的作觀察，但是定力不夠，心浮浮的，只是停在表面的思惟，無法深入細微觀察，卡在原點，越洗越煩越沒有答案；但是一想到 導師、監香老師、糾察老師、護三菩薩等這麼多人護持及付出，讓自己能專心參究，心想不能放棄，一定要撐到最後，不能辜負 導師及這麼多菩薩的辛勞。小參室監香張老師和藹的問：「有什麼體驗？是什麼？」回答：「遍滿全身。」張老師說範圍太大了，要我○○○○○○○講出來，看著曾經是我的親教師張老師的臉，就是答不出來，這次沒辦法破參了。

過了半年，禪三又開始報名，心想去了兩次禪三消耗太多福德，自己福德累積又慢，去禪三沒破參又佔名額；加上工作煩累，所以有點遲疑；這時大哥鼓勵及提醒，要明心一定要報名，這一生能遇到 導師要把握，下輩子不一定能再遇到。而且 導師有差別智，若能錄取禪三，福德就夠。二○一一年十月接到禪三錄取通知時，心裡比前二次激動。一開始 主三和尚就點出我的問題——體會不夠，仍慈悲的提點入處：以○○方式去觀察什麼是五蘊、如來藏，○○○○○○○○，看看這個心是不是離開見聞覺知；若不是就是五蘊，再去找，再體會。於是就用這個方法開始用功，和前兩次問題一樣，雖然努力參究，但心不夠細，仍無法一念相應。

和監香白老師小參時……（以上參禪過程涉及體驗內容，從略）白老師說這範圍太廣了，如同問衛生紙在哪裡？卻只回答在房間裡；要精確的說出在房間的桌子上。接著說要每天去 佛前懺悔，要向 佛告白，因隔陰之迷過去生造了謗法謗佛的惡業，又因無明造了殺業致有遮障，要懺悔、發願、迴向，久了就有願力、行動力。

出了小參室就到佛前懺悔，不禁悲從中來，自己是具備菩薩性的人嗎？

我有資格向 世尊求明心嗎？該作的基本功夫都沒作到，如何奢求 世尊加持一念慧相應？回到座位收拾心情後再繼續洗碗參究，一樣無解；主三和尚來旁邊，指點○○○，○○○○，○○○○，指著○○○○問：「這裡有見聞覺知嗎？」答：「有。」和尚說：「亂講。」

第四次報名禪三是二○一二年八月，距上次報名禪三已相隔一年，也從台南講堂轉學籍到高雄講堂上課約一個多月，親教師是吳正潔老師。心想這次報名會被錄取嗎？前三次上山雖然沒找到，但很有收穫，回家幾天會用功一下，但世間法一忙，功夫又沒作了；所以接到第四次禪三錄取通知就開始慌張，想到要面見 導師，心裡就覺得慚愧。果然進小參室 主三和尚一看我心虛的表情馬上就知道，責備的說：「功夫每次回去就放著，每次到這裡才來想辦法，這樣是不行的，功夫就會像坐高鐵一樣倒退走。」接著要我用洗碗的方式去找出五蘊是什麼？如來藏會在哪裡。

回到座位開始洗碗一一去觀察五蘊在作什麼，但是就是體會不到如來藏，心想：眞有這種東西嗎？離見聞覺知，不在三界內。洗碗○○○現起的心行每樣都有見聞覺知，要明心好難。都第四次來禪三了，感覺仍在原地踏步，只能怪自己平日不用功。

進小參室監香孫老師問：「是什麼？」答：「和五蘊在一起從中顯露其蹤跡。」孫老師回：「用『顯露』表示是解悟，要清楚知道是什麼。」並指著桌上的蘭花爲例：「爲什麼看得到紅色？」答：「是因爲眼識、意識。」孫老師回：「**如來藏也是同樣的意思，要清楚知道是什麼，是一念相應的智慧。**」並指點要再用洗碗方式去找。第四天時再進小參室監香余老師問：「**是什麼？拿出來。**」語塞，拿不出來，一招斃命。

二○一三年四月第五次錄取禪三，心中憂喜參半，喜的是能被錄取，表示 導師願攝受我這個不用功的弟子，憂的是父親生病住院，怕他不願意讓我上山；果然情執深重，不同意讓我去。父親是僧衣崇拜的人，對於現居士相的菩薩僧傳法不甚認同，爲避免他造下謗菩薩僧的口業，忍痛放棄。之後病情時好時壞，常進出醫院，所以二○一三年八月、二○一四年四月舉辦的禪三都不敢報名；二○一四年五月父親往生，十月時第六次報名禪三被錄取。

距離上次上山的時間又過了一年半，二○一四年十月十七日我又來到祖師堂；第五次參加禪三，前次監香余老師那一招「拿出來」，還是無法破解。

第二天懷著忐忑的心進入 主三和尚小參室，和尚問：「上次觀行的結果怎樣？」因為沒有用功，沒有找到答案不敢答話，和尚一看就知道我不會，就說：「那就是要靠我囉！好！我幫妳。」其實每次來禪三都是靠 導師幫忙指導才有入處參究。

回到座位後用洗碗或拜佛的方式找，第三天上午拜佛參究時，突然有一個念頭：「如來藏既是○○○，那祂一定○○○○，而且○○○，○○，○○○○○○；可是意根、意識……，那……是誰呢？難道是這個？」可是這個講不出來，也拿不出來，不敢肯定。

下午繼續參究，糾察老師來通知小參，導師像有他心通，問：「講不出來，對不對？」於是開始指導○○。尤其是「六六三十六」這個公案也通了，「佛法大意是乾屎橛」，原來是這個意思。古代參禪的人實在是太辛苦了，這樣的機鋒要如何參透？導師要我整理好題目，登記小參勘驗。進入監香老師小參室，開始一問一答，問：「如來藏是什麼？」答：「○○○○。」「如來藏為什麼○○○？意根意識為什麼○○」等問題，二位監香老師也是極為幫忙，有時答不出來，監香老師也幫忙指點。

回想起五次禪三，每一位監香老師都很親切。當天晚上 導師普說就聽懂了，扮演的神頭鬼臉也看懂了。第四天下午終於通過監香老師的勘驗，在主三和尚小參室，計有七位，和尚印證我們明心了。心想終於明心了，進入正覺講堂十三年終於破參了，心中非常高興。接著就要悟後起修，要報佛恩、師恩，要以師志爲己志，這一生若沒有遇到 導師，還在被那些佛法中的外道誤導，還在以定爲禪，要將意識心修爲眞心，還在修有爲的境界法，想要看到光，斷送慧命而不知。

這十三年太值得了，也感謝大哥一路同行帶我進同修會，願未來世常住娑婆，接受 世尊安排，追隨 導師隨分隨力護持正法自度度人。

感恩禮敬　本師釋迦牟尼佛

感恩禮敬　韋陀尊天菩薩摩訶薩

感恩禮敬　克勤祖師菩薩摩訶薩

感恩禮敬　平實菩薩摩訶薩

感恩禮敬　親教師張老師、蔡老師、吳老師

感恩禮敬　監香老師、護三菩薩、護三義工

佛弟子　陳錦慧　頂禮
公元二〇一四年十一月

見道報告

陳美秀

弟子生長於豐原一個小家庭，父母都十分單純善良也深信有因果輪迴，所以弟子從小就被教導：「千萬不可造惡，否則會有無邊的惡果等著妳。」逢年過節時，母親都會帶著弟子到石岡的一間明山寺祈求佛菩薩護佑全家平安，當時寺裡的師父曾教弟子誦唸《妙法蓮華經》〈觀世音菩薩普門品〉；當弟子唸到 觀世音菩薩爲了眾生救苦尋聲無處不現身時，心裡十分的感動，所以弟子一直相信有佛、菩薩的存在。每次家裡有困難或自己無法作決定時，佛、菩薩也是弟子最終的依靠。

因爲母親與明山寺的師父們皆十分親近，所以寒暑假時弟子也會到寺裡幫忙打掃或抄寫的工作。記得有一次弟子在打掃大殿時，無意中聽到兩位師父們爲了工作分派的事情在爭吵，當時心裡曾生起一個念頭：如果出家了以後還是有著世俗人的煩惱，那麼出家的目的到底是爲了什麼？但因爲不敢向自己尊敬的師父們請教這個問題，所以當時只好把它放在心裡。

大學畢業後，因爲朋友的介紹而有出國的機會。在弟子順利拿到藥劑師執照後，弟子深感若無佛菩薩加持，自己是沒有辦法在美國順利定居的，因此一直想要報答 佛、菩薩的恩德；加上因爲工作的性質，所接觸到的都是病苦不斷、煩惱深重的人，所以也希望自己有機會可以幫助其他人。

後來記起了在台灣時，有位同事是慈濟的委員，她曾告訴弟子慈濟在洛杉磯有分會，所以就想著或許到慈濟可以有機會幫更多的人。當時慈濟每個禮拜天都有共修，共修時會有師兄出來「開示」，但弟子對這些「開示」並不相應，只覺得這些世間法聽起來不痛不癢，不怎麼受用。爲了捧場也曾買一些「上人」的書回家，可是因生性懶散，每一本都是翻了兩頁就擱置在書架上了。

對於志工工作倒是很積極，但在兩年多的街頭募款、探訪救助貧病、義診等等義工工作後，漸漸覺得慈濟的方式並不究竟，有時表面上的救濟多過於實質的幫助，而這許許多多遭受身苦與心苦的眾生只是得到一時的安慰，但問題的根本並沒有眞正被解決；自己的煩惱習氣也並沒有因爲做了志工而有所改變，依舊是貪瞋癡慢疑樣樣都不離，所以後來就以工作繁忙為由而停止了義工的工作。

離開慈濟後，越來越覺得人來到這世上如果只是為了自己就太沒意義，也太浪費生命了。所以我不禁問自己，既然沒有人可以不老也不死，到底人生的目標是什麼？是家庭和樂嗎？抑或是功成名就？然而這些世俗法所追求的東西卻是極不可靠也很容易消逝的。可是自己也不知道有何究竟的方法，能幫助這許多受苦的眾生，對於生命的本質也仍然是茫然無知。

後來在二〇〇八年四月時經由友人的鼓勵，終於來到洛杉磯正覺講堂上禪淨班的課程。剛開始上課時也只是抱著試試看的心態，所以最初上完課後並沒有把老師所教導的好好思惟整理；直到後來才漸漸發現自己以前所熏習的只是人天善法、相似佛法，並非眞正的佛法。而老師上課所教都是與我們每天的生活息息相關，只是自己未曾好好體會。

在開始上課的半年後，二十三歲的姪女出了一場車禍；因為姪女沒有繫安全帶，所以傷得十分嚴重，脊髓受損後，下半身已完全失去知覺，雙腳雖依然完好，但從此已無法再正常行走了。在得知這個噩耗後，深深為姪女感到傷心與惋惜，也再次看到人生的無常及心靈的撼動，想到老師在課堂上所說：「一般人總是執著寶愛我們這個色身，把它當成眞實的自我，但它卻是如此虛妄，必須要靠著各種因緣和合才有辦法走路。」

而家人因無法接受姪女受傷這個事實，所以曾找人幫姪女算命，可是算命的人卻說姪女因惡業纏身，往後幾年的運氣會更差。母親聽完這個結果後，心裡十分恐慌，不知如何是好。後來我告訴母親：「導師曾在《念佛三昧修學次第》一書中提到『業——一般人都想像得很神祕複雜，但它一點也不神祕，一點也不複雜。簡單的說——習性、慣性，就是業。』因為我們常常是依自己的習慣來作決定與行動，所以常會被業力所牽引；若我們能徹底改變自己不好的習性與慣性，清淨如來藏中的染汙種子，那麼業也會被慢慢轉變了。比如姪女當初如能聽父母的勸告，改掉開快車與不繫安全帶的習慣，那麼今天也許不會傷得如此嚴重。母親聽完後，雖然還是會擔心姪女的將來，但因知道原來業也是可以被轉變的，所以已不像原先那般恐懼了。

其實來正覺上課前，弟子對佛學知見極為有限。剛開始看　導師的書時，連何謂「我見」都不懂，但對「如來藏」這三個字卻感覺不陌生；雖然那時也不知哪個是如來藏，只覺得唯有如老師所教導的「**每個眾生都有一個不生不滅，本來自性清淨涅槃的生命本源**」，才能對於未來不再惶惶不安，無所適從。也因爲有了這個生命的本源，因果輪迴、自作自受的道理才講得通。這麼一來也就能坦然的接受生活中所發生的一切，煩惱自然也慢慢淡薄了，身心也比以前輕安許多。

因爲以前沒有正確的知見，所以對許多事情都有所誤解。例如以往作義工時，心裡多少都還有自己正在作「布施」的念頭存在，也會與其他人比較誰作得多；尤其是當作完義工後聽到別人稱讚自己時，心中除了暗自歡喜外，也常生起一絲憍慢。當時都不曾察覺自己有這些染污的念頭，常以不淨心來作布施，作完後卻因執著於世間法的名聲與福報而心不得自在。在完整上完禪淨班的課程後才瞭解布施、持戒、忍辱、精進、禪定、般若，都要建立於這個生命的實相上來講才有它的眞實義。

禪淨班快結業時，第一次報名參加禪三並沒有被錄取。心裡雖有遺憾，但深切知道自己各方面條件都不具足。不僅性障習氣還很深重，平時也沒有好好拜佛，思惟整理老師上課的內容，將其融會貫通，因此觀行時也常遇到瓶頸。例如有一次在散步時，雖然眼睛是看著前方，可是當開始走下坡路時雙腳就自然以腳尖為著力點，而在走上坡路時是以後腳跟為著力點，而意識是在這個動作發生了才察覺這點，可是當時並不知道到底是什麼可以讓自己這樣自然的行走，也沒有想要努力找出答案或是去小參向老師請教這個問題，就只是這樣把它放著。雖然知道自己有許多不足的地方，卻還是沒有改掉放逸這個惡習。

一直到禪淨班結束前，有一堂課，章老師鼓勵大家，若禪三沒有被錄取也沒關係，只要一直安住在正覺熏習，就算這一生沒有證悟的因緣，來世也會有緣熟的時候。當時聽完後，出了一身冷汗，心想著，難道自己就這麼混下去等待來生的因緣嗎？所以在禪淨班的最後一堂課跟章老師小參時，終於鼓起勇氣請老師開示自己的問題癥結所在，而章老師只用了一句「因為你心不得決定」就回答了弟子的問題。當時有如棒喝，想想自己只是在嘴皮上說要幫助眾生，但都不肯為眾生發心勇猛精進怎能稱得上是菩薩？不能在法上用功所以智慧都不具足通透，又如何有能力幫助其他有情眾生？

後來轉到進階班後，在張正圜老師座下修學，張老師也知道弟子懶散的習氣，所以在小參時就鼓勵弟子要增加拜佛的時間以及多閱讀 導師的書。張老師讓弟子首先閱讀《眞實如來藏》這本書，並且要弟子一邊看一邊作筆記，把不懂的地方記下來小參時請教老師。剛開始時因爲定力不足，所以常常一小段就看了半天，明明每個字都認得但其中法義卻沒有看懂；感謝張老師慈悲，非常有耐心的爲弟子解說每個問題，所以弟子也慢慢的從書中看懂了一些法義。

第二次報名禪三在送出報名表後，心想要好好攝心用功，所以決定要改掉一早起來就看報紙的習慣，希望自己能作到一起床就在憶佛念當中。可是有天早上起床後走到樓下，在無任何語言文字當中卻看到自己已〇〇〇〇，當時嚇了一跳，原來……，……，所以說祂了眾生心行。而意識卻是在祂動了以後才察覺，此時才明白「名色緣識，識緣名色」，以及爲什麼祂與這個色身是不一不異的道理；原來祂無形無色，〇〇〇〇才能看到祂的存在，而我們這個色身以及所有見聞覺知卻是要靠祂出生；這個色身〇〇〇，〇〇〇〇〇〇〇，這時才體會爲何說「眞人內裡坐」，只是當時的體會還不夠深刻。後來收到禪三錄取通知，跪在 佛前向 佛稟白時，心裡有說不出的感激卻也有些許的惶恐，不知到禪三時會不會一句話都說不出來，但接著又想，如果是爲了眾生而求明心破參，就沒什麼好惶恐不安了。

第一次參加禪三與　主三和尚小參時，主三和尚問弟子有何體驗，於是便將禪三前〇〇〇〇這件事跟　主三和尚報告，主三和尚隨即問弟子：「〇〇〇是哪一個？」弟子回答：「是如來藏。」後來　主三和尚〇〇〇〇要弟子指出哪個是眞心、哪個是妄心；弟子答不出來，於是　主三和尚便出了兩道題要弟子回去好好體會參究，再跟監香老師小參。但因爲誤解題意，結果接下來兩天的參究都不順利，原本自以爲是的答案，與監香孫老師小參時，老師卻告訴弟子那樣說不親切，後來就離題越來越遠，有如在五里霧中迷失了方向。

第一次禪三雖然沒有過關，但卻有相當多的收穫，也知道在禪三時還有許多的遮障。所以下山後，仍然依照張老師的指示繼續用功，每天跪在　佛前懺悔、發願、迴向，希望如果還有機會參加禪三時遮障能少一些。

參加第二次禪三剛開始時，方向仍然偏差，與　主三和尚小參時所講的都是書上所寫以及上課所教的知見，卻不是自己的體驗，主三和尚仍然要弟子依照他所教的方法回到座位上慢慢體會。

第三天與監香余老師小參時，余老師要弟子直接拿給他看：哪個是如來藏？結果弟子講得結結巴巴，無法給老師一個肯定的答案。余老師慈悲，要弟子到　佛前求　佛加持並眞切發願。在　佛前，弟子發願要配合協助洛杉磯講堂的一切弘法事務，結合正覺洛杉磯講堂所有同修們的力量，掃除密宗在西方社會的勢力，早日讓正法在美洲開花結果，也希望佛菩薩能滿足弟子此願。

到了第四天，終於鼓起勇氣，以手呈的方式給余老師看哪個是如來藏；余老師看完後，笑笑的問我：「爲什麼前面小參時都不知道呢？」此時不禁流下淚來，告訴老師：「這完全是因爲佛菩薩的加持，否則弟子還是不敢承擔。」雖然第二次禪三還是沒有被印證，但經過這兩次禪三，弟子對這個如來藏法卻是更加信受，也更加確定，沒有任何一法是可以外於如來藏而存在。

承蒙　導師慈悲，又給了弟子一次機會參加第三次禪三。第一次勘驗時，導師要弟子○○○○○說明哪個是如來藏，○○○○；當弟子說到○○○○時，導師突然要弟子再說一次；結果弟子卻因此對自己失去信心，以爲剛剛說錯了，接下來所說的方向就又偏差掉了。後來幸蒙 導師慈悲指導弟子如何說明○○與○○○的差別，如來藏又爲何能○○○○○，如何證明如來藏能遍三界以及能生萬法，弟子才有機會喝到這杯無生水。

雖然在喝水時，導師已點出弟子身上幾個關鍵處，但後來進小參室驗收時，經由 導師詳細說明才知道，眞心是如此伶俐地……；而妄心亦是時時在作不同的了別，內覺與外覺和眞心如此密切配合，我們才能順利的完成每天的生活。

接下來走路的體驗，導師還要弟子們再一次分別體會眞心與妄心。之後導師也再進一步深細的解說眞心與妄心之間如何無間配合，如何依著過去的經驗來○○○○○等；此時覺得 導師智慧之深廣，已非弟子所能想像，也覺得自己何其有幸，能值遇善知識，修學此微妙甚深無上大法；更感嘆自己何德何能，可以參加三次禪三，與善知識共住並得善知識親自指導。

弟子深知以自己如此粗糙的觀察與體驗，能夠破參完全是靠佛菩薩威神力之攝受，以及 導師的慈悲方便善巧引導。弟子也感謝兩位親教師——章正鈞老師及張正圜老師耐心的教導。佛恩深重，師恩難報，弟子願今後一切所作，皆以利益眾生為前導，謹守　佛前誓言，幫助洛杉磯共修處，趕快走出草創期，帶領同修們一起長養菩薩聖性，凝聚大家的力量努力在洛杉磯播種，破邪顯正，讓正法早日在此開花結果，從此不再是佛法的沙漠。

一心頂禮　本師釋迦牟尼佛
一心頂禮　阿彌陀佛
一心頂禮　觀世音菩薩摩訶薩
一心頂禮　大勢至菩薩摩訶薩
一心頂禮　地藏王菩薩摩訶薩
一心頂禮　平實菩薩摩訶薩

弟子　陳美秀　頂禮敬呈
二〇一三年十一月十六日

見道報告

廖富堂

一心頂禮本師 釋迦牟尼佛
一心頂禮護法 韋陀尊天菩薩摩訶薩
一心頂禮 克勤圓悟菩薩摩訶薩
一心頂禮 平實菩薩摩訶薩
一心頂禮親教師 楊正旭老師、監香老師、護三義工菩薩摩訶薩

學佛因緣及過程

弟子從來沒接觸外面的佛法，在很小的時候在佛龕下玩彈珠，身體撞到佛龕很痛，當時直覺反應：這個肉身不是眞實的我，那眞實的我在哪裡？所以對於肉身的痛也就不在意了。在小時候我只記得兩件事：第一、這個肉體不是眞實的我。第二、是印象中好像是幻燈片一閃一閃的過去，很快我就出生了。這個印象永遠烙記在我腦海中，直到接觸到 導師的書中說：「**中陰身**

即將產生去投胎前，在即將進入正死位時，一生的業行顯現，只有半秒鐘，好像幻燈片一樣一閃即過。」讓我非常的相應。

既然肉體不是眞實的我，那眞實的我在哪裡呢？後來想，應該醫師最知道，所以從小就立志要當醫師，這樣就可迎刃而解了；所以就非常努力的讀書，努力的修學，也很順利的完成了醫學院的學業。畢業了，然後考上執照而開始執業。反觀生命的本源找到了嗎？生命的實相找到了嗎？答案是沒有。爲什麼沒有？現在終於瞭解：生命的實相是在三界外，醫學是在三界內，而且是只在人間，只是解決肉身的痛苦而已，怎麼會觸及到生命的實相？那時找不到眞實心的心情是很沮喪的，所以畢業後開業結婚生子爲了謀生，就在世間法上混了二十幾年，有空就只看一些佛書，最喜歡看的兩本書就是《金剛經》及「公案拈提」類的；都是一些號稱大師所寫的（當時導師還沒出來弘法，也都沒看到導師的書）著作，看起來非常神奇，怎麼那麼妙！我把它認定「有字天書」，因爲看不懂又很想看。

在大學時由於心嚮往尋找眞實的我，所以看了很多哲學的書；但還是一樣找不到生命的本源，只好在世間法上混了二十幾年。在醫師公會當領導幹部，也在各大大小小的社團上混，心中想：我這一生就這樣過嗎？在當開業醫師時接觸到一些出家比丘、比丘尼，常拿一些佛書給我。當時很怕接觸邪法，所以不敢拿在家人的書來看；在家人的書一概不看，怕學錯法，所以只崇拜表相佛法。

在這段期間，有本會于林阿密師姊拿了兩次結緣書放在我診所；很奇怪，佛法爲何這麼不可思議的現象就在我的身上發生？這怎麼說呢？所有的佛書，不是出家人拿來的結緣書，我一定送去回收。唯獨阿密師姊拿來的書，很奇怪，我同修把它收得好好的。本來我也拒絕于林阿密師姊拿來的結緣書，因爲她沒有穿袈裟，所以我都拒絕了，但是我同修就把它收下來了。很奇怪吧？爲什麼唯獨于林阿密師姊拿來的 平實老師的著作，我沒有拿去回收，而且把它保存得好好的，這是一個眞的不可思議的一件事情。

等到我接觸了本會陳師兄(就是我們週二在書局裡面的陳慶欽師兄)，他也是我的患者，他拿來了 導師的書以後，我同修一看：這書好幾年前阿密師姊已經拿來了。原來眞正的佛法是不可思議的，這是我修學佛法以來，到我要進入正覺以前所發生的所有林林總總二十幾年，在世間法那邊混的日子。

因爲弟子很喜歡布施，只要人家有開口，弟子的錢財一定往外送，身邊都沒有留下多少的錢財。人家一有開口，就是給，好像有求必應一樣。由於弟子家庭的因素，孩子還有同修都常居住在美國；到我五十幾歲的時候，服務公會社團已經那麼多年了，所以我就退下來了。

退下來以後都是在看《金剛經》和公案拈提一類的書，真的看不懂；還是一直想找生命的實相，有出家師父說：「廖醫師！你看我們讀的所有的佛經，都好像是文言文一樣，所以你應該從道學裡面著手。」所以我就聽出家師父的話，從道學裡面好好的研究四書五經、老莊哲學所有的一切書及儒家思想。研讀完以後還是不行，最後人家建議我：「還是要讀《易經》。」我跟我同修也學習《易經》，八八六十四卦；還有《易經繫辭傳》，常常都在背；背到作夢也在背，還是找不到實相，還是一樣公案拈提看不懂。《金剛經》只是知道好像都是意識思惟，現在才知道不對。以前好像是有一點懂，其實都是自我安慰而已。

我讀了道學、《易經》，讀完了以後還是沒辦法開悟明心；那時候就準備要到北京大學哲學研究所報名考試，我想這個應該是最高的殿堂，應該可以有解答。那時候出家師父又告訴我說：「您應該還要再讀宗喀巴的《菩提道次第廣論》。」那時候我想：「既然要讀，好！我就再請一本。」他說這一本不是結緣的，等於是要用錢去買的，我也說：「好！我來買。」結果那個出家人說：「我結緣一本給您。」他甚至要把他上了好幾年的筆記給我看。我婉拒了，我認爲我看原文就好，就把宗喀巴的《菩提道次第廣論》請回來了。

與本會共修因緣

眞的是佛菩薩保佑，此時本會陳師兄來我診所看病；看完了以後可能看到我書桌子上有《金剛經》又有《菩提道次第廣論》，所以他好奇的問我說：「廖醫師！我看你都在看書，看那麼多書，那你是想作什麼。」我第一句話就說：「想要明心，但不能明心，所以我很困擾。」他就很熱忱的告訴我說他有方法，那時候我很興奮，我以爲是四大山頭的哪一個山頭，結果他跟我講是「正覺同修會」。我馬上反應說：「這個我沒聽過，哪有可能？」結果呢！你看我們的陳師兄，非常的調柔，完全不生氣；他說：「我拿幾本書讓你參考、參考。」不到半個小時，他帶了三本書《無相念佛、我與無我、甘露法雨》到我診所來。

那時候說實在的，整個頭腦都是《易經》，想要明心都不能明心，所有的方法都用了，已經將近六十歲了；你看這種心態，已經心灰意冷了。他既然那麼熱忱拿了三本書來，我想：「**好啦！姑且看看吧！**」我就把它翻來看，那時候眞的是已經走到窮途了，眞的不知道怎麼修了，所以把它翻開來看：「**哎呦！是眞的。**」導師的書我一看，知道我找到正法了，我好高興，就跟我同修講（那時候我同修剛好回來台灣），我同修也讀了：「**哎呀！我們眞的找到了。**」所以那三本書，我和我同修不到一個禮拜就看完了。

因爲書的最後一頁有我們台中共修處，好像那天是禮拜六，我就跟我同修一同前往五權西路二段666號。因爲怕開車不好找，所以就跟我同修騎著摩托車，慢慢騎、慢慢找。然後找到十三樓的時候，一看在 韋陀玄關那邊有那麼多免費的結緣書，很興奮，好像每本都想要；但是從來都沒有看過的，怎麼下手？剛好本會的李老師和他同修正要出來，聽到我這樣講，他就很親切的問我說：「**你看了哪幾本書？**」我回答我看了這三本，李老師就幫我選了幾本書；他還很親切的告訴我說：「**我們有開新班啊！剛好開了一個多月**

而已，你可以來上課。已經開課將近兩個月，你還有機會進來學啊！」那時我也很感激李老師跟他的同修。當我跟李老師和他同修對話的時候，陳師兄剛好在那邊作義工，聽到我聲音，跑了出來。我說：「我很感激陳師兄你帶了三本書給我。我看了很興奮，很相應，我想趕快多拿幾本書。」他說：「你可以來上課啊！」但是我跟我同修研究的結果，因為已經上課將近兩個月，既然那麼好的法，我一堂課都不能缺席。所以我問他說：「什麼時候有再開課？」他說要到明年的四月，所以我跟我的同修說：「明年的四月，我們一定來上課。」

我們很高興的抱了書回家，但是雖然那是十二月中的樣子，那時候我想：到四月還有四個多月，我不能空過；既然已經找到 導師這麼好的書，哪能空過呢？我跟我同修就很認眞的看結緣書，也麻煩陳師兄把 導師的局版書一套一套的買回來，就開始研讀。越看越有興趣，有時候會看到掉眼淚，就這樣進入正覺。

接下來四月二十五號開新班，弟子跟我同修很興奮的跑來上課；那時候我又準備了錄音，準備了筆記本；所有的東西，一定要錄音；那麼好的法，我萬一漏掉的話，那我回家可以再重複聽。結果進來上課時說不能錄音，當然要完全遵照同修會的規矩，所以我也不能錄音，只有認眞的學習。我既然找到將近六十歲才進來，所以我就坐在男眾第一排的第一個位子，我同修坐在女眾第一排第一個位子。當時親教師楊老師——楊正旭老師，可能會覺得奇怪：人家一來的話，大部分都是坐後面，怎麼我們兩個坐第一排的第一個？等到開始上課的時候，助教老師就叫大家往前坐，要莊嚴道場。我眞的不知道第一排的第一個可能要留給出家師父，還好我們班上都沒有出家師父。

我禪淨班兩年半都是坐在第一排第一個位子，因爲我一定都不能空過，所以我進來正覺，要努力用功看能不能開悟明心。弟子很慚愧，進來的時候連禮佛都不會，親教師教了我們如何禮佛。弟子因爲是學醫的，很多人都喜歡蒜頭精，會抗癌，會增強免疫力，所以弟子全家很喜歡吃大蒜，不知道學佛法不能吃大蒜。所以弟子的知見那麼的淺薄，什麼都不知道，但是只知道想要開悟明心而已；又怕接觸邪法，也不敢接觸任何一個道場；直到看到 導師的書，跟我很相應，所以我們夫妻同時就進來了。

見道過程與內容

四月分禪淨班開課了，親教師楊正旭老師，是他在台中所帶的第二班禪淨班；那兩年半的修學，弟子和我同修沒有請過一堂課的假。很努力的修學完了以後，可以報名禪三了，承蒙 導師和親教師的厚愛，很幸運的能夠到禪三道場。第一次上禪三才知道去到禪三道場什麼都不懂，什麼都覺得很新鮮；以爲說在世間法混了那麼久，應該有這個智慧，這個應該是沒有問題。抱著滿懷的信心以爲這個應該很簡單，結果鎩羽而歸。

那時候心理上的創傷非常非常的大：我那麼用功讀 導師的書，還沒有上課以前已經把 導師的局版書都整套整套的買回來全都讀了，破參明心應該沒有問題，所以我就報名禪三。導師的厚愛，也被錄取了；但是到禪三卻挫折而回；那時候楊老師也是其中一個監香，他看我好像熱鍋上的螞蟻，一直努力參禪。想開悟明心，哪有那麼簡單？如果那麼簡單的話，世間聰明的人一定都是開悟者；這是出世間法，哪有那麼容易明心？所以回來以後（其實我要上禪三也沒有方向）楊老師就看我在禪三道場那麼努力的衝，衝不過去；親教師非常非常地調柔，非常、非常地攝受弟子，他告訴我：「這個是出世間法的東西，不是世間的聰明才智就可以破參明心，還要有累世的因緣和今世的因緣，不是那麼容易，你就是要安住下來。」

但是弟子還是很不服氣：世間法的東西我沒有拿到第一名，最少有第二名啊！但是佛法卻一翻兩瞪眼：開悟明心就是開悟明心，沒有就是沒有。那當然是鎩羽而歸。那時候心灰意冷，因爲我兩年半那麼努力讀 導師的書，導師在《平實書箋》那一本書中不是寫了嗎：「他藏了兩句話，只要你讀懂，一定可以明心。」但是我都讀懂啊！哈哈！應該是假懂吧。

上禪三以前讀了兩遍，我每個字慢慢地讀，結果還是受挫而返。導師說：「如來藏是很平實的、很實在的東西。」自以爲聰明才智，努力就能獲得成果；結果反觀以後認爲因緣不具足，再加上弟子的慢心又很重，當然不可能明心。禪三回來以後困擾弟子很久，不知如何能明心。看到我禪三回來好像是洩氣的皮球，楊老師有善巧方便，請弟子作未見道報告。那時候弟子可以說不要嗎？弟子想：「我既然那麼辛苦了，將近六十歲才進來正覺，我能夠被它打倒嗎？」因有不服輸的心態，所以我就接受楊老師請我作未見道報告。我一直在反觀我自己：我爲什麼不能開悟明心？第一、慢心太重，自以爲是。所以楊老師告訴我：「找東西和讀書有關嗎？你要找你身上的如來藏，它永遠都在啊！和讀書的智慧有關嗎？譬如你要找一串的鑰匙，一定要讀很多的書才找得到嗎？沒有讀書的也可以明心啊！不是智慧高的人就可以明心。」所以把我的慢心，慢慢、慢慢地壓下來了。

第二、瞋心很重，有什麼不如意的東西，還是一樣會起瞋，這是我障道的因緣。我們六度波羅蜜是布施、持戒、忍辱、精進、禪定、般若。布施，弟子從小就很喜歡布施，身邊的錢財都很少留在我手上，常常人家要就有求必應，就全部都布施出去。持戒，弟子一上完菩薩戒課程，馬上跟我同修講：「我要受戒。」爲什麼？我發現這個非常的好，讓我可以心性慢慢改變，持戒我應能不犯。弟子我以前很愛喝酒吃大蒜，一看到這是十重罪之一，馬上改掉。弟子認爲菩薩戒設得太好，所以還沒有上完菩薩戒律，我就跟我同修講：「我們兩個趕快來受菩薩戒。」一上完戒相的課以後，我馬上受戒，也把所有的喜歡的肉類、酒全部都戒掉了。

忍辱呢，因爲弟子的瞋心很大，這一點很不好突破，難怪去了兩次禪三還是瞋心那麼大。所以回來一直反觀，反觀到最後，聽了葉正緯老師的開示，我就把這慢心和瞋心完完全全的降伏了；只有像菩薩戒所講的「惡事自向己，好事與他人」。這變成弟子的口頭禪，想要起瞋就馬上反觀，所以這一次承蒙導師監香老師的厚愛，才能夠開悟明心。

我突破忍辱這一關以後，精進度因爲從小到大，弟子的精進度應該是可以的；自從進來正覺第一天，就是要拜佛、要憶佛念佛；弟子從進來到現在可以說從不間斷，每天一定要拜佛；到現在一樣不管家裡有什麼大事喜事都一樣，早上起來一定要拜佛，而且一天不拜佛都覺得渾身不對勁。所以弟子想，布施、持戒、忍辱修過了，精進我應該有；禪定這個定力，應該從禪淨班一直到進階班已經六年多了，都沒有中斷，我經常都可以保持淨念相繼，所以我認爲這應該也沒有問題。我從進來正覺講堂六年半中，只有請假過一堂課；因爲弟子的兒子都在國外，孩子都在抱怨：「**爸爸！你跟媽媽學了佛法以後，好像都不要我們了。**」弟子聽了這一句話，不得不請假一次，然後去看孩子，只有這樣的一次而已。爲了學習勝妙的法，而且親教師那麼辛苦的義務來教我們，怎麼可以放逸呢？

這一次承蒙　導師給我上禪三而破參。講到破參見道所應該有的過程，弟子已經上了五次的禪三；弟子以前都有遮障，弟子每次回來，因爲好像都整理得很好，一進去小參室，眞的有些都想不起來了；出來以後一下又想得起來，所以都鎩羽而歸。這一次我把我的心性調伏了，這個和我累世的因緣有關，和我今世跟 導師、跟親教師的緣也有關，我不強求，所以我抱著這個心態。因爲我有問過楊老師、小參過，我說：「我那麼認眞，怎麼會這樣？」他說：「你有遮障，那你發的願力大不大？」我說：「從今天進來正覺到我以後成佛，我永不入涅槃，都要在娑婆，不會去西方極樂世界。我要聽導師的，我要幫忙導師，生生世世都要在娑婆。而且五濁惡世，我要效法阿難率先而來，我也要護持月光菩薩最後五十二年弘揚正法。也要護持彌勒尊佛成佛，護持月光菩薩五十二年完成以後才要到兜率內院。聽聞當來下生彌勒尊佛講經說法以後，也要護持彌勒尊佛成佛。末法九千年我生生世世都要生在娑婆，我永不入涅槃。」

我發的願我自己回想，應該和阿難在《楞嚴經》中所發的願是一樣的。我能不能作到？我是以赤誠心、以眞摯心來發願，所以我每次在上課前都再一次的發願；直到禪三道場，我也跟本師 釋迦牟尼佛，跟 觀世音菩薩、當

來下生　彌勒尊佛，也是這樣發願。在　韋陀菩薩面前也是這樣發願，在　祖師爺爺面前也是這樣發願；我要像　祖師爺爺所講的，作一個向上的根器，要深入閫奧，我要眞的信得及、把得住，我眞的能夠紹隆佛種，要能夠成爲種草。這是　祖師爺爺交代的，弟子銘記在心。所以弟子這一次禪三裡面，完全沒有遮障；跟導師小參的時候，我也口說手呈給　導師，導師也認可：明天監香老師就會出題目給我。

禪三報到後，我也去感謝　佛、菩薩，感謝　韋陀菩薩，感謝　祖師爺爺，讓我這一次希望都沒有遮障，不要再像以前每次來，都是進小參室去頭腦就好像是快要空白了，出來又靈活了，這等於是遮障了我。第二天跟　導師小參完了以後，既然　導師說我可以作題目了，所以第二天晚上普說完以後，很安穩的睡了一個覺——第一晚我是完全沒有睡覺，所以那天晚上睡得很安穩。

但是隔天第一題還是很緊張，結果呢，有一點點遲疑，眞的還不是很清楚；所以監香老師要我出去再整理，把它理得更清楚以後再進來小參。所以第三天的下午一點多登記小參，四點多的時候我才能夠進去作第一題。監香老師把我認可了，又交換給第二個監香老師再認可，然後再出第二條題目。第二條題目完了以後，我那時信心很足，所以都沒有障礙；一直往前走，走到最後第五題，我還是一樣侃侃而談；因爲我可能讀過 導師的書最少有三遍，應該是老師考的我幾乎都答得很愉快；但我還是很緊張，因爲我一看，已經到第四天的中午了；那時我想也沒有辦法喝水了，也不知道題目有幾題，等到最後監香老師跟我講：「這個○○○○○答得很好。」它裡面也設了一個陷阱，結果我也是很自在的把它答過去，答完了以後監香老師告訴我：「**恭喜你！我設的陷阱，你沒有跳進去，過關了！可以到外面休息一下，準備導師再跟你出題目。**」那我整個心才卸下：已經考完了。

出小參室趕快去感謝 佛、菩薩，趕快來感謝 韋陀菩薩，趕快感謝 祖師爺爺，說弟子一定不負所發的願，弟子銘記在心，生生世世在娑婆跟隨 平實導師來摧邪顯正，將假藏傳佛教趕出中國的佛教界；眞的要摧邪顯正，要讓佛法常興、正法久住；我末法九千年生生世世要在娑婆尤其是五濁惡世，弟子願意來護持 月光菩薩最後**五十二**年完了以後，才要到兜率內院；也要護持 彌勒尊佛成佛，這個願永遠深記在弟子的腦海裡，弟子永遠不會忘記。

這是弟子我修學佛法以來到開悟明心見道的所有內容，所以非常感謝平實導師的慈悲攝受，監香老師讓我由各種層面、由外道法及一般世間法這樣來考。尤其監香老師讓我眞的非常信服：「例如一個外道要破你，你說○○○○○○○○的，外道說：『不對啊！明明是我意識想○○○，哪裡是如來藏？』那你怎麼回答？」他這樣來考我，當然是考不倒學生了，因爲我已經整理透徹了，而後我把答案告訴了監香老師：意識只是○○○，而如來藏○○○○○○啊！○○○只是○○○而已 那當然是我的如來藏○○○○啊！爲什麼……？他不管用外道法或一般世間法這樣來考我，因爲我第一題整理得非常非常的清楚完整，以後的二三四五所有後面的題目，我很快就過關了。

這是我所有的一切學佛的過程及見道的內容，也非常感謝 平實導師把世尊所傳的這個法傳下來；也感謝監香老師無私厚愛給我煎煮炒炸及搥打，讓我非常的、很通透的瞭解了如來藏，所以今天任何一個外道都不可能讓弟子退轉；所以很感謝 導師施設了那麼勝妙的題目，讓弟子能夠體悟更深。這是 導師書本上所沒有的，弟子非常感謝 導師，非常感謝監香老師，也非

常感謝 佛、菩薩，也非常感謝 韋陀菩薩，也非常感謝我們的 祖師爺爺，讓我很順利的這一次開悟明心，讓弟子更能體會到：行萬里路原來不曾離家過，每天拜佛不曾禮到佛，每日三餐不曾吃到一粒米飯。謝謝 導師、阿彌陀佛！

菩薩戒子 廖富堂叩呈
二〇一四年十一月十一日

見道報告

李鴻政

生我法身慧命者——世尊、平實導師也

助我解決法義上疑難雜症者——親教師陸老師及助教趙老師也

提醒我各項會務去執行者——二位親切的義工菩薩也

最要感恩全心全力護持我者——我的同修菩薩也，她讓我在事業及家庭上無後顧之憂，而能爲「正覺」全力以赴的投入；如今我們可以互換一下角色了。

弟子叫李鴻政，以前一直好奇我的名字到底有什麼意義？是否要走政治這條路，去選里長、市議員才會鴻圖大展；但自己個性內向，雖喜歡服務人群，但不善到處攀關係，因此才打消此念頭。來到正覺聽 導師講《金剛經》，突然領悟到原來我的姓名也隱覆密意，佛菩薩給我的使命：李鴻政，你要弘揚正法；所以就心得決定下半輩子要爲正法努力護持與推廣。

在學生時代，我只是普通根器者，反應慢、理解力差，一些學問要複習很久，才能勉強通過；這對現在學大乘了義法的我來說：能去參究而破參，一路走來眞的很辛苦，但我始終抱著勤能補拙的心態來學習。

值得一提，學生時期迷上登山，那時是以爬百岳爲樂，台灣三千公尺以上有一百座，而當時剛興起的時候，登山狂者拼命要去完成百岳紀錄，也希望能擠進百名之內；畢業後有了工作，就捨棄了這檔興趣，當時只完成三分之一（約三十座）而已；從那時就訓練出堅持與耐力的挑戰，不達山頂決不退縮。這也是我上禪三的原動力：忍辱負重，不達「破參」的目標，決不放棄。

若要談到學佛起因，這要先說我的同修；是因爲認識她時，她在天華出版社打字。有一天她告訴我說：「**李雲鵬老師在天母要辦法會，可以來參加。**」當時抱著好奇的心來看看，那是首次接觸佛教；會後李老師開示強調吃素的重要性，一切的天災人禍都是由吃開始：「**千百年來碗裡羹，冤深似海恨難平；欲知世上刀兵劫，但聽屠門夜半聲。**」從那時起就發誓吃長素。

同時接觸到慧律法師的佛學講座錄音帶，開始聽聞佛法，對佛法才有基本認識，並於一九八八年至基隆十方大覺寺受三天二夜的三歸五戒；當時也很想繼續受持菩薩戒，但時間不允許（要一個星期），只有善待因緣再來受菩薩戒了，下山後就自受自持「六齋日」，以便未來有機會受戒，可以順其自然持守戒條。

由於不願背負殺業的因果，及數不清的冤親債主，個人堅持結婚當天請了二十幾桌的素食，目的是給親朋好友種些善根。與同修完成終身大事後，想找個穩定及收入多的工作，結果鬼迷心竅與同修一起進入投資公司，就是當年「鴻源」那全盛時期投資公司林立，都是一群投機取巧想一夜致富貪婪者；當時不知，我們也很積極找了親戚、朋友、同學一起來投資，大玩金錢遊戲。結果沒幾個月，調查局開始介入調查，一家一家公司倒掉，老闆早就捲款落跑；可想而知我們下場眞的很悽慘，拼命衝月績的結果到頭來全部一場空，收入存款全部歸零，而且還負債，當然也被家人親友罵翻天，那時眞有人想不開還跑去自殺。

而我好像要被重重的揮一拳，暈倒清醒後才會反省自己；那時才眞正體悟出，已歸依三寶的我，怎麼還在搞貪、瞋、癡，而這財、色、名、食、睡，地獄五條根，我已犯了第一條重罪；自己貪也教人貪，眞的只有在佛前大懺悔，一個星期都不出門，唯有念佛求生淨土。當時如同韋提希夫人一樣的心情，祈求 阿彌陀佛快快接我去西方，此地不願久留，處處都是陷阱，一不小心就犯大罪過。一週後也沒看到什麼光，或聞到什麼香，或感應到什麼的，「阿彌陀佛怎麼不理我？」可能被「留校查看」吧。

最後自我懲罰，下決心把我那帥氣的西裝頭剪光光，理成五分頭；以前出門總會在鏡子前梳梳頭髮，整理一番，自我感覺良好才會出門；如今快刀斬亂麻，斷除三千煩惱絲，重新調整心態，再重新出發。回想起來真的感恩佛菩薩慈悲考驗，因這事件，讓弟子懺悔、剷除貪欲之心，也破除我相之一。

風雨過後就更加安分守己，我們自己就經營一家電腦排版工作室；恰逢電腦正在起步之時，業務量逐漸增多，客戶需求項目也多，為配合客戶需求也學會印刷之類的整個製作流程。在這工作期間也撥空參加農禪寺的週六唸佛共修及助唸，只要有空檔就義不容辭的跑去助唸。之後陸續聽淨空老和尚講《無量壽經》的錄音帶，並有了「淨土宗的念佛就是要成佛」，求生西方極樂世界為終極目標。以後持戒念佛是我每天唯一的修行方式。

沒多久經蓮友介紹，參加了在三民路的唸佛共修，是以一〇八顆佛珠計數專一持名唸佛，不攀緣其他道場；每日定功課（念佛次數，以個人現況而定，只能增多不能減少，亦不可中斷）力拼臨終能得　阿彌陀佛來接引。也曾經在過年期間因有長假，所以自己在家打了「佛三」，三天三夜不睡覺，以站立及經行唸佛，希望能剋期取證，達一心不亂境界。但無奈的是妄念紛飛，效果有限。

那時工作忙到不行，早晚趕工，日夜加班，沒有假日可言，都在應付客戶要如期交貨，使命必達。因緣際會下也研究印製捲軸佛像（去助唸時，方便攜帶），當初以抱著興趣嚐試看看，沒想佛像倒成爲日後的工作主力，也是接觸「正覺」的起因，可能都是佛菩薩特別安排的吧！

一天有位師父（本悟法師）因蓮友介紹來到公司，要助印佛像，順便介紹「正覺」的無相念佛，用憶佛念的方法，在繁忙的工作中就可鍛練功夫，成就道業；我在想，我的持名唸佛也不錯，只是工作一忙就忘了佛號，要到晚課再來補唸佛號，好像很難達到淨念相繼。師父說可來學了義正法，以後往生可至上品蓮位。聽到上品生，我的眼睛亮了一下，因爲以前學到的是：在家居士再怎麼念佛，只有中品中生的分，除非是出家人才可能有中品上生，上品生眞的是很不簡單。

心想：要就要最好的，如同大專聯考，當然是以「台大」爲第一志願，哪有說隨便只要有學校讀就好。而且又是出家師父推薦，應該不會打妄語吧？當時就有股衝動想要一窺究竟：什麼叫了義法？無相念佛怎麼念？淨土宗的持名念佛有口唸耳聽、金剛持、心念心聽，但是念而無念、無念而念是什麼樣的境界呢？

二〇〇六年四月禪淨班有新開課，師父叫我要快去報名，當時可能業力所使，就推托說很忙、抽不出時間來；確實工作量很多，根本沒有多餘的時間去聽課。就這樣又過了半年，十月又要開課，師父又特別叮嚀我，一定要去聽課。看師父那麼懇切誠心，我眞的很感動；因爲師父住苗栗，每次上課或週二聽經，都開車北上，爲了求法不辭辛苦的奔波；而我就住馬階醫院附近，離講堂那麼近，不到十分鐘就到了，居然有「近廟欺神」的心態，眞的很不應該。最後下定決心，與同修一起報名上課。

那時是週五陳正源老師教授禪淨班課程，當上完第二堂課時，我就跟我同修說，這個法很棒，很有次第，可以依教奉行；將來到極樂世界也是要學，不如在此知道了、先學先贏；那時還不知道還有更深妙之法——第八識如來藏呢。就這樣安住下來，憨憨的去、憨憨的學。

正覺講堂眞的提供一個很好、很舒適的環境，每次上課都會打瞌睡；因爲工作一整天眞的太累，偶爾要作養息的動作，所以「寧可在大廟睡覺，不要在小廟辦道」，好像是在說我。佛法正知見因此慢慢建立，也學習無相拜佛的功夫；從持名唸佛要進入無相拜佛，眞是內心掙扎，每次拜下去不是佛號響起，就是佛像現起，憶佛念的方式很難上手。所謂「隔行如隔山」，爲學此法，先學安忍，爲克服障礙每天早晚勤加練習；一段時間後還眞有一點成效出來，尚能契入無相法門。

在這禪淨班二年多的過程，讓弟子最興奮的就是能受上品的菩薩戒；等了二十幾年各方條件也早已準備好了，眞的就等這一刻 導師的授戒。此非一般在家菩薩之凡夫戒，而是以《梵網經》中十重戒及四十八輕戒之菩薩戒相，眞正是自利利他，護持正法、救護眾生的根本大乘法。志在佛菩提，行於菩薩道；身現在家相，心淨眞出家，是名大乘菩薩僧。感激 導師證量的攝受，提昇我們這些佛弟子的戒體及優質的戒相，眞的是只此一家別無分號。

二年半後被分發至陸正元老師的進階班，打聽之下才知本班是歷史悠久的老參班；見到親教師身段是那麼調柔，個性又內斂，像似高深莫測的修道人；而同學們每個都深藏不露如臥虎藏龍般，感覺自己如同都市中的寵物，誤撞入神祕的大森林。陸老師講的《顯揚聖教論》、《大乘起信論》義理深奧，每次上課都很吃力；為了消除遮障、跟上同學們的進度，讓學法可以順利，下定決心每天佛前懺悔過去無始劫來所造的諸惡業、拜八十八佛大懺悔文、正覺總持咒二十一遍及發十無盡願，依老師的指示：每天懺悔、發願、迴向如實行之。

導師曾開示我們：「**攝受眾生就是攝受佛土。**」這句在淨土宗未曾聽大師們開示過，都說只要信、願、行三資糧具足，一句佛號唸到底，到西方極樂世界再說。而菩薩修行次第成佛的五十二階位都不知，那讓弟子有一個存疑：成佛是在西方淨土成佛？或在他方世界成佛？若在西方世界成佛，那就要依次排隊輪流成佛，那可真有得等了；若以八地不退菩薩到他方世界，那也要攝受各階位眾生，至妙覺位才能成佛；所以我們今日在「正覺」學法及度眾，已在攝受未來的佛土。導師的先見之明，已提前為我們成佛之道鋪路；未來世也懇求 導師帶領我們一同去西方淨土參訪莊嚴的世界，及面見頂禮

供養　阿彌陀佛；或探望之前的蓮友，他們還在蓮花苞內熏習佛法了義知見，努力去斷我見，尚未能花開見佛，因極樂世界一天是娑婆世界的一大劫。在這一大劫的時間，我們的法義及度眾的功德都已快速在提升。

發願：懇求諸佛菩薩，護念慈悲攝受弟子，能早日明心開悟，弟子破參之後要繼續追隨　導師學道種智，一起來作破邪顯正的任務，要將喇嘛教趕出佛門，復興大乘佛教如來藏法；也讓弟子轉依成功，生起般若智慧，地地增上，未來能說法無礙，辯才無礙，善巧方便接引更多有情眾生「來正覺、學正法」；讓弟子可以荷擔如來家業，生生世世常行菩薩道，將來爲佛教三寶及正覺正法，可以作最大的法供養而無有休息，讓正法久住，廣利人天，弟子會繼續奮鬥九千年，直到　月光菩薩的到來。

把大願發出來，常常發大願，心胸會跟著大，就不會在世間法上打轉計較。

迴向：十方法界一切有情眾生，弟子累世父母兄弟姊妹、歷劫的冤親債主，及無始劫來所墮胎的嬰靈，希望你們能原諒我的無知，造成我們之間的誤會及傷害，我破參後把此殊勝功德第一個迴向給你們，希望你們能發願往生西方淨土，或來世能生於善處、遇大善知識，進修了義正法，讓我們一同作法眷屬，共同護持正法，讓正法久住。

希望能把無形的阻力化成助力，修學這個無上大法阻礙會比較少。

在「正覺」安住，有義務及權利兩大項；義務就是我們要聽聞第一義諦了義法、修學次法、消除性障、護持正法、救護眾生之大悲願力，是十足行菩薩道之法；而權利就是我們可以報名參加禪三，去參究實證「此經」如來藏。當然在這個前提下，我們要作足功課，以定力、慧力、福德力三資糧，及修除身、口、意中的貪、瞋、癡、慢、疑之性障，缺一不可；因緣不具足也不行，並且重要是須有菩薩種性者才有資格上山打禪三。

每年有兩期精進禪三，每一期又有兩個梯次（編案：現在每一期有三個梯次）；因不要讓自己的權利睡著，只要開始報名，弟子就會盡量爭取機會。這幾年來陸陸續續報名了九次，共錄取七次上山；但無奈某些條件，緣未成熟，參究不得力，常常鎩羽而歸。前二次禪三入　主三和尚的小參室，真的腦袋一片空白，就如同塞滿了水泥般，一句話都講不出來。

下山後趕快求救親教師小參，結果知道弟子作錯了一件罪不可赦的事，那就是因無知而印製了《菩提道次第廣論》及西藏密宗的雙身像；喇嘛假藉佛教名義，以六識論為導引來行無上瑜伽——男女雙修法之樂空雙運，作為他們最上密乘，實際是不可告人的祕密；在台灣有多少女信徒受騙上當，破財又失身，搞到家庭失和；弟子像在助紂為虐、為虎作倀。這都是大業障，會遮障學法，尤其是學大乘了義法；直覺被判了死刑打入十八層地獄，永不得超生的痛苦。

還好 導師慈悲為救護眾生，廣設福田，就開始有了「破密」的行動，也似乎在為弟子解套；弟子從那時起，開始積極投入推廣組參與發放「破密」的文宣，提醒大眾不要接觸喇嘛教，以免禍患無窮，希望能將功折罪、消業障。弟子在此也誠懇提醒印刷界的同仁先進或是佛子們：生意是一時的，法身慧命是永久的；不要貪圖小利印製密宗的書籍、雙身像或販賣密教文物，而造下一闡提的業因與果報，危害自己道業，更誤導眾生成佛之路；損人不利己，此非正途，成就地獄報；應當懺悔放棄，即時回頭不再造作。

第三次的禪三才知道不是去無相拜佛，而是開始參究找第八識如來藏，這才知道禪三是這樣子的過程；看看自己有多愚蠢，浪費三次機會。下山後弟子努力去探究如來藏的性質體用，在 導師的《眞實如來藏》中，依種種法去證實有如來藏的存在；因一切法都由祂生，眞實而如如，自性清淨涅槃。在《心經密意》中都有很詳細的記載，而無始劫來就已存在的事實，是不生不滅之空性眞實體，阿賴耶識確實是萬法的根源。

第四次上山，雖性障少很多了，但還是眞妄不分，無有入處；下山更加強慧力提昇，並觀行五陰十八界及蘊處界爲虛妄法。多寫觀行報告，請親教師指導是否有誤判方向求其導正。

第五次 和尚殺我見，這次弟子可殺得徹底，眞斷三縛結：把我見、疑見、戒禁取見之結斷除，具初果解脫位，已準備邁向明心七住位了。或許因緣成熟了，經 和尚向上一提：妄心……，眞心……，……就是眞心如來藏。當下眞的很驚訝，也很震憾，立刻起了二個念。

第一個念：無始劫來都被這妄心所騙，生死流轉認賊作父，隨妄逐流，原來我們「**夜夜抱佛眠，朝朝還共起**」，日用卻不知；如來藏離見聞覺知，不在六塵境上了別，卻能生萬法，五蘊悉從生；意根第七識處處作主，○○仍要依靠如來藏配合才能運行達成任務。沒有大善知識 導師慈悲攝受提點，眞的參到壽終正寢也無法透過去。第二個念是：後半輩子決定要貢獻給「正覺」，該是爲正法荷擔責任的時機了，未來世亦復如是。和尚告誡弟子下山後再好好體驗眞妄和合運作，並且要繼續補足福德。和尚的提醒，讓弟子更加努力，作義工有時間就繼續培植福德、護持正法的功德款也不可少，爲下次的禪三作準備。

每次收到上禪三的通知單，既興奮又煩惱；興奮是可與地上菩薩的 主三和尚、二位見性十住位的監香老師及已明心七住位護三菩薩們共宿四天三夜；能與大善知識共住同一屋簷下，又同桌共餐，並吸收法義精髓及機鋒引導，眞的非常幸福，這可是前世修來的福；煩惱的是禪三結束，回到紅塵要追補四天沒做的工作，外加新增的案件，眞的忙到暈頭轉向。有時想想老天爺眞會捉弄人，若現在是退休之人無事可作，來學這個法沒有壓力，可以輕鬆學、自在參。但如今是在工作最忙碌中，接觸這個正法，爲了最終道業增長、佛道早成，無論如何也要忍下來、吞下去；調整腳步重建心態，或許佛菩薩認爲弟子有這個能忍，可以多擔待一些責任吧；弟子只有默默的接受，努力去完成這個使命。

第六次上山，俗話說的「頭過身不過」，被監香老師考幾個問題都答不出來；眞的覺得自己有點混，好像等著被印證。此時生起大慚愧心：知見慧力不足，下山後繼續補強。在事相上購置七套親教師在電視弘法 DVD 專輯，如〈學佛的正知見〉、〈三乘菩提概說〉、〈宗通與說通〉及〈學佛釋疑〉等；在工作中就播放 DVD 中的 MP3 語音檔來聽法，若是上班族也可利用手機或隨身聽來熏聞法義。這些都可增進慧力上的不足之處，受益良多。

甚至也將錄音機放在祖先牌位前二十四小時循環播放，讓這些無形鬼道眾生也可聽聞正法，跟弟子一起提升佛法知見，讓弟子上禪三也可少一些遮障，未來大家成爲法眷屬，共同來護持正法。在理上也去轉依如來藏的體性，可眞是「應物隨緣」，對人沒有計較心，無人我是非心。隨順眾生，讓自己的心性更調柔，在生活中除深層的性障及無明，行住坐臥慢慢去改變覺知心自己。萬法都是如來藏所變化，均在自己的內相分中呈現虛妄之法，生滅之相無一法可取，所以轉依阿賴耶識的清淨體性中，那可稱之「隨緣自在」了。這個在淨土宗也無法學得到的，因爲遇到煩惱都以佛號來克制，如石頭壓草，不會從內心去作思惟觀，這可能是念佛人比較吃虧的地方。

第七次上禪三是今年十月十日報到，巧的是又被分發至十號床位；弟子心想我這個禪三常客的憨弟子，已作好萬全準備，這回應該可畫下圓滿—明心開悟—的句點了吧。和尚在小參室確認弟子所悟的第八識如來藏口說手呈後，給了二個題目下去作思惟整理：一、……不生不滅的眞如心……？二、……。看似簡單的題目，作答應該是沒問題，沒想到卻是 和尚慈悲暗藏玄機，針對弟子從聲聞習氣轉進大乘菩薩種姓的關鍵導引。

第一題能在監香吳老師的小參室很完整說明，第二題也很順利說明……；監香老師說太粗糙，要分明細說，再回座位作整理。這題在未上山前也作過準備，應該是不會答錯，再次進入小參室向監香老師報告：意根……六根觸到勝義根中內相分之內六塵而生起六識，就產生種種的法。監香老師說已答對百分之八十了，剩下百分之二十需完整說明清楚，再回座位思惟整理。當下弟子可傻眼了，莫非這下去，微細部分整理不出來，可能還要再過半年時間，才能再進小參室？

這下弟子開始緊張了，該講的答案都說明了，還會漏掉什麼嗎？告訴自己不能前功盡棄，就差這臨門一腳，努力再去參究思惟，更祈求 世尊、觀音菩薩、彌勒菩薩、韋陀菩薩及祖師爺 克勤大師，護念弟子讓弟子可順利過關。弟子立刻佛前發願破參後要永遠追隨 導師學道種智，生生世世行菩薩道不入無餘涅槃，亦要護持正法、救護眾生，因這題牽涉到入胎識。

沒想到最後突然開始哽咽哭泣，當時影像回到二十六年前與同修婚後，我立刻拉著她到自家佛堂的 觀音菩薩像面前，跪地請求菩薩不要讓我們有小孩，不要障礙我們修學佛道，臨終亦不要障礙往生西方極樂世界（當初眞的一心求生淨土）；觀世音菩薩一定很納悶，在〈普門品〉中都是說求男得男、求女得女，這個傻弟子居然發一個不求之願。或許因這樣而常常受到菩薩的關注及考驗吧。

如今學到這個大乘菩薩法，知道當初作錯這件事，弟子就對著未出生的兒子懺悔（婚前算命師曾鐵口直斷，弟子會有二個男孩，而且都非常聰明優秀）：

「爸爸眞的很對不起你們，當初爲了自己修行，產生自私的心態，沒有生下你們，或許你們也是未來正法中的大護法。如今再多的懺悔也無法彌補這個事實，願未來世我們有緣再成爲法眷屬一起來護持正法，讓正法久住。」

前二次進小參室身體卡卡，好像被螺絲鎖得很緊；第三次進到小參室感覺身體已經鬆開了，很自然，就將答案從頭完整敘述一遍……。監香老師最後再補充詳細說明；事後跟監香老師報告，當時哽咽、懺悔、發願之事，老師恭喜弟子已正式成爲眞正的大乘菩薩，不可再想過去的事，那會悔箭入心，必遮障自己，因爲佛菩薩已把你的聲聞習氣種子拔除了；眞的萬萬也想不到 和尚出這題，眞正打中弟子要害；正是弟子一直走不出來的原因，如今可以完全信受。

最後 和尚用心良苦，爲我們這期八位破參明心的菩薩，再次打預防針及強心劑，確認所悟就是這個眞心，沒有所謂的意識極細心或有另一個第九識眞心，那都是錯誤的；而二個眞心會發生性格分裂，錯亂因果；……接著和尚安排我們喝無生水及閉眼走路，去體驗如來藏如何運作，及眞、妄分離，這些都在加強佛子們所證無誤，讓我們信心滿滿，一頭金毛獅王從此出生。

回想之前學法過程一路走來，一步一腳印，從淨土宗的持名唸佛求生淨土、出離三界，到今天無相拜佛之體究參禪契入禪宗，明心開悟、親證自性彌陀，解脫自在，這些無非都是佛菩薩的刻意安排及考驗。更有大善知識 平實導師的慈悲願力，攝受我這非上根器的弟子，讓弟子得以在繁忙的工作中，有一立足之處進修妙法、斷我見、修六度萬行，徹底改變聲聞的習性，進而入菩薩種姓的行列。在佛教危機存亡的關鍵時刻，內有相似佛法、六識論、附佛法外道，外有假藏傳佛教吸食正法的血脈；我們應暫捨西方淨土，留生娑婆，共同復興大乘佛教。弟子願與菩薩們荷擔如來家業、弘傳了義正法、破邪顯正、救護眾生、助有情眾生同證菩提，讓正法久住，以續佛慧命報佛恩及師恩。

弟子　李鴻政　頂禮

阿彌陀佛

見道報告

黃慈雲

想來自己眞是一路上不斷蒙佛菩薩眷顧的孩子，還沒出生，爺爺就取了一個與佛有緣的名字等著我。爺爺四個女兒有三個出家，爲我取這個名字大概是想要我出家吧！也因此弟子從小就是在經常接觸世俗三寶的環境中長大的。小時候因爲阿嬤住在白河大仙寺，所以一到放假我和弟弟就被送到寺裡住。我從小就喜歡寺院的莊嚴氣氛，常常一個人在寺裡四處逛。每到過年時半夜就要被叫起來拜萬佛，我比弟弟認命，都乖乖起來參加，拜完似乎總是有一種沉靜的感覺。家中還有幾位親戚出家，所以也經常被帶到各大小道場玩；奇怪的是從小到大雖然因此接觸過許多「師父」，卻從未曾想要隨學於任何一人；乃至歸依，都是因爲去幫外婆進塔時，如本法師見我們全家都到而起意幫我們全家三歸。

媽媽雖然是初機學人，卻是弟子今生的第一位善知識，她非常發心供養三寶；口耳相傳下，成了許多道場的大護法，也因此家中常有佛法出版社或印經社寄來許多經典及書籍；此外媽媽對於世間貧病困苦也很樂於救濟，弟子布施的習慣一部分應該是來自從小的熏習。小時候媽媽就教我要在心中持念佛菩薩聖號，還要發願求生西方極樂世界，所以弟子從小就經常會在心中念 觀世音菩薩聖號；但當時對於求生淨土沒有決定心，總覺得應該作些什麼或去尋找什麼。

我從小就不愛說話也不愛動，外表看來很無憂無慮，大人都很羨慕我，覺得我好像都沒有煩惱，見到人總是帶著微笑，卻從沒有人知道我從小心中就藏有很深的憂鬱：我不知道人爲什麼活著？覺得人生沒有意義，所以有一段時間我很想當醫生，那是我當時所能想到比較有意義的工作；現在想來，當時沒有考上醫學系反而是一種幸福，因爲隨著成長看多了生老病死，終於發現醫學不論中西醫皆有其侷限性，這許多的不確定與未知的背後一定有一個根本和究竟的解釋，那才是我要尋找的答案。我開始去涉獵各式各樣的書籍，當然都沒有答案；也看過一些大師們寫的佛法書籍，可是都沒有我要的。雖然我不確定自己在找什麼，但卻又很肯定：找到時我一定會知道。就在自己盲目摸索的過程中，每隔一段時間我會變得煩躁，就一定要靠抄經或誦經才能讓自己安定下來；好在家中經書很多，雖然讀不懂，可是對我而言，眞的遠比大師們的著作受用。

轉捩點是弟子色身不好去學瑜珈開始，也許因爲我從小就比較內攝，對心的運作比對周遭人事物有興趣，所以上課時我會自動修起動中定，經常處於一念不生的狀態；我發現有時只能知道老師在旁邊跟我說話，可是我不知道她在說什麼，而且我無法馬上離開某種狀態而開口說話。有段時間我開始想要靜坐，有一次我一坐定就在心中持念 觀世音菩薩聖號，很快心中一片澄淨而明亮，伴隨著沉靜和喜悅，記憶似乎就停在這裡；再來我只記得心動了一下，接著感覺到呼吸變粗了，然後我退出了某個在當時我不知道的境界；感覺好像有一段時間不見了，和平時靜坐時間相比，我猜我那天在那個狀態大概待了二、三十分鐘；接下來幾天我想試著再進入那天的狀態，可是很奇怪每次一坐定，眼睛一閉上馬上陷入昏沈，試了幾天都如此，只好放棄。

很多事情好像都是在我學習瑜珈那段時間發生的：我開始身心都排斥葷食，爲了讓家人適應，我用漸進的方式慢慢改爲素食；變得比以前更喜歡讀誦經書，讀《維摩詰經》雖然似懂非懂，卻滿心歡喜，非常嚮往　維摩詰大士殊勝的智慧；誦《法華經》時卻又是每天誦、每天哭；最奇怪的是一次誦《阿彌陀經》明明精神不錯，眼皮卻很重，一直要睡著；所以我越誦越大聲，可是意識還是中斷了。就在那極短暫的時間裡，我如此清晰地看到意識斷了又生起，而心卻有「一部分」是一直在的。

雖然我很早就觀察到心有很多不同的「部分」，卻是第一次如此分明地看到意識的斷滅，心中有種說不出來的奇怪感覺；可是在沒有知見的情況下就此放過，再次回到盲目摸索的狀態。佛菩薩再次眷顧了這個傻弟子，就在一次和一位瑜珈老師談論到人生的抉擇時，我說人生沒有比修行更重要的事（我當時以爲自己算是在修行了），他問我：「爲什麼要修行？」我不假思索回他兩個字：「成佛。」隔了幾天，我從這位朋友手中得到了《大乘無我觀》與《如來藏中藏如來》，終於，我找到了回家的路。

本來是想先來請《無相念佛》，剛好當時週六下午禪淨班剛開課沒幾週，所以就安住下來了。先是請閱了《無相念佛》與《念佛三昧修學次第》，也許跟弟子原來就持名唸佛有關，非常相應，所以弟子一開始就在四威儀中邊持名、邊憶佛；沒幾天發現憶佛念一直在，而名號太粗了、不想持了，就自動捨了名號專心憶佛。剛進來那二、三個月，因爲已經排定了二次出國的行程，所以弟子一開始並沒有認眞拜佛，想等回國再說；可是就在七月底去日本那次，我坐在車裡，邊憶佛邊看著窗外流動的景色，突然發現樹看起來都怪怪的：都清晰的帶著憶佛念，而且還似乎帶有我看不懂的奇怪境界？

回國後開始每天認眞拜佛，由三拜三十分鐘，隨順到三拜一個小時，可是行住坐臥中心變得有些不安定；當時還沒開始看 導師其他的書，連「疑情」都沒聽過，只是更小心照顧著憶佛念。有一次瑜珈課後，我一個人搭乘的電梯突然猛一震動、停了；我心動了一下，第一個想到的是憶佛念還在不在？確定依然能好好憶佛，我才去按對講機；一開始對講機還不通，被困的三、四十分鐘，我只管憶佛。也許是這段時間裡如此用心憶佛的心意，讓佛菩薩決定再次出手拉我一把；就在隔天瑜珈課上我正躺著「攤屍」休息時，心中突然閃出 導師《念佛三昧修學次第》中的一句話，意思是身心內外都充滿著憶佛念；突然之間一念相應，遍身心內外都變得不一樣了，我似乎在剎那之間進入了另一個世界。

現在再度回想那將近兩週的殊勝境界時，心中眞是慚愧，當時除了定境，我其實經常可以很清楚地從不同的面向看到祂的運作；尤其瑜珈課時熟悉的動作，卻又與平時如此不同；我卻只管享受境界，完全沒有起心去探究這沒看過的、○○○變得很奇特的到底是什麼？那段時間裡，還有至少兩次很短暫卻很清晰、我到現在都沒弄懂的「景象」；我現在可以很清楚確定那不是定境，也不是心體本身，可是那段時間之後我再沒見過。這一直是我心中的牽掛，所以當我後來確定眞心後，只想快點過第二題，以致沒把導師您第一次禪三就叫弟子「把這些丟掉」的話聽進去。弟子在此必須至誠心向您懺悔，我如果好好聽您的話，先把眞心通透了，也不至於要到第三次的禪三才過關。弟子眞的愧對佛菩薩、愧對 導師。

那段時間我只管享受境界，既沒一把抓住、把該觀察的看清楚，也不知要好好拜佛保住定力，所以兩週之後歸於平淡，我就把一切都弄丟了。雖然像是作了一場夢，可是這場美麗的夢境卻讓我的心境有了很大的轉變，菩薩性甦醒了。我試著想接引身邊的人都來修學如此勝妙的法門，在不斷挫折的過程中，才發現原來大家都跟我不一樣。我開始大量快速閱讀 導師的書籍，一切可以停的：練瑜珈、練豎琴、看閒書、看電視等等時間，我都拿來閱讀。每天一有時間就關進佛堂，卻總是拜佛也哭、看書也哭，眞不知哪來這許多淚水？接著疑情又起，心無法安住於憶佛念，總是不斷尋尋覓覓；好在 乃鈞老師教我看《阿含正義》和《識蘊眞義》，才對陰界入有了基本的認識。佛菩薩對這個傻弟子眞是照顧有加，一天拜佛時我又不斷觸到祂，終於，恍然自己竟繞了這麼大一圈！

知道還要一年半才能參加禪三後，我就放逸了，沒拜佛也沒想把祂觀察清楚，我再度把祂丟在一邊。好在開始可以參與一些義工執事後，菩薩性使然，讓我一反過去愛清靜、貪安逸的心性而積極投入，在各種執事中反而學到很多而有不少收穫，也算稍稍彌補我的放逸和懈怠吧。

第一次禪三，愚癡的我自信滿滿，完全沒把老師們的提醒聽進去，以爲自己知道了，只想用意識思惟闖過去。第二次禪三在和 導師小參後心中慚愧知道體驗不夠、沒有通透的問題依舊，反而不敢登記小參。第三天普說 導師您眞是慈悲，竟用了如此明顯的機鋒，一句「我告訴你」，大人相光芒萬丈，弟子忍不住捧腹大笑，您知道我終於聽懂了！第四天還勞您召見弟子面授機宜，但如您金口所斷，弟子還是闖不過去！除了慚愧還是慚愧，「世尊踞坐默然」如此直接，弟子一時卻不知如何回答，也只能感嘆自己如此遲鈍。

第二次上山前二個月弟子父親往生，慚愧自己沒能報答親恩，感嘆娑婆世界時間如此短暫，只想加快自己菩薩道的腳步，好對有緣眾生有所助益；加上第二次禪三沒考過去，弟子才眞正面對慢心障道的問題，開始歷緣對境修除慢心，也才眞正開始把「轉依」放在心上。

第三次禪三雖然有　導師之前的幫助，也將老師們考我的問題再次整理過了，卻也不敢大意，心一直都是緊繃著；導師過堂時說：「（水果）有人吃起來是苦的，因爲已經第三著了。」知徒莫若師啊！晚上普說時導師不斷提醒要會取弦外之音，我才終於警覺原來您一直如此老婆！（隔天監香張老師領眾宣布事項時，我也才發現張老師也如此老婆！）可是我也想起了另一個一直存在的煩惱：我不知道如何像您一樣收放自如能控制大人相的「亮度」？那表示我仍然有尚未通透處。直到隔天和　導師小參後您說：「給妳一個題目整理，然後就準備喝水。」我緊繃的心情才稍微放鬆了些，雖然我的煩惱依然沒有解決。

得到 導師的金剛寶印後，您讓我們去向 世尊、韋陀菩薩及 克勤大師稟白及感謝；弟子一出門，恰好監香吳老師迎面而來（該準備過堂了），我向老師問訊道謝，老師也回禮恭喜弟子。弟子禮 世尊三拜後，胡跪向 世尊稟白時卻不知為什麼直想哭，因為忍不住激動；也怕耽誤大家過堂的時間，只好先簡單禮謝。過堂完簡單梳洗後，再度到佛前向 世尊稟白及感謝，這次很平靜地看著 世尊稟白，卻赫然發現：世尊在笑！隨著向 世尊立下的種種誓願，世尊的笑意更濃了！想到 世尊對這個傻弟子真是愛護寬容備至，弟子真是不勝感激而慚愧。

喝水時 導師用竹如意指點的地方，除了○○及○○○我之前沒注意到，其他各部位我都有觀察到，當時有些高興，還以為自己的觀察應該算仔細了，反而是妄心如此複雜很難完全說清楚；再進了小參室，才知道自己仍是如此粗淺，我觀察到的尚且無法能像 您一樣說得如此清楚，更何況還有我沒觀察到的，慚愧自己之前高興得太早了。弟子會繼續加油。

經過三次禪三的淬煉，弟子終於有些長進；不只能看出有情行來去止時的瑩瑩法身，也終於聽懂了芸芸眾生行相如此微細的金剛語；而眾生茫然不覺，就如同過去的我。弟子由衷感謝諸佛菩薩的護念與加持，及 導師您如此費心的磨練和教導，才讓弟子法身慧命得以出生，這樣的大恩德眞是喪身捨命亦無以爲報。又想到三次禪三弟子竟然請師四次，眞是太幸福了！回想進同修會的第一年，三歸五戒大典時弟子有幸成爲請師代表，那是第一次近距離和 您的接觸；唸完〈請師文〉，沒聽到 您的回應就直覺抬頭看您，這一看就被您強大的威嚴與威德力震懾住了。我猜您當時正用佛性在觀察弟子們的種子流注，所以表情專注而嚴肅；那威嚴完全隱藏不住，弟子心中油然生起敬畏之情，感覺自慚形穢。第一次打三時很奇怪，拜懺時心情很平靜，但請師儀式一開始卻忍不住潰堤的淚水，伴隨著我不明白的強烈情緒。隨著三次打三與您的接觸多了，才終於慢慢習慣您強大的威德力與攝受力。

弟子何其有幸，得以值遇您這樣的大善知識，否則弟子今生可就白來一遭了。每次禪三看著您爲了眾弟子的法身慧命，從早到晚如此辛勞，完全不顧念自己的色身；每次過堂 您一定沒吃多少，就又起身爲了我們不斷說法。看您如此辛勞，心中不免慚愧與不捨，看您「搶饅頭」，原來如此親切，卻又不禁莞爾。雖然弟子愚魯，仍懇請您讓弟子生生世世跟隨著您；有您不斷地教導和拉拔，弟子會儘力加快前進的腳步，以早日具備更好的能力來幫助您一起荷擔如來家業的。

最後，謹迴向 導師色身康泰、住持正法順利、地地增上、佛道早成；諸菩薩眾菩薩道上一切無礙；沉溺諸有情皆發無上菩提心、速證如來淨法身。

南無本師 釋迦牟尼佛

南無大悲 觀世音菩薩摩訶薩

南無 大勢至菩薩摩訶薩

南無 平實菩薩摩訶薩

南無十方一切佛

南無大乘勝義僧

南無究竟第一義

菩薩戒弟子黃慈雲（覺雲）稽首

西元二〇一四年十一月十一日

見道報告

張月英

南無本師　釋迦牟尼佛
南無十方三世一切佛
南無一切菩薩摩訶薩
南無　平實菩薩摩訶薩

一、漫漫長夜無依怙，衆裡尋他千百度

(一)摸索期：

就像所有嬰兒都是哭著呱呱墜地一樣，未學來到人間也是抱著一個很大的苦悶，除了童年時因爲被父母寄養在外婆家，像個野孩子一樣在鄉野間無憂無慮地長大，之後到了學齡，回到台北開始就讀小學，突然快樂的童年嘎然而止，莫名的苦悶開始滋長；記得有很多的長夜，自己似乎常會被一些奇怪的想法所困住，最常縈懷不解的是：

1.爲什麼我會出生？我是誰？以後死了會到哪裡去？似乎在初識世事時，這個大哉問就縈繞不斷，才下眉頭，卻上心頭。在旁人眼中，雖然自己算是個乖巧的小孩，卻沒有人知道這個小孩子心中有一個風暴，雖無聲息卻悄然席捲這個小孩未來全部的世界，天地爲之變色。前半期陰霾闇鈍，後半期曙光終露。

2.觀察周遭大人的世界，很快地心中就清楚人的一生似乎就是長大了會結婚，就像我的母親一樣；然後可能會生一堆孩子或幾個孩子，接下來就是要很認眞地賺錢養家，很認眞地在柴米油鹽醬醋茶中計較營謀，辛苦半生後可能開始有一些積蓄，可能過著小康或富足點的生活，可以比較清閒安逸地過日子。然而不可避免地人開始會變老，然後會開始有各種病痛，最後邁向死亡，就像身旁或者書籍報章中所看到的例子。還有一些是沒有人教自然就懂，就是這些過程其實都很苦，樂的成分很短、很膚淺，而苦的底蘊很深細而綿長……。更重要的是，最後一切歸向死滅，那這樣來人間走一遭是要作甚麼？！沒有人可以告訴我：活著是爲了甚麼？

3.另一個奇怪的問題也常會讓自己想破了頭得不到答案，那就是這個宇宙到底有多大啊？宇宙是有邊際的還是沒有邊際的？如果說宇宙是有邊際的，那一定有一個邊際界線，那這個界限的外面是甚麼？如果還有邊際的外面，那就表示宇宙不受這個邊際所範限，這樣將無窮盡的往外推延，那就不應該說宇宙是有邊際的；如果宇宙是無邊際的，那甚麼是無邊際？卻又是有限的意識所無法了解的……這在當時幼小的心靈裡實在是個無解的難題，也不知道為什麼要想這個問題，只覺得生活與生命好像不是那麼理所當然，為什麼別人看來好像都沒有這類問題？

於是青少年期的我，就像被唐僧緊箍咒箍住一樣，只好乖乖地陪著去西天取經，開始了這一期生命的絲路之旅。首先是枯思冥想，常常在下課於校園間漫步沉思時，偶爾錯過上課鐘聲而遲進教室；因為需要分擔母親勞務及多掙一些金錢，課餘時間都得跟著母親打零工賺家用；除了苦思冥想，不太有機會尋找心靈的出路。及至大學時期，終於有機會打開一個新視窗，開始廣泛地在各種新儒學、哲學、心理學領域中找答案；唐君毅、牟宗三、康德……，五花八門的書籍來者不拒。囫圇吞棗，似懂非懂，反正是飢不擇食。也開始陸續接觸一些勸善的善書，有些會摻雜一些佛法名相，只覺得很歡喜就全盤接收；但心裡似乎有個無底洞，永遠裝不滿；也好像裝太滿，需要反芻、需要傾吐，但又無人可以分享與討論。直至參加一次佛學社活動後，此生終於正式與佛法相會。

(二)開始學佛：

1.西蓮淨苑的驚艷：

在參加一次師範大學中道社(佛學社)舉辦的活動裡，第一次走進了佛教的道場——西蓮淨苑，住持是智諭法師。印象很深刻的有兩件事：第一件事是持名唸佛，學員們依著研習活動安排的早晚課，在莊嚴肅穆的大殿中，由師父們領眾，在唱著彌陀讚及繞佛、唸佛時，不可名狀的情緒席捲而至，眼淚不可自抑地奪眶而出。「阿彌陀佛身金色……四十八願度眾生……」，「南無阿彌陀佛……」，第一次聽到彌陀大願度眾的讚偈，居然毫不起疑，理所當然信受；像個被遺棄多年、踉蹌自活多年的孤兒，第一次聽到媽媽的消息一樣悲欣交集；和著鹹濕涕淚，從抖顫的口脣唱誦出的佛號，竟然如此熟悉與親切……。

第二件讓我驚動的是，智諭法師在安排的課堂中開示有關中觀的法義，對一個第一次聽到佛法宣講的初機學佛人而言（且師父鄉音很重），可以說完全聽不懂，但卻覺得佛法很深奧，很吸引我，一定要把它弄懂！

就這樣，帶著一些震撼與疑惑，回到學校生活以後開始狂買佛法書籍。記得師範大學後門巷弄邊有一個舊書攤，有一些國學及佛學書籍，此後這裡就成了我每個月領了公費（記得好像是三千元）以後，第二天就會消費花光的地方。就這樣又開始囫圇吞棗起佛學書籍了。

2.大量閱聽佛學書籍階段：

奇妙的因緣接踵而至，已經忘了是怎麼開始的，開始整箱劃撥慧律法師的演講錄音帶，很快地全部都聽完了，以鼓勵念佛往生爲主要內容；然後開始購買聖嚴法師的大部分書籍，以教禪爲主，旁及一些佛法相關議題。

大學生涯就在這種以各式各類佛法書籍塡飽羸弱心靈的過程中過完，被分發到北投國中教學，在一次輔導個案學生的特殊情境下結識一位家長，透過這位家長，第一次歸依了水里一位心觀法師。這是生平第二次接觸佛教道場，在歸依的大殿中，維那師父簡單隆重的梵唄與儀軌中，我再度留下清淚，覺得好熟悉的感覺！歸依後，第一次向師父請法：「**請問師父！我該怎麼修**

習佛法？」之前，我只是自己一個人在看介紹佛法的書，大概知道佛法在教人解脫生死輪迴，也大致知道成佛的高遠目標；但是其過程中的方法與內涵、次第，則模糊籠統或付之闕如；本來我當時是想向師父請示修學佛法的次第與方法，但當時不知該怎麼發問，而師父則回答我：「**佛法的修學，首先妳要先有一個安靜下來的時間。**」原來師父走的是清修的路。一時也不知該如何繼續問，就這樣，在師父引導下參訪了埔里一些佛教道場，也隨緣受了菩薩戒，只是一知半解。記得一次回台北時，在車上與幾個同修一起唱誦師父教的百字大明咒（這是第一次學到密教的咒），記得因爲誦咒一時分心而超速，還被開了紅單。之後，因緣不具，就不再有機會親近心觀師父。

3.靈巖山寺佛七洗禮：

隨著因緣的發展，一連幾次到埔里靈巖山寺打佛七。靈巖山寺是一個專弘淨土、長年打佛七的道場。在打七過程中，聆聽妙蓮和尚的開示，學員問：「**師父您鼓勵大家出家，若是所有人都出家了，這個社會的經濟體系如何運作？**」妙蓮和尚回答：「**如果眞的所有人都出家了，自然有天人來供養，不勞妳擔心。但不是每個人都有這個福報可以出家的。**」心中讚歎師父這麼回答有道理。在念佛繞佛的儀軌過程中，發覺每一個師父都很莊嚴，心中第一次興起了想出家的念頭；活了二十幾歲，第一次找到一個認同的角色；只是當時還欠公費，家中還需疏通，就這樣深藏著出世之念回到生活的現場，繼續隨著一個隱形的鼓聲旋律而邁進。

4.慧日講堂研讀經論：

在靈巖山寺結識的一位師姊的推薦下，開始到慧日講堂研習經論，開講的是惠空法師，主要研讀過《中論》與《攝大乘論》。第一次正式與佛教經論碰頭，非常喜歡，也很快可以瞭解字面義理，只是當時是以六識論的背景來理解論典，有一種隔靴搔癢、鑽研故紙，卻只是嚼文字殼的況味。不久後買了整套的《妙雲集》，冀望透過《妙雲集》可以通達佛法；卻發覺《妙雲集》很難讀懂，在幾度挫敗之下暫時把它供著。現在才知道：好在當時沒有讀通，否則要清除這個邪見之毒可得花不少力氣。後來跟著惠空法師開始全台舉辦中小學學生的佛學冬夏令營，之後把層級擴大到高中、大學，還為這些學生成立了佛青會。然而心中一個狐疑：好不容易把青年學生引進佛門了，可是後續要給他們甚麼法？在此困惑與不安下，另一個因緣翩然而至，那就是在當時佛教界少見的——公然宣講明心見性法門的李元松老師帶領的現代禪。

5．現代禪

李老師主張末法時期，一切學人應於未到地定得自在。李老師教導的是動中定法門，也主張學佛人應該看重人情義理，以理性的經驗主義為學佛態度，在生活現場中鍾鍊道心；最後求見本來面目，以離念靈知為悟境，以解脫道四向四果為證果的果位。

後來雖然證明李老師所悟為非，但現代禪的修學確實為我奠定了一定的動中定功夫，也讓自己由理論的教門中尋得一條修證的行門，並且熏習了自己道骨、人格方面的成長。後來因為個人家庭及身心方面因緣，未繼續跟隨現代禪轉型到象山的發展，但當時確有「五嶽歸來不看山，黃山歸來不看嶽」的心情，別的道場再難落腳，因為都只是相似佛法或者是慈善事業世間事業的佛教。就這樣，自己沉浸在自以為無事的狀態中十數年，直至遇到正覺。

二、正覺本是來時路，今日迷途方知返

（一）慢心障道：

第一次聽到正覺的消息，是來自兩位退休的同事；其中一位熱情推薦，一位淡定寧靜；在她們殷殷垂手好意接引下，可惜自己卻自以爲是，認爲佛法自己已經繞過一圈，天下還有甚麼新鮮事！對於兩位同事最後相贈的幾本書籍，在輕意、漫不經心下隨手翻閱瀏覽；記得翻過導師的《阿含正義》（應該是第一輯？）印象中覺得此人寫書忒也囉嗦，一個概念從不同角度一直重複演述，就認定這不過跟自己以前掉進去的學術論著、哲學性論著一樣。好不容易自己從裡面尋得一條出路脫身，可不想覆轍重蹈；經幾思量，就把幾本書再寄還同事，自認爲當時是委婉眞誠地感謝她，也希望書籍可以讓有緣人閱讀，故寄回請其轉贈他人。這個愚蠢舉動，讓自己白白浪費了三年的時光，也在日後眞的得到現世報。

（二）一路哭進正覺：

在表相佛法的煙波江浪中載浮載沉三年後，二〇一〇年九月某日早晨上班時經過警衛室，領到一個小包裹；打開一看，喔！是之前退休的同事寄給自己的幾本口袋書，也很歡喜，因爲老朋友沒有忘記我；隨手抽出一本，應該是《甘露法門》，隨手一翻，映入眼簾的是一句話：「阿羅漢不會爲眾生掉一滴眼淚，只有菩薩會爲眾生而流淚。」啊！無可言喻的情緒衝上胸口，襲上鼻頭與眼眸，不聽使喚的眼淚逕自潰堤。

自己似乎被第一句話所棒喝而起慚愧心，多年來自己緣於對生命的困惑而尋求出路，可曾想過周旁還有多少苦難的眾生亦沉溺苦海不得出離？而下一句話則點醒了我：自己走至今日，看似稍得安心，未墮落三惡道，難道是完全靠自己的力量嗎？其實是有多少認識的或不認識的、記得的或不記得的菩薩們，在生命的每一個轉角處爲我伸出手，拉拔、呵護、救渡，就像等待我三年，再度寄出這幾本口袋書的菩薩們，也像是寫這幾本書的菩薩一樣！於是恭恭敬敬地從第一頁開始認眞研讀，一讀之下就像發現新大陸一樣；天啊！怎麼有人可以把佛法說得這麼條理清楚、這麼體系分明、這麼具體親切，而且絲絲入扣、毫無破綻！

記得那個清晨是在一邊閱讀一邊欣喜感動中哭掉一包衛生紙，很快地書看完了，馬上依據書籍摺頁上所列書目，上博客來把這位「導師」的書買齊；

書末見有結緣書，也寄上回郵索取。後來有菩薩一大包地親自拿到住處託警衛轉交，就這樣，手上同時閱讀好幾本著作，可謂夜以繼日難以釋卷，好一個「痛快」了得！！如此兩個禮拜後心得決定：這應該是正法！寫一封卡片向寄書的菩薩懺悔自己三年前的慢心與有眼無珠，然後就報了十月的禪淨班。這一世的主場才眞正開演，原來之前都只是暖場與過場啊！

禪淨班的親教師是郭正益老師，郭老師剛開始好整以暇慢慢說因果故事，自己卻有些急躁，心裡希望老師趕快說勝妙法，不免起了小煩惱；幾天後因爲讀到郭老師見道報告，被郭老師沛然莫之能禦的菩薩心性狂潮給淹沒與降伏，一連四天均處在無功用行地對眾生起悲心想中，直至向郭老師懺悔前日心行已方止。不久第一次參加會內大悲懺，法會伊始，才開始恭誦「南無大悲觀世音菩薩」聖號，眼淚就又潸潸狂流，因爲環顧身旁的這些菩薩眾們，心中很確定：原來這些菩薩都是我的菩提道侶啊！

在郭老師的課堂內總是有太多的觸發讓自己眼淚縱橫。一次講到戒殺的主題，老師放映了幾張人類殺戮照片：從高空照下一大片紛紅色被剝皮的海豹屍體，日本某一個因爲捕捉海豚或鯊魚而被鮮血染紅的海域，廣角鏡頭捕捉到一大片陳列高吊鮪魚屍體的市場，南美某國家某觀光區以劊子手隨機現場宰殺牛圈裡活生生牛隻作爲表演的照片，旁觀的則是高舉相機興味盎然的觀光客……；因遺忘而深埋於識田中的悲愴油然而起，在生死輪轉的暗夜中，自己是否曾經幾度曾爲那刀俎下的被宰殺者？更令人悚然而慄的是，自己是否也曾是那高舉尖刀的殺戮者？或者是那旁觀見殺的讚嘆者？輪迴之苦是如此令人戰慄與無解，如果沒有佛法的明燈指路，眞是解脫無期啊！

然後很快地，自然就決定星期二來聽 導師的《法華經》了。講經一開始，忍著想趕快看到 導師眞面目的衝動，跟著大家低首恭迎 導師上座，然後終於抬起頭，看到 導師在螢幕上的法相；啊！是多麼親切的一位菩薩啊！心中一陣暖意。導師正好講到小乘法只是 世尊爲救眾生出邪見稠林，又慮眾生心志怯懦、常生倦意而施設的化城……；心中晃地明亮，一切好像都懂了；在涔涔淚滴中，終因迷路很久乍聞歸家訊息而喜極、而篤定、而安住！

㈢次法熏習：

在講堂裡有看不完的書，導師寫書的速度永遠快過學員看書的速度。導師的書像是有一種魔力，隨著 導師思路的魔法棒一點，原本淆訛混沌不清的法義就條分縷析地呈現；特別是法義辨正及《公案拈提》的書籍，除了見證 導師證量的深廣外，更是處處彰顯 導師的老婆悲心；那諄諄演述、娓娓道來的菩薩苦心，三年前還被眼拙慢心的自己視爲囉嗦，如今除了 佛前再三懺悔外，把握每一分、每一秒時光，拜讀 導師一本本的著作：三乘菩提、八識體性、如來藏法義、修道次第、正確禪法等知見於焉漸漸建立。

在禪淨班裡更受用的是功夫的鍛鍊，如果沒有定力的鍛鍊，光有知見，其實只是乾慧，中看不中用。前三個月很用功地拜佛，很快地就得到一個好果報，那就是重業輕受，從雙腳腳踝往上經過鼠蹊一直到前胸後背最後到頸項爲止，全身蕁痲疹發作，因癢極而搔抓致破皮流血發痛，歇息片刻又更癢難耐，再度惡性循環，直至雙腳水腫無法行走住院等；前後一年左右無法拜佛，這段時間只能在病況趨緩時於走路中憶佛，倒也養成走路多能憶佛的習慣。等到一年後病去十之八九，開始心得決定拜佛了。一段時間後每天拜佛兩個小時，約持續一年多；後因義工執事多了，每天大概只能拜一個小時或有時無法拜佛，但拜佛憶佛的功德力很快地得到受用，發覺自己攀緣心漸淡，在忙碌工作中隨時可以把心收攝回來；對於後來親教師教導如何觀行、修除性障的部分，也特別能使上力。導師施設的這個無相念佛法門眞是殊勝啊！

隨著正確三乘菩提知見的具足，漸知佛教界中果然混充著各式各類外道的邪見，而其中影響最深遠的就是喇嘛教具足斷常二見應成派中觀邪見，及無上瑜伽男女雙修法的毒害；因於不忍聖教衰與救護眾生出離邪見的一股眞心，開始擔任義工在街頭發破密文宣；在透過一張張文宣與眾生心眼相觸的剎那間，逐漸體得攝受眾生就是攝受佛土的道理；或者在街頭碰到冷漠拒絕、拂袖而去的眾生時，觀行自己心行及提醒自己：念念中勿退失菩提心。也更感念多劫來無量的佛菩薩對自己不棄捨永遠護念的恩德，如今踏上佛菩提道，只是回報諸佛菩薩的大恩，只是回報眾生恩啊！

性障修除更是進入正覺後直接受用的功德，過去學佛過程中往往眼高手低，那是因爲除了定力修證善巧與否外，佛門中我見斷除的法義從來未被正確地宣說過，而今依於正確解脫道修證理趣及親教師身口意教化熏習，及受持菩薩戒後學戒、懺悔、發願、迴向的心地法門洗禮，心量逐漸開闊，心性也有少分清淨，就這樣依於講堂施設的修道次第，一步步邁向成佛之道。

很快地終於具備報名禪三的資格了，勇敢地決定報名禪三；立菩提志是初學菩薩的本分，而至於時程與結局，一切就交給佛菩薩安排了。

三、驀然回首，那人卻在燈火闌珊處

（一）求願：

第一次拿到禪三報名表，很快地填好其他的項目，但於求願的項目卻擱置了下來，因爲茲事體大、不可造次，必須殷重地確認自己的心態。禪淨班熏習下來，確定了一件事：自己明明與念佛法門相契，對於彌陀淨土嚮慕不已，何以自己滯留娑婆？自己並非五逆十惡，也非謗菩薩藏的一闡提啊！在聽到本師　釋迦牟尼佛異於諸佛因地願力——願意在娑婆世界成佛、廣度群萌！聽聞到　世尊因地在火車地獄中爲憐憫受苦同伴時發出救護眾生得安樂的初發心時，怦然悸動的心知道了答案，是自己往世曾發願要留在娑婆。與正覺眾菩薩豈是偶然相會？大家必然隨著　導師早就一起發過願：世尊末法時護持正法的志業，捨我其誰！於是堅定志願：爲成佛、爲攝受眾生、爲常住娑婆隨　平實菩薩護持正法、興復正法而求明心！

(二)禪三參究：

第一次禪三，在起三法會中，大家甫一開始就哭成淚人兒，那是亙古以來不斷等待再與靈山盛會重逢的心聲的流露吧！也是發自深心懺悔的表現。之後 導師大殺我見……；晚間普說也是刀光劍影……，導師插著腰，指著銀幕說：「法不在那裡啦！」良久，導師又說：「其實法就在那裡啦！」稀看出一點吉光片羽，心中疑著？！夜間一夜難眠。

次晨過堂，見識到何謂東山禪的過堂禪風，導師草草用畢，就開始入泥入水、鬼頭神臉逼拶起來，一片驚心動魄，可得用心……；導師引用公案，拿著一粒花生，高舉著手問道：「不拋撒，一切萬法都從這一粒來！」啊！果然沒錯！這下覷著可眞了！然後上午與 主三和尚小參，頂禮和尚後，心中一片興奮，因爲與 導師這麼接近！導師親切地問：「有甚麼領會？」回答：「有！」導師要我說看看，看著 導師，慧光不覺半減，仍鼓起勇氣答道：「昨晚普說說到發足處，騰躍魚的俊哉處，都在說同一個公案。」導師再問：「那甚麼是如來藏？」○○○○告訴導師：「這就是！」導師要求○○○○說明，在這裡卻一直被 導師慧劍光芒掩映，張不開眼；最後 導師施設一個題目去參究，就暈暈然出了小參室。

然後就是開始黑天暗地參究，明明已經確定了，為什麼回答不出來？中間把握機會就到　佛前求願，到　韋陀菩薩、克勤祖師像前頂禮求加持。第三天、第四天進了監香老師小參室，又是被逼到萬仞牆角邊，監香老師說：「為什麼不能一句話回答出來？要反省是不是知見、定力、福德問題，或該發的願未發，或該懺悔的未懺悔？」出了小參室，頓時沮喪，哪裡出問題呢？啊！難道是以前曾退還過　導師的書？雖然已在　佛前懺過，仍然成障！好！有機會可得向　導師再懺一次。

第一次就在如此憾恨下鎩羽而歸，然而心中感恩難已，有多少菩薩尚無機會上山，自己可與如此善知識共住祖師堂，這麼多明心菩薩、老師在護持著，眞是損福不少！期勉自己應更精進、更護持正法方得回報。

然後第二次禪三法鼓再擂，重披鎧甲再參，與　導師小參，導師仍說答案太間接，眞妄不分。原來現在落在眞妄不分的情形下。過堂時、普說時明明都清楚，為何心中還會忐忑？早上經行時有體會，在響亮的香板聲中，慢走、快走、跑步、起步……停！啊！是○○○○，是○○○……可是監香老師○○○○說：「這是甚麼？」答：「如來藏！」監香老師再問：「這也可以說是○○及○○，那如來藏在哪裡？」又是死胡同！回到座位又開始洗盤子參究，中間走錯了路頭，被監香老師棒喝回來，又是黑天暗地的日子。後來到了第四天開始有菩薩似乎破參了，心裡好為他們高興，那種心情只有同參者才能體會；啊！不可以打妄想。解三最後一次過堂，在監香老師宣布解除禁語後，大家才看清旁邊左右菩薩的臉，在互相祝福與互勉下期待下次相會。

第三次打禪三，終於有了小突破，也清楚知道甚麼是眞妄不分；這次可分清楚了，監香老師不斷在這個節點勘驗，要確定你不含糊、不閃爍，然後監香老師開始出題。這次心安了大半，認眞整理好幾題，也過了關，可惜最後一題整理好時已來不及再小參，就包起來等候下一次了。

最後一次禪三機會又翩然到來，這次心中篤定，主三和尚勘驗也算合格，接下來的考驗就順利過關了。最後的喝水、中庭體驗，和尚的開示，眞是大快人心，眞是開我眼界。最後 和尚囑咐到 佛前禮佛，到 韋陀菩薩、祖師菩薩前禮謝，心中記起自己要隨 導師在 世尊末法時期常住娑婆興復正法的大願，記起要紹隆佛祖志業，要信得徹底，當下把得住、深入閫奧、堪成種草，眼眶又濕了。

(三)騎牛歸塵：

就這樣死了五陰邪見，又活回來地下山了；回到家，家人等著；禮完佛後，頂禮父親，宣布自己破參明心的消息；家人都是正覺菩薩，自然一片歡喜，互相勉勵下，各自休息去！

在疲極卻又興奮中恍惚睡著，第二日清晨四點自然轉醒，起來作務、用齋，突然般若智慧開始流注，有一些經典中法義、公案中一些關節點，陸續浮出來，竟然是這麼親切與明白；許多法義不斷被反芻出來：「三德六味供佛及僧」，「爐香乍爇、法界蒙熏」……，果然「誠意方殷，諸佛現全身」！以前記得一句：「初見法性如瀑流，中如河水緩緩流。」此刻終於識得前半句的滋味，走路坐臥……，果然法味無窮！

走在路上，看著迎面而來的人群，覺得他們都不陌生，好像與他們都有某一種緣在；特別是捷運車廂一打開，乘客蜂擁而出互相照面當下，更是有一種熟悉感；這些都是無始劫來互為父母眷屬的有情啊！要怎麼樣讓這些有情有緣認取他們自己的尊貴與奧密啊？想起 導師〈菩薩底憂鬱〉詞句，幾分了然菩薩的心情了。因於明心的智慧功德力，發覺自己的定力突然增上，於五欲上也體得幾分解脫分，眞是感恩 佛、菩薩、感恩 導師、感恩親教師、感恩父母……

回到班級裡頂禮郭老師，明白郭老師的慈悲，也更明白郭老師一直在發起菩薩性及修除性障上著墨的用心，今後自我惕勵：勿得少爲足。大事已明，如喪考妣；尚有普賢行與大悲願的菩薩道要履踐，還有無盡的智慧要修學。少年時的困惑終於得到答案：原來我是菩薩。再活一次是自己的承諾，因爲我要成佛，要攝受一切眾生。這個承諾，廣大如法界，究竟如虛空，盡未來際一切劫數無有休息！

四、爲償多劫願，浩蕩赴前程

如同「微妙甚深無上法，百千萬劫難値遇；我今見聞得證悟，願解如來究竟義」這首偈語所揭示：如來確實是眞語者、實語者、如語者、不異語者、不誑語者。導師所開示的如來藏法義及佛法修證方法誠不我欺，佛陀如來密藏爲大心菩薩而宣說，成佛之道爲信受佛語者而展開。末學慶幸多世累積供養三寶福德因緣，這世方能值遇善知識而得以明心；願將一切功德迴向與 平實菩薩摩訶薩及正覺海會菩薩們共同興復正法，讓正法住世再萬年！

南無本師 釋迦牟尼佛！

弟子 張月英 叩首敬上

2014/11/10

敬呈　平實導師

見道報告

李立

一、學佛因緣及過程

（一）死亡陰影：

在記憶中最早的一件事，發生在三歲時，在新竹鄉下的荷花池塘邊，見到荷花那麼美麗，想要摘下來送給媽媽；人小手短，一心想摘花，反而一頭栽進荷花池裡。怎麼被救上來，已不記得，但是那分驚恐卻一直縈繞於心。

這種與死亡擦身而過的經驗不只發生一次，另一次是搬到台北市三張犁後，小學一、二年級時在瑠公圳洗腳，竟然掉入河中；不會游泳的我，驚慌得嗆了好幾口水；幸好鄰居方媽媽在河邊洗衣服，見狀連忙把我救起來。第三次是小學三、四年級，和同學去爬山，從山上摔下來，也是幸好摔到山邊人家養雞鴨的後院泥土地上。

小時候的個人經驗，再加上曾經見過鄰居孩子在河裡游泳而淹死，也依然記得他媽媽的悲切哭聲，所以對於死亡的恐怖印象深藏於心。

弟子並不是個聰明孩子，但是喜歡看書，小學畢業的暑假看完了《紅樓夢》，更是覺得世事滄桑，到底我們爲何而生於此？死後又往哪裡去？人來世間走一遭的意義是什麼？這些問題時時困擾著我。

父母忙著爲生活打拼，也無暇顧及子女的困惑。因此十二歲不到的我就去三張犁天主堂請教神父這些疑問。當時會去天主堂，因爲小時候總是到天主堂領奶粉，總覺得神父修女都是很慈悲的人，他們會有耐心回答問題。一位中國籍的齊神父是怎樣回答，已不記得；不過齊神父後來爲我在星期六下午「講道理」，從神造世人講起，講了一、兩年；其間雖然有些疑問，神父總是說：「等妳大了就明白。」或是說：「天父的旨意我們只要相信就好。」雖然不令人滿意，但是正值初中博物課，提到達爾文的進化論，弟子覺得與其相信人類是猿猴變來的，還不如相信人是神造的好。雖然帶著一些疑惑，但是望彌撒的神聖氣氛，可以讓人感到安定及寧靜。

就這樣一直安住在天主堂，到大學、留學、上班，似乎已安於這樣的日子。等結婚生子再回到台灣工作並定居下來，某一個晚上睡到半夜，被死亡的恐懼驚醒後，睜眼到天亮，不敢再入睡。這個現象的發生，似乎提醒了自己，原來自己始終未曾找到生死問題的解答。

(二) 從天主教走入佛教：

後來就開始從哲學中找答案，看西洋哲學，並不相應；再看中國哲學，當看到《中國哲學史話》這本書中的禪宗思想，覺得非常契入，非常親切，於我心有戚戚焉。但是佛教對我來說，完全是陌生的，僅知道禪宗是佛教的一支，也不知哪裡有道場。決定先開始讀些佛教有關的書籍。那時舉凡林清玄的書、南懷瑾的書幾乎都讀遍了，雖然當時也是讀得滿心歡喜，但是對「禪」還是霧中看花一般。

此時剛好有鄰居邀請一起去「佛乘宗大緣精舍」聽一位師兄講解《心經》，當時覺得這位師兄講得很不錯。連續三個晚上《心經》講完後，剛好有初級佛學班開課，那時很單純以為佛教都一樣，而且從頭瞭解佛教也不錯，就很歡喜地報名參加了。開始上課沒多久，就有些當時覺得不可思議的現象發生，譬如：聞到檀香、看到佛光……等，以為這就是一種示現：這個道場是可以讓我找到解答的修行道場。非常認眞學習，每天早上都打坐二個小時。從初級、中級、高級修學到心法班，後來還成爲講師。幸好那時都講些人天善法，沒有任何謗法的言語；知道人有八識，第八識含藏一切種子，但是不知道第八識就是要證悟的標的。

其間弟子也有好幾次「靈魂出體」的經驗，都發生在剛躺下似睡非睡的時候，覺得身體快速旋轉，然後自己就飛出去了；當第一次發生時很害怕，不知發生什麼事情，心中一直唸著佛號；等飛出去之後，第一個念頭是：原來死亡沒什麼好怕的！第二個念頭是：沒了身體束縛，好自由！在出體階段，看到大如車輪的蓮花，也看到前世修苦行的自己。這個經驗讓弟子消除了對死亡的恐懼。當時愚昧無知，對學佛這件事，就會以自己的經驗來解釋，誤以爲天主教所講的「靈魂永生」，在佛教中找到了印證；並且誤認爲打坐就是修禪，把禪定的境界、一些小神通能用當作是修行的成就。

(三)　尋尋覓覓：

雖然佛乘宗大緣精舍是弟子今生的佛學啓蒙處，但是後來他們發生一些不如法的事情，弟子心中起了疑惑，也起了煩惱，學佛不再是件快樂的事。

雖然在這裡所修的「動禪」，確實是讓身體比較健康；但是「靜禪」就是打坐，每個人都希求定中的輕安與境界，如果遇到事件的發生，這些輕安與境界完全派不上用場！再回顧幾年來所學「心法」，也都是人天善法，似乎和「禪」了不相干。而自己經歷的「靈魂出體」，到底靈魂是什麼？是大緣精舍的師兄所謂的「相似法身」嗎？「法身」又是什麼？神通能用是修行之目的嗎？太多疑問無法解答，對於生命實相還是一無所知。幾經掙扎，還是離開了。

因緣際會遇到一些也是從大緣精舍離開的師兄姊，我們每個週末會一起共修。此外，弟子還是到處參訪、學習，希望能找到眞正的道路。這段時間去參加葛印卡的內觀禪，去參加隆波通的動中禪，還去了緬甸瑪哈西的道場，似乎都沒有找到可以安身立命之處。在《前世今生》這本書風行時，甚至去學了催眠；並且去學習「光的課程」；也買了奧修、賽斯、克里希那穆提等人的書來研讀，認眞地照著賽斯理論—內在感官的延伸—去練習；確實有些現象可打破既有觀念的框架，但畢竟還是侷限於現象界中，在這些事相中打轉而已。那麼這些現象產生的源頭又是什麼？生命的實相又是什麼？似乎也沒有善知識可來解除我的困惑。

這段期間弟子也把自己所學的整合起來，義務幫助一些身心出了問題的人；看到這些人的苦，心中一直有個願望，希望未來能夠幫助更多的人離苦得樂，但是自己沒有開悟，如何能幫助別人？在長久尋覓的困頓中，弟子起了這樣的念頭：如果能夠把自己碎爲微塵、而每一個微塵能幫助一個眾生開悟、我願意這樣作。現在知道這只是空願罷了，但當時的發心很眞切，或許佛菩薩覺得孺子可教，因此安排了弟子遇見正法的因緣。

二、進入正覺同修會

（一）邁向正覺：

自從圓山動物園遷至木柵後，幾乎未曾來過圓山。二〇〇七年夏天，有天到圓山爬山，經過正覺師兄姊所擺的書攤，一眼就看到《眞假開悟》這本書；心中一動，就請了回去。還記得當時那位師兄說了一句：妳的眼力不錯。回家迫不及待地打開，連續幾天把《眞假開悟》看完，眞是有如醍醐灌頂，原來自己的落處不就是想要把意識心修成眞心嗎？以爲要一念不生的打坐才是修行？平實導師的書一棒把我打醒了，自己眞的是眞妄不分。那麼，眞心何在？這不就是弟子尋尋覓覓要找的嗎？看到書中所夾的開課公告傳單，當下就決定十月開新班時，一定要來上課。

弟子在等待開課的期間就分別作了兩個夢，一個是夢到被邪教追殺，弟子跑到山崖邊已經無路可逃，心中想：罷了！就縱身跳下。另一個夢是聽到有人喊：「薩迦！」弟子不知何意？後來進入正覺之後，看到 導師書中所寫在西藏被達賴五世聯合薩迦派追殺之事，弟子才把兩個夢連起來，原來自己能値遇正法絕非偶然。又回想起爲什麼看《大唐西域記》時，會淚流滿面？去瞻仰佛骨舍利時，禮拜下去會突然嚎啕大哭，心裡還在想：「怎麼回事？怎麼回事？」卻完全止不住那種彷彿從心底出來的嚎聲！

（二） 禪淨班：

既然決定來上課，弟子就已決定拋掉所有以前的知見及修法，重新學習。我們的親教師余正偉老師，眞是望之儼然、即之也溫，前三次進小參室，也不知爲什麼一開口就淚如雨下，余老師都會說：「沒關係！沒關係！這是常有的事！慢慢說！」

二年半的課程從無相念佛、無相拜佛開始，到六度波羅蜜，再講五陰十八界，然後如何觀行；老師交代的功課，弟子一定聽從，也逐漸瞭解「三界唯心、萬法唯識」的眞義。從聞所未聞的內相分、觀行等妙法中，有了「原來如是」的法喜！

同時在二〇〇七年夏天，就在弟子等待開課時，旅居在美國的父親生病；雖然已九十歲高齡，沒得膀胱癌之前，耳聰目明，身體非常健康。母親八十多歲，也是一樣健康。可是一場手術下來，就需要有人照顧了。我們兄妹三人加上配偶，就輪流去照顧兩位老人家。從父親生病到十二月往生，弟子才剛剛開始修學正法，面對生病臥床的父親，只能握住他的手跟他說：「**爸爸放心！**」而已。

父親沒有宗教信仰，一生作育英才，從未作過什麼壞事，可是面對死亡，依然流露出他深深的恐懼。這個因緣讓弟子深深感受到眾生無明之可憫！安頓好父親的後事，再幫母親整理打包，把她接來與我同住。父親往生讓母親有了嚴重的憂鬱症，弟子雖然想要開始積極投入義工的行列，希望能夠把正法的種子播種到有緣眾生的八識心田，但是顧慮到母親的狀況，就先投入《狂密與眞密》翻譯的工作。後來母親情況改善，弟子才開始加入推廣組的義工，外出發破密文宣及口袋書。

另外也覺得自己所知有限，開啓的智慧也有限，如何能幫助眾生呢？因此把導師的書，一本接一本研讀，希望自己的正知正見早些具備，才能在需要時開得了口。閱讀時，弟子常常沈浸在書本的妙法之中，歡喜得不忍釋手！而且又往往被書中 導師的再三解說感動得熱淚盈眶，世上眞有如此菩薩，不僅有菩薩心腸希望眾生了悟眞實之法，更是有千叮嚀、萬交代的老婆心切啊！

弟子剛開始聽星期二 導師的講經時，只是少分聽得明白；到了受菩薩戒之後，竟然多分明白。把這事跟余老師小參，余老師說菩薩戒的功德不可思議！弟子百分之百信受！隨著 導師的書讀得越多，越是清楚佛法的脈絡，現在每回聽經都有法樂無窮之感！

(三) 進階班：

升到進階班，在親教師張正圜老師座下修習，第一次上課，也是熱淚盈眶！彷佛見到親人一般！

弟子的大女兒不巧也在這段時間生病，為人母親的我總是焦慮而放心不下，張老師非常慈悲地教導弟子一些方便善巧，譬如誦念《地藏經》等；弟子總共誦一百零八遍《地藏經》，雖然覺得女兒已經脫離谷底而開始好轉，但面對一些她的狀況，心情還是會隨之起伏，這就是對「我所」難以降伏的執著。

由於張老師在進階班的講授內容更深細，因此在花了一年時間整理筆記之後，配合張老師的功課作觀行。弟子從五蘊十八界觀行，了知五蘊身心虛妄，比量而知女兒她的五蘊身亦是虛妄；再觀有情眾生從生到死，皆是在如來藏的功德中；沒有如來藏，眾生根本不會出生也無法生活於世。女兒是她自己的如來藏所生，而且三界萬法皆是如來藏直接間接出生的；她為什麼會生病，必然是過去生有此宿因，既然她的如來藏從來不會錯失任何一絲一毫的因果業報，這一切自有她的因緣。如是因果的甚深道理，目前非弟子能知，也不是弟子所能干預，也非弟子能控制；明白此理，自然就會放下期待，放下她是「我的女兒」的「我所」執著。弟子只需扮演好母親的角色，來圓滿此生的緣分；弟子唯一可作是誠心祈求諸佛菩薩的加被，讓她可以在此生或未來生能值遇善知識、修學佛法，才能眞正離苦得樂。後來弟子的母親和兩個女兒都來正覺禪淨班學習了一段時間，雖然沒能繼續完成兩年半的修習，但也種下正法的種子，未來一定會有成熟的時候。感恩佛菩薩的加被，女兒的病現已痊癒。

每次出勤去發破密文宣、開課公告或口袋書，或是在書市接引有緣眾生，弟子都把這些有緣接受的眾生，當作末學的前世父母或子女，祈願他們生生世世遠離邪教導，正法的菩提種子能異時而熟！

張老師一直教導我們：菩薩是要經過學習才知道如何成爲一個菩薩。因此弟子的義工執事從發破密文宣、書市、到媒體組，一直都在學習其他菩薩們的勇猛精進，言行舉止的柔軟，以及度眾的方便善巧；見賢思齊，獲益匪淺，說起來自己才是獲益最大的人！發文宣品時，弟子從開始不敢說話，到挨罵時還能鞠躬微笑說謝謝，心中沒有一點起伏，遇到有質疑時也能說上一段道理。記得有一次在淡水發文宣，有一位女士很生氣的質疑：「爲什麼要罵達賴喇嘛？」弟子很委婉的解釋：「我們不是批評達賴喇嘛，我們只是說明密宗的雙身修法是錯誤的，……。」等弟子說完，她的臉色已緩，說：「原來你們是在救護眾生！」這也是從翻譯《狂密與眞密》所獲得的正知正見，弟子不僅買了全部四輯《狂密與眞密》，也買了宗喀巴的《密宗道次第廣論》來看，後來參加媒體組的行列，我們拜訪的對象看到宗喀巴所寫內容，幾乎每個人都覺得密宗荒唐得離譜！

張老師一直是弟子的楷模，她的身教言教讓弟子瞭解菩薩該具備的心性、知見、福德，她的慈悲攝受讓弟子逐漸走上見道的路途。

三、見道過程

不論是余老師或張老師都會勸請學生踴躍報名禪三；學習完兩年半的禪淨班，受過菩薩戒，就可以報名禪三。弟子每次都會去報名，並不是認為自己「合格」，而是報名了禪三，就會有督促的力量，讓自己用功。雖然一開始就知道機會不大，但是接到「遺珠之憾」的未錄取通知，心中還是悵然。每次禪三後，老師都會邀請破參的菩薩來班上心得分享，從這些菩薩們的心得中總是會有可學習之處，看看自己尚未具足的部分，努力去補足。但是屢試屢不中，還是有些氣餒，後來想到一定有什麼不足、自己察覺不到，就去請教張老師；張老師的指示，弟子全然接受並且去作，每天拜佛作功夫、懺悔、發願、迴向，同時繼續作觀行，也把觀行報告呈給張老師過目，以免知見有誤，也積極培植福德。

（二）第一次禪三：

二○一三年四月終於等到了第一次的禪三錄取通知，那已是第六次報名了，自認爲準備充分地去到祖師堂。第一次和 導師小參，導師說：「說說看如來藏在哪裡？」弟子說了許多觀行時的心得，導師說：「這些書上都有。」弟子就愣住了，心中想著確實是自己觀行的心得；甚至有次…………，只有如來藏才是○○與○○之間的橋樑。可是如來藏無形無色，要怎麼說呢？只好報告 導師說：「如來藏遍一切處啊！」導師很慈悲地說：「妳說的都沒有錯，但是這樣說太廣泛、太籠統了，再去參究。」

好不容易等到第一次和監香老師的小參，正是禪淨班的親教師余老師；余老師鐵面無私，當頭就一劍砍下，指出弟子的慢心太重，要去佛前懺悔。弟子雖然不很明白，但是對老師絕對信受，就去佛前懺悔得痛哭流涕；回到座位，想自己從小到大都是老師眼中的好學生、父母眼中的好女兒、同事眼中的好同事，一向被人稱讚溫良恭儉讓，是不是因爲這樣就認爲自己很不錯？對於不如理、不如法的事會在心裡嘀咕，是不是也是慢心？就一直在座位上思過。第二次是和監香老師陸老師小參，面對陸老師心情就放鬆多了，但也無法〇〇〇來說「如來藏是什麼？」

有一天晚上就寢後聽到隔床的菩薩打呼，似乎有了體悟；剛好是和陸老師小參，報告了這個體悟，陸老師說：「**那是別人的啊！**」弟子回答：「**比量而知自己的也是。**」陸老師說：「**妳〇〇〇〇〇〇說如來藏是什麼？**」但是弟子實在愚鈍，就是不知該如何說！

這次禪三雖然被砍，但是弟子眞心感激余老師，讓弟子修除性障有了方向，也感激導師讓弟子對參禪有了方向。參禪完全不是思惟中事！

從禪三回家的第一件事情就是向全家人懺悔，並且請家人告知弟子須要改進之處；也誠懇地請張老師告訴我、從她的觀察弟子須要改進之處。弟子就向張老師稟告：「**給弟子一年時間去修除性障。**」同時，弟子也請其他菩薩告知他們對我的觀察，弟子全部接納改進。

在這一年中每天拜佛懺悔，對於每個不如理作意的念頭生起時，就會對自己說：「自責其心、永不復作。」為了讓自己能看到每個念頭的生起，弟子從加強拜佛的定力著手。直到年底被一輛車撞到，只有被撞的境界受，沒有一絲情緒，反而對同事說：「感謝佛菩薩慈悲、讓弟子重罪輕報。」這個事件讓弟子深刻感受到定力的增長眞的可以降伏煩惱及性障，雖然習氣種子還在，但是在歷緣對境時可以回熏清淨的種子。因此向張老師報告，才再度報名禪三。

（二）第二次禪三：

二〇一四年四月蒙佛、菩薩加持及 導師的慈悲再度錄取第二次的禪三。這次去禪三之前，看 導師寫的《宗門正眼》，已經看懂了部分公案其中的弦外之音，所以心裡比較踏實。手呈口說就是這個，導師再問：「〇〇〇〇如來藏是什麼？」答：「樹葉兩三片。」導師問為什麼？弟子說明之後，再加上一句：「這些都〇〇〇〇的。」導師說了一句：「哪裡！都是〇〇的。」當時太遲鈍，沒有意會到 導師的機鋒。導師還是很慈悲給了入處：「弄清楚……的關係，知道〇〇是什麼，就能回答如來藏是什麼？」

回到座位參究，再和監香老師小參，〇〇〇〇〇都回答得出來，但還是回答不出如來藏是什麼？說是○○○主體，監香老師不認可。過堂及普說時明明聽得出弦外之音，為什麼答不出如來藏是什麼？眞是參究得天昏地暗！

禪三解三後回到家中，很累，很快就入睡了。沒想到第二天醒來從床上坐起來，突然會了！原來就是這個○○○○！趕緊到佛前禮敬 佛及 平實導師和正覺教團的親教師們，激動得淚流滿面！

退休後幾乎每天翻譯四、五小時，只要有其他菩薩問可不可以參加他們的義工執事，我都說好。就是張老師說的：「**有機會培植福德就說好，作的時候多學習、多看、多聽、少說。**」

（三） 第三次禪三：

二○一四年十月蒙 佛、菩薩加持及 導師的慈悲，再度錄取第三次的禪三。導師的證量不可思議，小參時弟子還沒報告，導師就問：「**這次果子熟了吧！**」眞心誠意感恩 導師，要不是 導師給了入處，要自己參究出來太難了！回答 導師問題時還是很緊張，講了太多細節，導師很慈悲地說：「**就說如來藏是○○○○就好了。**」給了另外一題要弟子整理，並且說第一題還是要經過兩位監香老師再次驗證，都通過了，再排小參回答所整理的題目。

終於兩位監香老師都通過了，已經是第四天了，本來以為參究出來，這次應該會順利過關；可是看起來不可能都小參完所有的題目，弟子性急的習氣種子又現行了，跟監香老師小參時請求可否把題目一次考完，監香老師很慈悲地安慰我說：「以妳的知見下次再來一次就會過關了，多一次和導師相處的機會不好嗎？」

是啊！能夠和菩薩共處，多麼難得的機會！每次的過堂及普說都是令人法喜充滿！弟子就安心等待下次的禪三。每天弟子都在佛前懺悔並發願：要跟隨 平實導師，破邪顯正，弘揚正法，讓正法能在大陸復興，並推廣到全世界；此生盡心盡力護持正法，未來生生世世行菩提道永不退轉！有一天晚上睡覺作了一個夢，看到張老師還有張董事長也在，導師對我開示了什麼；然後我跪下去禮拜，導師就摸我的頭加持；瞬間全身清涼寂靜，我感動得哭起來，然後就哭醒了。

(四) 第四次禪三：

二〇一五年四月的禪三錄取通知接到後跟張老師報告，竟然淚流滿面。

小參時 導師說：「這次可以過關了吧！」彷彿吃了定心丸！導師再重複

問一次前次的問題，然後給了整理的題目。很高興又看到陸老師監香，和陸老師小參時頭腦特別清晰、心情也比較輕鬆。這次和兩位監香老師的小參都很順利，終於陸老師說沒問題了。然後就等著和　導師小參，其間在位置上拜佛，拜得非常攝心，禪三道場的攝受力眞強！

這次的禪三經驗和前面幾次大大不相同，因爲要過五關之後才能登堂入室。眞正令人獲益匪淺的是入室之後，才發現　導師的智慧與慈悲無與倫比，爲了怕弟子們悟了之後退轉，而設計了題目讓弟子們思惟整理；並且在整理之前，導師還先提示得很詳細，要不是　導師提示，有許多點眞是自己想不到的；喝水也是，爲了讓弟子們能觀察得更深入，導師在喝水時提醒，喝水後又補充弟子們所忽略的部分；爲了讓弟子們明白「見分」而設計了走路的體驗；在在處處都令人感動萬分！佩服萬分！

這次最大的心得就是知恩感恩，感恩本師　釋迦牟尼佛傳下來佛菩提道，讓佛子們能夠依循前進！感恩諸佛菩薩的護念，能夠讓弟子此生仍然能回到正法的道場！感恩　平實導師傳授正法，度化有情，開闢了康莊大道讓弟子們能走得平順！感恩正覺教團所有的親教師盡心盡力弘揚正法！感恩許多菩薩發心共同成就禪三「勝」會！

知恩感恩就要報恩，報恩的最好方法就是護持正法、弘揚正法，弟子發願要跟隨 平實導師，破邪顯正、弘揚正法，讓正法能在大陸復興，並推廣到全世界，此生盡心盡力護持正法，未來生生世世擁護正法，利樂有情，菩提道上永不退轉！

一心頂禮 本師釋迦牟尼佛

一心頂禮 十方三世諸佛菩薩摩訶薩

一心頂禮 平實菩薩摩訶薩

一心頂禮 正覺教團諸菩薩摩訶薩

弟子 李立 頂禮敬呈

見道報告

易陳殿娜

一心頂禮　本師釋迦牟尼佛
一心頂禮　大慈大悲觀世音菩薩
一心頂禮　護法韋陀尊天菩薩摩訶薩
一心頂禮　克勤圓悟菩薩摩訶薩
一心頂禮　平實菩薩摩訶薩
一心頂禮　正覺諸親教師菩薩摩訶薩

年輕時，因爲喜好唱歌而加入團契，從此自稱爲「基督徒」，但移民美國後反而沒進過教會。成年移民很是辛苦，一切必須從頭開始。訂定將來要走學前教育的路，白天打工，晚上在市立大學讀書。一年後，憑著以前在教會教主日學的經驗，先是考上 YMCA 的托兒所，三個月後「中美國際雙語學校」招老師，我去應徵居然脫穎而出，從此總算安定下來。由於態度認眞而獲學校及家長的信賴，一位在領事館工作的家長介紹同修跟我交往。初次見面，我倆就有如多年的老友般契合，很快就論及婚嫁。結婚懷孕後，同修調職回臺灣，我繼續從事教職，臨盆時同修來美陪產，一句「我不想作美國人的爸爸」，聘期滿後只好「嫁他隨他」，遷回臺灣。

此後開始了每年暑假返美省親，並至以前的學校兼差帶夏令營，其間（正確時間不記得了）大姊癌症末期，她跟弟子說：「**作人好苦！**」表達將來不想回娑婆，要我每天唸〈大悲咒〉迴向給她，想要往生西方極樂世界。當時雖有一時的猶豫（要一個基督徒唸經），但心中立刻生起一念：「**任何宗教都該與人為善，若連自己的姊姊都不肯幫忙，那還信什麼教？**」當晚，三姊就帶著我結結巴巴的開始唸咒迴向。佛法的第一顆種子就這麼種下了，但大姊也在隔年的正月初五往生了。

同年十月接到母親病危的通知，趕到美國時，醫生詢問是否急救？遵照平日與母親的溝通——放棄急救，請醫院給我們一間單獨的病房，讓我們播放佛號送母親！在將近三天日夜照顧母親，眼見母親呼吸、心跳漸趨平穩，還不時發出鼾聲（好像無任何病痛的沉睡），醫生也覺得不可思議。姊姊要我回家洗個澡好好休息一下，但就在我沉睡時，耳邊有人告訴我——時間到了（與母親如來藏相應）！驟然驚醒，直奔醫院，一推開病房門就感覺母親正在往生，告知陪侍在側的姊姊及姪子，他們說：「**別亂講，醫生剛來過，說還不知會拖多久。**」我二話不說，直走到床腳掀開被子（已失溫至小腿肚）要他們看，這時大家一陣手忙腳亂，打電話通知其他家人，我反而只想跪在床邊，誦經迴向給母親（我只會唸〈大悲咒〉），四十九遍後抬頭望向母親，只覺得她老人家面色紅潤，一點都不像往生者，而且好光亮！我想大概是因為不敢哭而眼中含淚的錯覺吧。

回臺後百思不得其解，而與學佛的鄰居談及，他都能引佛經說明（《聖經》無法解釋），由此因緣開始注意周圍學佛人的言談，發現唯有講「如來藏」法的師兄，他的宗旨立得最正；與同修討論——學佛當學此法！而後講堂師兄請了一本《心經密意》送我，書上的字我都認得，但書中的意思卻無法理解；同修的國學底子較好，就請他看後再說給我聽。同修看完後只回了我一句：「**我倆都有文字障。**」當下心中起了一念：「**看不懂，就把它學懂！**」也就因此與正法結了緣。

今世能夠學佛，我得感謝幾位大恩人：

1.（陳麗娜），是她在癌末時，要我每天誦〈大悲咒〉迴向給她。

2.（孫彩雲），是她往生時的現象，喚起我往世學佛的種子。

3.（易永輝），是他堅持把我從美國帶回臺灣。

4.（高培豊），是他請了一本《心經密意》把我引進了講堂。

進入講堂成了正元老師第一屆的學生，所有的名相我都不懂，連想寫筆記也無從下手，每堂課都頻頻的點頭與周公打交道，但每星期五的課照上！眞是名符其實的「在大廟裡睡覺」，就這樣聽聽睡睡的過了快兩年，其間也不知如何跟老師小參，直到講般若時才開始漸漸清醒。同時同修邀我聽週二導師的講經，聽後雖然聽不懂但心中很歡喜。禪淨班畢業後進入游老師座下，一次上課心不在焉，開始打妄想，將游老師上課與平實導師講經作比較，此時冷氣孔的扇葉突然間掉落，不偏不倚的打在我頭上，心中驚覺護法神在教訓我！立即懺悔，並於小參時當面向游老師懺悔，請求原諒。從此安心聽課，當游老師講到《大乘起信論》書中的體、相、用時與此法相應，上課就此成爲一種享受。

也在這個時候，心中常有一種在正覺上課，像作客的感覺，但是明明正覺該是我法身慧命的家呀！爲什麼我感覺不到？是游老師給了我答案——他告訴我們要作義工！就是這樣，我才有了爲家付出的歸屬感。可是要作什麼呢？他上課時又給了建議：「**平時工作忙，可以考慮作校對的工作。**」一句話又點醒了我，積極的申請校對組，一遍遍的求 佛後終於如願加入。就這樣平日校對，假日參加打掃工作，這才不再有作客的感覺，游老師對我眞是恩重如山。

提到參加打掃工作，不得不提對我影響深重的「阿寶師姊」，每次打掃時她常老婆心切的唸叨——要帶著憶佛念！要帶著功夫打掃！當時體會不出她的用心良苦，還常嫌她煩！又聽人說掃廁所可以除性障，所以就常登記掃廁所，以躲避她的嘮叨。但掃廁所時，常帶著「我」去掃，遇到有人要上廁所，就規定只能用最外面的一間，這樣方便整理及檢查。這樣習氣深重的掃廁所，直到有一次，有人拉肚子無法忍，而最外間也有人上大號，頓時之間廁所的氣味眞的很精采！耐著性子重新打掃；剛掃好，她又來了；就這樣反反覆覆的幾次後，突然明白什麼叫作消性障，又爲什麼要在法上用功！從此掃任何地方都一樣了！我還來不及向她道謝，阿寶師姊破參進入增上班。我對她的感激藏了好多年，現在才寫在見道報告中以報阿寶師姊之恩。

二○一一年的六月二十三日晚上，同修由於承辦機場捷運的工程，壓力及勞累下不幸中風了。剛好在腦部掌管語言、邏輯思考的連結處，有八至十三公分的血管栓塞，當時語言無法表達，也無法寫字。小姑要我有心裡準備，同修可能以後就此傻了。幸好大姑曾經是耕莘醫院的護士，姑丈又是榮總派駐耕莘的醫生，所以第二天一大早就轉入單人房；接著由從北京習中醫回台的姪兒接手，每天針灸、吃中藥，全身穿戴負離子的衣物，再經過高壓氧的治療，病情終於穩定下來。這段與時間賽跑的當下，每天清晨漱洗完後就拉著同修唸《藥師經》，每唸到佛名時同修就像小孩學說話般，看著我的嘴形學、複誦，唸完後牽著同修的手迴向、發願。漸漸同修可以說話了（只是口齒不清晰），而後同修自己把發願文寫下來，一字一句的至誠心發願、求佛，這段其間同修與我共同感受到 佛的護念不可思議（同修現已恢復校對的工作）！在正覺所學法的不可思議！（當腦勝義根受損時無法運作的情形，在現實生活能實際印證。）

同修穩定後想上課，我只好陪他到講堂，蒙張老師慈悲允許弟子坐在後面等，就這樣陪了兩堂課，弟子內心不安，跟游老師小參告知並非想跨班聽課，實在情非得已，若老師覺得不妥，我就在外面等，不再進教室了。游老師慈悲，當下就要弟子轉去與同修同班上課以利照顧，第二次禪三，解三後我就轉爲張老師座下的學生。

二〇一四年的十月六日，耕莘醫院通知我得了乳腺癌第二期；同時也收到禪三錄取通知，醫生要我立即住院開刀，但告知醫生我有要事，需要等到二十二號以後（十八日至二十一日是第二梯次禪三）。知道得病內心雖難過，但深信因果！知道這是宿世的惡業，反而慶幸今生因爲受用於修學正法的功德力，此生能夠受報，好過來生再受報。週一上課前與張老師小參，她安慰弟子是有福報的人，能有禪三的功德護持。就這樣帶著想破參的心念打三，後果可想而知，當然無法通過（急於破參的心與如來藏本就不相應）；但是 導師慈悲告知：「**解三後就把乳房切去，聽從醫生的指示，把病治好下次再來。**」有了 導師的背書，心裡坦然多了。解三後第二天就住院準備開刀切除乳房，待清醒後同修告知有校稿進來，看到是 導師的「涅槃」序文，內心激動無比，第二天在病房中就開始了校對工作。

就這樣撐過開刀，一個月後開始化療，這其間弟子只有在開刀時請過一次假，化療期間每遇痛苦難忍時，即大聲呼求「觀世音菩薩救我」！也曾有過換個色身再來的念頭，但絕望時每想到 導師的叮嚀與慈愛的眼神，內心就告訴自己——我還要去禪三赴約！就這樣，每星期一下午去打營養針，晚上去上課，以法樂支撐著。在我最痛苦的第四次化療時，佛菩薩藉張老師的口說：「**覺、受，痛、苦是可以分開的兩個法。身體可以了知病痛，受苦是意識去領受，多分的領受、少分的領受是自己可以決定的。**」這個法的勝妙處就是，我可以透過觀行去印證它。太妙了！

第五次化療開始，奇妙的事發生了，每次化療後的夢魘是白血球會掉到一千左右（甚至更低），但從聽聞妙法後，雖然，化療腳底依然會起大大小小的水泡，但不再那麼痛苦；強迫自己起身作運動，並配合飲食的調理，第二個星期檢驗，上升到三千多，第三個星期，也就是化療前，居然上升到七千多近乎正常（正常是八千至一萬二千），不用再打「白血球增生針」，而且身體的不適感也沒那麼強烈了。後續的三次，也都在七千~九千之間順利過關。

痛苦難熬的八次化療終於結束了，今年一月禪三開始報名時，弟子最先不敢報名，是張老師告知，看到我拜佛時有大丈夫相，要弟子報名。收到錄取通知時弟子內心很亂，小參時問老師，這段時間，作義工沒能好好拜佛，怎麼辦？也是張老師告知：「**心不可以亂！義工照作，平靜的過生活。**」如此的慈悲攝受，弟子領受師恩平靜心情，每天拜八十八佛、看書。禪三的前兩天心中突生一念——我既然是《心經密意》度來的，那就看看此書吧！這次再看居然看懂了！闔上書後跟自己說：「**高培豐！我無負你送我此書了。**」回頭再看張老師寫的《心經》書法，不由自主地哭到不行，祂是那麼的眞實！經上所寫是如此的貼切，內心的激動無以言表，就這樣一面哭一面唸；唸得痛快！哭得痛快！旁邊的同修不敢打擾我，讓我率性地哭個痛快。

到祖師堂報到後謹記上次的教訓，時時提醒自己攝心爲戒。一遇到雜念生起，立刻告訴自己攝心，並到 佛前禮佛、懺悔、發願，藉機提醒心不可以亂！起三時至誠心的懺悔，並明確的告訴冤親債主，願把禪三的功德迴向給他們，請他們化阻力爲助力，幫助我此次順利的破參，也願把破參的大功德迴向給他們！祈求佛菩薩助他們早生善處，修習佛法，早日獲得解脫，並證菩提！並把禪三的福德供養十方三世一切諸佛，祈求佛菩提道上能有足夠的能力與智慧，幫助眾生離苦得樂！隨著拜願的感動與至誠，心中更加的平靜跟篤定，往佛菩提道的邁進是我從今生至盡未來際唯一的選擇。跟隨導師破邪顯正，弘揚如來藏法是唯一報 佛恩、導師恩及親教師恩的方法。內心激動只好再次的任由眼淚奔放，也順便洗去我滿身的污穢，重新作人！

起三後，導師照例先幫助禪子斷我見。之前聽經時 導師常說：「**聽法要用眼睛聽！**」專注的看著 導師聽，在禪三時間過得飛快，永遠都不夠用！接著放蒙山，導師告知心裡要起作意，跟冤親債主說：「**該還的自己不會賴，但要有足夠的資財才能還，還請他們化阻力為助力，讓我早日破參，把功德迴向給他們，助他們能早登善處，聽經聞法離苦得樂。**」如實的照作，此時內心更加的平靜。晚上的普說，由於上次禪三與監香何老師應對中已略有體會，所以聽來覺得有點味道；且一開始，導師闡述小參室中祖師爺的明訓時，心中已心得決定要作正法中的種草！為正法所用、為 導師所用。

第二天由於天空不作美，過堂後無法經行，這對我來說有點痛苦，因為開刀處會繃得很緊，不舒服；但也爲禪子們爭取了更多小參的時間。與 導師的小參只過了手呈一關，口述「如來藏是此身」，導師不滿意，要我再更精準些！出了小參室心裡納悶極了「如來藏不是○○○嗎？」（可是這答案不算，這是導師在書中曾經明示的），當天接下來的時間就在求佛、發願中度過，直到藥石後輪到洗碗，先是護三菩薩教我慢慢洗；當我專心洗時，冷不防，導師突然在背後要我用正常速度洗，哈！速度一變，居然有感覺了，睜大眼睛看著祂配合○○○○○，天呀！眞的是日用而不知。

第三天輪到與監香老師小參的日子，由於賈老師身體突發狀況，導師只好再度披掛上陣當監香老師，此時我起了一個不好的作意：導師監香，依他的慈悲一定有方便善巧可給予（此念頭於解三時被導師提出訓斥），沒想到 導師一絲不苟，雖過了「如來藏是○○○○○」口述，但接下來的題目「…………如來藏各是什麼」，稍有遲疑即被請出去整理，第三天就再也沒輪到小參。晚上安板後，內心一直被題目塞得難以入眠，乾脆起身至禪堂拜佛整理。經過一整晚的求佛、發願、整理，身體雖然疲憊不堪，但精神上確是更加的篤定！

第四天，天氣終於放晴了，過堂後經行，隨著監香老師的口令，看著○○○○忽快忽慢的走著；到後來，乾脆看著○○○○○○○，很奇妙的感覺，內心異常的平靜、舒暢。回到禪堂，很快的就輪到我小參，這次篤定的回答「○○是○、○○是○○、如來藏是○○○○」。

妄心與如來藏的不同處是：

1．只○○○○○，祂無法○○○○；而如來藏祂○○○○。

2．祂於五位時斷滅，而如來藏祂恆時不滅。

3．心是被生的法，而如來藏祂有○○○○○○○而生萬法。

4．祂是第三能變識，而如來藏是第一能變識，後法不能生前法。

5．祂可了知執受，而如來藏祂則有不可知執受。

第一題通過了監香陸老師，再由賈老師印證。當賈老師簽下 ok 時，隨即給了我第二題的題目「爲什麼如來藏○○○○？」

答：…………，進而出生萬法。

接著是：…………等。

可以感覺到後面的題目，是在反覆的要我們確實了解如來藏的體性，也是在幫助我們作更深沉的思惟、整理；就連現在作的見道報告也是異曲同工，導師您用心良苦了。

此次破參來不及喝水及走路的體驗，是美中不足的地方；但 導師安慰我們，要我們報護三再來體驗，能再次的上禪三與善知識共住，是何等的幸福。心中充滿了感激！謝謝佛菩薩的護念！謝謝 導師、親教師的諄諄教誨！謝謝糾察老師、護三諸菩薩的辛苦護持！弟子在佛前所發的願，於解三後一定不敢忘！從今生起，努力追隨 平實導師的腳步，摧邪顯正、分擔 導師肩上的如來家業。破參只是一個階段的開始，放眼望去一望無際的漫長菩薩道才正要開展！期許自己加緊腳步，抓緊 導師的衣角，緊緊跟隨。

弟子 易陳殿娜 恭敬 頂禮敬呈

公元二〇一五年四月

弟子 鄭宗熙 頂禮

壹、學佛因緣及過程

◎因迷信大禪師而開始修學佛法

從事營建業多年，常見業主在開市、動土、上梁、竣工等重要時間點上，特別請來所信賴的法師或通靈異士來主持儀式，藉以祈求銷售長紅、施工順利、生意興旺等；對此個人一向秉持「敬鬼神、安人心」之態度來面對。及至一九九三年因職務關係不得不面對靈異事件，而目睹大禪師以「開示佛法」來降伏精靈，深感「佛法威德神力」不可思議，而開始接觸佛法。

當時負責某商務旅館建案，在施工階段可以說是諸多不順，竣工前更是發生了難以解釋的重大工安事故。好不容易等到竣工裝修完成，開始進入試營運階段；不料營運開始不久，就傳出夜班人員經常遭遇靈異事件而人心惶惶。因此驚動了公司高層，就指派了某位通靈異士來協助處理。

當時這位通靈異士正在南部幫人辦事，所以就依照他的要求先傳送建築物外觀相片給他。當他收到相片後，用電話來詢問一些案情後，就鐵口直斷說：此基地昔日為大水塘，久遠以來就有一精靈駐地修鍊，故此區域常有水患及居民溺斃等事；又因為精靈法力高強，不是他的能力所能處理的，所以建議先辦理基地亡靈超度法會，再設法尋覓法力高強人士來處理精靈事宜。

經親自訪查地方耆老，證實通靈異士所說的大水塘、水患、居民溺斃等情事都屬事實時，並表示：地方長老因不忍水患、溺斃事件一再發生，就決議將大水塘填平，並指出在距基地不遠處，有一流水公廟，就是在奉祀這些溺斃的亡靈眾等。再加上調閱地質鑽探資料，亦顯示確實顯示有回填土、池底的資訊。至此，眾人皆不得不信確有其事。

經回報公司高層後，指示於北投佛恩寺舉辦超度法會來超度基地之亡靈等。因法會連續進行五天，就由各單位主管輪班參加；由於我是專案主管，除了輪班之外，遇有空閒就盡量多參加法會，正心誠意祈求能超度亡靈。在法會中跟隨法師唱誦《心經》時，因心生歡喜卻不解其意，所以就起了探究經文義理的念頭。難以思議的是十年後，這一念心引領我到正覺同修會，容後陳述。

當時公司總經理已歸依千佛山白雲禪師多年，因大力護持故，寺方則以「大護法」來稱呼，因此白雲禪師當然是處理精靈的最佳人選。猶記得當時禪師蒞臨現場後，就在壹樓大廳走動、觀察，然後率領大眾進入地下室逐層勘查，到了某一處所時，要求大眾迴避，只留隨侍一人陪伴。師徒二人停留許久方才走出來，然後禪師向大眾說：「**經開示佛法後，已解其怨仇，日後彼此和平相處、相安無事。**」

說也奇怪，禪師來過之後，商務旅館的夜班人員就沒再遇到靈異事件。公司許多同仁因經歷此一事件，開始對佛法產生了興趣，總經理爲了接引同仁修學佛法，就藉此因緣在公司成立佛學社。禪師知道了，甚表讚許，就以所著《心之路》來與全體社員結緣，並指派法師每週來教導，佛法課程是以于凌波所著《簡明佛學概論》作爲教本。

由於社員都是初次接觸佛法，基本上都是懷著求福、求神通的心態，而教學卻是依照教本從緣起、五蘊、十二處、十八界、十二緣生等順序來教，是以教學之間似乎難有契合之處，出席情況就逐漸稀疏，開課後未滿一年就停辦了。弟子因此轉到千佛山台北講堂（當時是設在松山車站旁某大樓）聽經聞法，記得禪師正在開講唯識學，禪師開講總是字字推敲、引經據典、旁徵博引，一堂課下來通常是解說數句而已。聞者無不讚歎禪師的學問廣博，從而推測禪師證量亦應是高深莫測。就在這種氛圍下，加上總經理不時的引導，故於翌年春歸依禪師。

◎在超渡法會中與《心經》相應

生平第一次唱誦《心經》，是在前述的超度法會上。開始是先聽聞法師唱誦，雖然是茫然不懂經文的意思，可是一聽聞就感覺歡喜，內心充滿寧靜的感受，不由自主地跟著唱誦起來；跟不上旋律時，就輕閉雙眼來領受那種寧靜的境界。經過這場法會，心中就起了探究經文義理的想法：如何是「觀自在菩薩」？如何是「行深般若波羅蜜多」？如何是「照見五蘊皆空」的境界？又何以能「度一切苦厄」？「色、空」明明是相異，何以說是「不異」？可以說是字字皆識得、句句皆疑惑！

後來不論是在佛學社上課、聽聞禪師說法、閱讀佛法相關著作，其實背後的動機就是想要弄清楚《心經》裡面的義理。《簡明佛學概論》的內容，其實是東家揀一點，西家揀一點，所以是以「揀」代「簡」；作者認爲佛法是一種哲學思想體系，基本義理就是「緣起」，所以《心經》就是講「緣起性空」，但又不是斷滅空、眞實空，反覆研讀仍是「不明」其意。又白雲禪師的《心之路》，內容有如心靈散文，用於瞭解經文義理卻無絲毫助益。加以聽聞禪師說法，雖說是聽得過癮，但其實是弄不懂的；日久，道心難以爲繼，在一九九五年底以後，就沒再去松山講堂上課了，往後也無緣再碰到過禪師。

離開千佛山講堂，該算是退轉吧！不過心中還是會掛念著《心經》的密意，因此到書店時都會尋覓佛法的著作來閱讀，因爲沒有智慧加以簡擇，只好不拘作者、隨手翻閱，但覺得內容尚可一讀的就請來閱讀。證嚴、聖嚴二位法師的著作內容大半都在世間的道理中打轉，未曾觸及《心經》的密意，只好把它歸爲心理勵志類。若是南懷瑾老師的大作，則通常是儒釋道雜陳，玄之又玄；又曾獲得他主持的禪修錄影帶多卷，耗費時日觀看，也是難解其意。

偶然在師大旁的書店，獲得一本書是在教人書寫《心經》，藉以洗滌心境並可培植福德。於是重拾兒時的書法功課，開始書寫《心經》。這一寫就是十餘年（直到因患五十肩癒後，握筆手會顫抖，才停止書寫），依然不知這短短二百六十個字的經文的密意，只好挑一張自我感覺良好的作品，掛在佛龕牆壁上。現在掛的是張老師正圜的墨寶（增上班涂玉雲菩薩轉贈）。

◎與西藏密宗無緣

在當時台灣突然出現了許多來自西藏的法王，經由社會賢達的推崇、媒體的渲染，善男信女爭著供養法王、渴求法王灌頂，儼然形成一股西藏密宗潮流。一九九六年夏天，有位久學西藏密宗的同仁，邀約去參加某法王的「灌頂祈福」法會。記得會場中布滿五顏六色的幡及唐卡，講台中央擺設法王的寶座，兩旁各坐著幾位身著紅衣的喇嘛，台下則座無虛席。因爲空氣中瀰漫著濃烈的異香味，迥異於佛教道場的莊嚴清淨，所以在入場不久後，我就感覺到昏眩、噁心，於是退到空氣比較流通的入口處等待法會開始。

好不容易等到法王進場坐定、誦經祈福後，法王開始說法；法王用藏語說一段，翻譯就語譯一段；還沒聽到幾段，昏眩、噁心的感覺激烈到無法忍受，只好獨自離開了法會。說也奇怪，離會場不到幾分鐘，昏眩、噁心的感覺就消失了。從此自認與西藏密宗、法王無緣，那位久學西藏密宗的同仁，也沒再來邀約參加西藏密宗的活動。

貳、來本會共修之因緣

◎小阿姨以《心經密意》接引入同修會

小阿姨（增上班鄭美麗菩薩）年齡小母親十歲，只大我十歲，她從來不准我們叫她「阿姨」，而要直稱她的名字。上小學前有很長一段時間，我是由外祖母帶回新店山上老家養育，經常趁小阿姨上學不在家時，翻箱倒櫃找出她的寶貝來玩，不小心弄壞了，好像也沒被她責罵過。記得是上小學以後，外祖母出資在台北買了房子，外祖母為了照顧孫子們，小阿姨為了就學，也就住在一起了。

記得小阿姨當時就讀於夜校，正好錯過趙麗蓮老師的空中英語教學，所以每天幫她錄音就是我的責任。她的興趣極廣泛：畫人像、刺繡、英語、打坐、中醫、針灸、太極拳、學佛、打坐，迴異於一般女孩。尤其是學佛、打坐，讓外祖父母頗爲傷腦筋。是很多年以後，她才說，早就瞞著家人，歸依廣欽老和尚。或許因爲從兒時就喜歡在小阿姨的珍藏中探尋，因此舉凡她有興趣的領域，我也就跟著多少沾到一些。或許今世學佛的種子，在那時同住的日子中，就早已經沾黏上了。

二〇〇三年秋，小阿姨送來《心經密意》一書，只交代要好好研讀，卻沒有說她已經在正覺同修會修學多年，並且已經破參了。當晚才開始閱讀，就被 平實導師在〈自序〉中的說法給嚇到了！主要有二點：

第一：自序文中說：**「印順、星雲、證嚴等大師都是誤解佛法、扭曲佛法的人，導致正法支離破碎，令眾生無法正確修學佛法，當然無法實證菩提。」**讓人驚嚇的是，在世間法上常聞有誤人子弟的老師；在出世間法上，萬萬沒想到這些受到各方敬仰的大法師，居然是誤人法身慧命的假名大師。而這些大師不正是《簡明佛學概論》主要參考書目的作者嗎？果眞如此，我等不正是被誤導的眾生嗎？

第二：自序文中說：**「此書能修正三百年來對《心經》眞意的妄說與謬見，**

若能修正原有的邪知邪見，則此世證悟菩提便有希望。」言下之意是說此書將導正被扭曲的法義，若能研讀此書則可建立正知正見，進而能如聞實修的話，今世還是有希望證菩提的。所以接下來就抱著戒愼恐懼的態度來讀，老實講，以當時淺陋的佛法知見，來讀《心經密意》是很辛苦。因爲裡面的法義都是聞所未聞法，但是每一章節都是宗旨明確、理路清楚，引喻平近，淺陋如我者也有少分的理解。全書又指陳印順等大法師在法義上的錯謬，而所提出的法義辨正，無不令人折服。看完第一章，開始的「戒愼恐懼」心態就轉換爲「如獲至寶」，幾乎是每日認眞閱讀二小時以上，經過月餘讀完全書。當時心情是既感慨而又興奮，感慨的是，從前迷信名師而依止修學；所幸染著尚淺，雖被誤導卻未誤信。興奮的是善知識就在眼前，今世證得「心經密意」是有希望的。

故略作整理後，向小阿姨報告心得：「接觸佛法十年，今日始知：佛菩提道與解脫道的內涵與差異，眾生都是眞心妄心和合並行，佛法不是只有緣起性空，所以佛說一切法都是自心所現；開悟就是找到自己的眞心，開悟了就是觀自在菩薩，能現觀解脫境界，般若智慧也就漸漸生起，所以心無罣礙……問題是如何找到眞心？」記得小阿姨聽完後說：

「平實導師的法是菩薩大法，你能讀完此書而能有些心得，應該是有因緣可以修學的。」於是在小阿姨的鼓勵下，到同修會報名禪淨班，經審查錄取後，於二〇〇三年十月中進入於同修中熏習正法迄今。

參、見道過程與內容

◎第一次參加禪三

二〇一〇年春初次參加禪三。起三時，主三和尚開示五蘊虛妄、十八界生起次第，來殺禪子的我見，迄今法語猶歷歷在眼前「如來藏藉五根攝取外五塵，於勝義根出生內相分六塵。」、「法塵是與五塵同時生起的」、「色塵即是顯色（青、黃、赤、白），形色、表色、無表色即是法塵」、「聲音有悅耳、刺耳等區別，但若了知是什麼聲音時亦是法塵」等等。當下確認：如來藏的「〇」是遍五色根的、是無時無刻都在攝取外五塵而變現內六塵的。

翌日早餐過堂時，主三和尚開示：「吃葡萄的不吐葡萄皮，不吃葡萄的倒吐葡萄皮。」午餐過堂時，主三和尚開示：「吃一粒米即包含萬法。」當下即依教觀行：米食的味道、咀嚼的聲音、舌尖的觸感、口水的流動……六塵紛沓而至，猛然警覺自己都落在見聞覺知中：「**是則見聞覺知，非求法也。**」回到禪堂重新思惟整理：作意要「吃葡萄」的是意根，如來藏〇〇〇〇〇〇〇〇的運行，在運行中同時不斷地變現六塵，意識於「吃葡萄」所引生的六塵中分別果肉香甜、果皮苦澀等，意根則依於意識的分別而〇〇〇〇〇〇〇；如來藏離見聞覺知，但〇〇〇〇〇〇〇〇的運行。下午與主三和尚小參時，就據以稟告；主三和尚則開示：「**因屬初體會，還很粗淺，難以出題考驗。要繼續參究，〇〇〇〇〇〇〇〇。爾後應多作義工，否則容易障礙開悟。**」

接著與監香小參，因所言都屬思惟所得的「知見」，當然無法回應監香老師的追問。第三日中午 主三和尚要我去洗碗，但依教「〇〇〇，好好體會」，卻無所得。鎮日參究，就是參不出那「〇〇〇」來。精神不濟時就拜佛攝心，奮鬥到凌晨方才就寢，一夜睡睡醒醒，似乎仍在繼續參究。

第四日早餐過堂後，主三和尚似乎知道我的困境，再次讓我去洗碗，特別開示：「〇〇〇〇，〇〇〇〇〇，**用心參究。**」洗著、洗著突然間眼前境界不再是一合相：能見的是眼識，能覺的是身識、能分別的是意識、○○○○○、○○○○……眞妄分明、清清楚楚，眞是未曾有的、奇妙的體驗，念頭怎麼動、○○○○○○，配合的天衣無縫。洗碗後加入經行行列，眼見經行菩薩眾，每一個都是「○○○○○○○○○○」，不禁發出會心的微笑！

抱著興奮的心情再次登記小參，不料進入小參室，卻是支支吾吾、說不清楚，引來監香老師懷疑是「探聽密意所得」的緣故，只得沮喪地退出小參室，最後解三時騎著假牛返塵。然經此次禪三確認**「實相是可以親證的」**，故誓願窮盡此生、作最大努力，來積累見道資糧，祈求能早日破參，加入弘揚正法的行列。

◎福德不足障礙見道

解三後自我檢討，思慮　主三和尚所付囑「多作義工，以免障道」的眞實義，回想親教師游老師總是再三叮嚀：「開悟要具備知見、定力、福德三資糧，親教師能幫的僅止於知見，定力、福德只能靠自己去作，別人是無法幫忙的。」終於體悟到：在正法道場作義工就是在護持正法，護持正法就是在救護眾生，護持正法、救護眾生就是菩薩的本願，能成就大福德。從此把作義工當作本分事，只要有作義工的機會，就會盡可能去參加，但大多是打掃講堂或祖師堂的工作。

又曾多次向主事的義工菩薩探尋固定的義工工作，總是不能如願；直到二○一二年因熊老師的推薦，通過訓練後順利加入校對組，工作迄今。二○一三年九月，偶然看到台北新購講堂開始進行裝修，於是懇請熊老師推薦，加入裝修工作小組，終於有機會以自己在營建業的專長，對同修會略盡綿薄之力；出乎意料之外的是因此而能親承 平實導師的教誨。

◎病痛等考驗求道的決心

接連下來四年，病痛、意外等相續不斷，似乎是在考驗著求道的決心。首先是二○一○年八月，顏面神經會不定時抽痛（猶如電擊般疼痛），經診斷為腦部三叉神經腫瘤。所幸經由小阿姨（中醫師）悉心治療，半年後腫瘤居然縮小到只剩百分之三十，再持續治療一年後痊癒，神經外科醫師（神經外科的權威醫師）直呼不可思議。

二〇一二年元月十九日，在家門口穿越斑馬線過馬路時，遭貨車撞飛：肋骨斷了三根、兩膝挫傷、兩肘挫傷、鼻梁斷裂、牙齒斷裂二顆。雖然只能在躺椅上睡覺，因再次得到小阿姨的細心治療，四個月後已康復至能拜佛作功夫。

巡視工地爬樓梯原屬輕鬆平常事，未料車禍受傷痊癒後，卻變得氣喘吁吁，經過冗長檢查程序，於二〇一三年元月確認患有狹心症（左前降支冠狀動脈堵塞約百分之四十，可選擇不安裝血管支架，但需長期服藥控制膽固醇、血脂等，來降低發病機率），再次得到小阿姨的悉心治療，心肺功能逐漸回復。

二〇一三年十月的例行血液病理檢驗時，發現血糖值超高，經複診確認為糖尿病（有家族遺傳史），這對心血管疾病來說是很壞的消息。在聽取小阿姨、新陳代謝科醫師、營養科醫師、心臟科醫師意見後，決定藉由調整生活作息、飲食及運動等手段，來達成減輕體重及降低膽固醇、血脂、血糖等目標。如是嚴格執行六個月後達成醫師所設定目標，迄今心肺功能、血糖、血糖等均維持正常穩定狀態。

回顧這些日子，雖然是過得跌跌撞撞，但對正法的熏習卻沒有絲毫鬆懈，即便是肋骨斷了三根，也只是當週缺課一堂而已，第二週就銷假上課。每次禪三也是一定報名，從沒有放棄「見道」的念頭。每次接到禪三未錄取通知時，總會以 達摩祖師的開示：「諸佛無上妙道，曠劫精勤、難行能行，非忍而忍。豈以小德小智，輕心慢心、欲冀眞乘，徒勞勤苦。」來自我惕勵。或許就是這樣的念力，感得佛菩薩的護佑，終能闖關難過、關關過。

◎第二次參加禪三

二〇一四年春第二次錄取禪三，與第一次參加禪三相隔四年整。第一晚普說時，主三和尚舉 克勤圓悟祖師法語：【有祖已來，唯務單傳直指，不喜帶水拖泥打露布、列窠窟鈍置人。……要須是箇向上根器具高識遠見，有紹隆佛祖志氣然後能深入閫奧，徹底信得及直下把得住，始可印證堪爲種草，捨此切宜寶祕慎詞，勿作容易放行也。】（《圓悟佛果禪師語錄》卷第十四）來作爲禪三普說的開場。主三和尚先舉手指向投影的銀幕，然後○○○○指著銀幕上的文字而說：「佛法在哪裡？」語畢，又○○○分明指示銀幕，然後指向銀幕加重語氣、緩緩而說：「看好！在這裡！」因爲有洗碗中的觸證，故「看到」了知 主三和尚的弦外之音——○○○。

翌日入小參室頂禮 主三和尚，心情宛如離家多年的遊子，回到家中見到老父，忙著訴說四年來歷經旅途困頓，如今終於回家了。主三和尚則慰言：「皆因汝要明心故！將來正覺寺興建時需要你的專才，小參後到佛前發願護持正覺寺早日落成。」接著問：「如來藏在哪裡？」當時不假思索，學 主三和尚昨晚普說的作略——○○○○○○，然後○○○○○：「○○○○○○○○○○○○」主三和尚不置可否，出題考驗：（一）○○○○○○○○○（二）甚麼是○○○○（三）用○○○清楚說明：○○○○○○○。

第三日開始與監香老師小參，雖然能回答前二題，但因不解 主三和尙的作略與爲人之處：第一題其實是要禪子自我肯定所悟爲眞。第二、三題其實是在問——五蘊眞妄和合運作，何者是妄？何者是眞？總要禪子辨明眞妄而無一絲一毫的淆訛。對於第三題，卻是落在「眞妄如何運作」上打轉，自陷泥淖而不知，盼望了四年的第二次禪三，仍舊死卻在那「〇〇〇」上。

◎與冤親債主盡解怨仇

禪三前小阿姨因急症住院，故解三翌日就到醫院探望，此時方才知道：陸老師到醫院探望時，警覺小阿姨的病情可能因冤親債主而起，就急請同修會中一位有特殊能力的師姊前來幫忙；經過一番溝通後，發現小阿姨的病情卻是因她的姪子——「我」的冤親債主而起。原來我這四年所經歷的病痛、車禍等都是起於冤親債主，可是他屢作之後屢被小阿姨的「醫術」給化解了，因此對小阿姨可說是既懊惱又欽佩。此次再度參加禪三，可把他給逼急了，因此遷怒於小阿姨而施以「重急症」。

在陸老師等與他溝通中，發現他雖處鬼道卻深知「正法難值遇、善知識難值遇」，因此最希望的是我們能幫助他進入講堂聽聞 導師說法（因爲鬼道眾生要進入講堂是要經過護法菩薩許可的），因此當陸老師等眾替他求得 韋陀菩薩的特准後，他也僅要求於週二法會幫他迴向而已，宿世怨仇就此轉化爲大乘殊勝法緣，小阿姨的病情也就好轉了。

至此深信：能安住正覺熏習正法、能解宿世怨仇，實乃佛菩薩及師長護佑故。對於「布施、持戒、忍辱」的眞實義又有深一層的體會：布施者，能與眾生廣結善緣。持戒者，終不犯眾生。忍辱者，不與眾生結怨。能行前三度，方有於後之精進、禪定、智慧波羅蜜可言。又深知累劫罪障深重，而自己福德微薄，何有可資迴向者？是故唯仰修學正法功德來迴向冤親債主。因此給自己訂下「**晨拜佛、晚自習，週二聽經、週三上課，假日加行**」的修學守則，日日將功德迴向冤親債主，迄今奉行不逾。

◎第三次參加禪三

二〇一四年秋，第三次錄取禪三。入了小參室，頂禮 主三和尚後，稟明前次禪三未解考題：「**用〇〇〇清楚說明：〇〇〇〇〇〇〇？**」俟 主三和尚垂問，便將半年來所準備的答案說出來：「○○○○○○○○○○○，○○○○○○○。」主三和尚開示：「太間接了！要○○○○○！」然後一邊拿起桌上的筆一邊說：「以拿筆為例：哪個○○？哪個○○？哪個是○○？參得透就七通八達，任誰都無法動搖。」

隨後日夜苦參，就是參不出那「○○○」來清楚說明○○○○○○，監香張正圜老師直斥：「只見枝葉，不見根！應是無『一念慧相應』之體會。要重新參究，祈求佛菩薩加被，使能『一念慧相應』。」至此深知智慧不到，破參無望。

解三前與監香吳正潔老師小參，轉而懇請吳老師指點迷津。吳老師開示：「我常為弟子說：我見不斷，見道不眞——被我見遮覆故。處於無相念佛時，可清楚知道是在憶哪一尊佛？憶佛念是濃、是淡？見道亦復如是，能清楚現觀，○○○○○○、說得親切。有一則公案，溈山禪師形容參禪見道就像是「鵝王擇乳」，眞妄和合就如同水乳交融，鵝王能擇取水中之乳而食也！可以初觸證處為入處，重新參究。」

解三後把吳老師所舉的公案找出來，應該就是 導師著作《宗門正眼》中第四十一則〈溈山割禾〉：

溈山靈祐禪師　師問仰山：「從何處歸？」仰山云：「田中歸。」師云：「禾好割也未？」仰山云：「好割也！」師云：「作青見？作黃見？作不青不黃見？」仰山云：「和尚背後復是什麼？」師云：「子還見麼？」仰山拈起禾穗云：「和尚何曾問這個？」師云：「此是鵝王擇乳。」

當時思惟：眞妄和合恰如水乳交融，縱然觸證眞如，卻說不清楚，這就表示有淆訛，仍然是一般世鵝，唯能飲水；若是鵝王，便能於眞妄和合之水乳中擇乳而食。仰山捻起禾穗，以問代答：「和尚何曾問這個？」溈山禪師稱讚說：「此是鵝王擇乳！」回想第二次禪三時，亦曾如是作答，主三卻不置可否，逕自出題驗證。故推測，仰山其實早經溈山禪師驗證，藉此公案傳諸有緣人。

一日在雙溪河畔散步，邊走路邊思惟，忽然間茅塞頓開，公案的場景是：仰山等僧眾割禾而歸，故溈山問：從何處『歸來』、禾『好割』也未？仰山『拈起』禾穗，導師身處小參室故『拿起』桌上的筆，都是同一作略而因地制宜——〇〇〇〇〇〇〇〇〇，不都是〇〇〇〇〇〇嗎？這些〇〇〇〇〇。〇〇〇〇〇〇〇〇，〇〇〇〇〇〇〇〇，這些〇〇〇〇〇。而〇〇〇〇

〇〇〇〇〇〇〇〇。原來師徒二人合演了一齣無生大戲，總要禪子會得「直下薦取」、然後「手呈（〇〇〇〇）口說（云：和尚何曾問這個？）」。我當亦如是：手呈（〇〇〇）口說：「〇〇〇〇〇〇，〇〇〇〇〇〇。」

◎第四次參加禪三，破參了！

二〇一五年春，第四次錄取禪三。拜願時，維那悲柔的嗓音一起腔，莫名的悲從中來，眼淚奪眶而出，忍不住哭出聲來。這是從未有過的事，平生自認堅強、有淚不輕彈，只有因母親過世而痛哭過。今於　佛前痛哭，似乎把潛藏於內心的罪愆都給哭出來了，深心懺悔而痛哭！不時抬頭仰望　世尊，祈求　世尊慈愍加被，讓弟子一舉破參——使能分擔復興正法重擔於千萬分之一。

入了小參室頂禮　主三和尚後，稟明前次禪三未解考題：「以〇〇爲例：哪個〇〇〇？哪個〇〇〇？哪個〇〇〇？」俟　主三和尚垂問，便答：「〇〇〇〇〇〇〇，〇〇〇〇〇〇〇，〇〇〇〇〇〇〇〇〇。」主三和尚：「是沒錯！但偈限於片段，不能函蓋全部。還要解釋一大堆：如〇〇〇〇〇〇，〇〇〇〇〇〇〇，〇〇〇〇〇〇〇〇〇……要匯歸爲〇〇〇〇〇〇，任隨一聽就懂！你這樣子說，在古時候就算過關了！但在正覺不行！要通透！要七通八達，任誰都難不倒你！」聽到 主三和尚如此說，心情寬鬆許多。

第三天早餐過堂時，監香賈老師因身體有突發狀況而緊急就醫，故由 主三和尚暫代賈老師小參，因此獲得再次與 主三和尚小參的機會。

弟子：「○○○○○○○○○○○○……。」主三和尚隨即打斷說：「汝果眞智慧思惟不到（訶責之意），○○○○○○○，○○○○○○，○○○○，○○○○……這些有甚麼共通處？」弟子：「○○！」主三：「哪個是○○○？」弟子：「○○○○！」主三：「終於通了！○○○○○○○○○○○○○，爲何○○○○○○○？」弟子：「意識排行第三（根塵識出生的次第）……。意識沒有大種性自性……。意識不遍一切時，念念生滅，睡著就斷滅了。意識要到住胎四、五個月後方能少分現……。意識屬有記性……而無因果律可言。」主三：「向監香老師說去！」弟子：「感謝老師慈悲攝受。」

接著順利通過監香老師的檢驗，題目有：

一、○○○○○○○○在作甚麼？

參賈老師

弟子：○○○○○○○○○，○○○○○○○○○○，色身還是在運作：○○○○○○○……○○○○。○○○○○○○○○…祂都會提醒，善付囑也！○○○○○○○○，所以○○○○○○○。

二、○○○○○○○○？

參賈老師：

弟子：「○○○○○○○○○，○○○○○○……」監香：「所說的都○○○○，未觸及核心。再參！」

參陸老師：

弟子：○○○因爲○○○○○○○○○。監香：○○○○爲什麼有○○○○○？弟子：因爲○○○○○○○，所以○○○○。監香：那爲什麼○○○○○○？弟子：因爲○○○○○，只有○○○○○○○○○○。

三、詳述○○○○○○○○○。

參賈老師

弟子：前世死亡後中陰階段，因意根想要繼續擁有色蘊我、識蘊我，所以就要投胎以取得色身及覺知心，如來藏就感知來世有緣父母，故第八識與第七識入胎，入胎後前世意識則永滅，○○○○○○○○，○○○○○○

○○○○○○，俟五根身發育成熟後就出胎，此世的五色根加上前世來投胎的意根，就具足六根。如來藏藉五色根攝取外六塵變現內六塵，意根觸法塵已，若欲了知六塵境，如來藏就流注六識種子出生六識，○○○○○○。

四、○○○○○○○○○○？

參陸老師：

弟子：前題說到十八法界具足後，意識就在六塵中作種種分別、領納、思惟、造作等，於是有漁獵、農耕、語言、工藝、藝術、科學、音樂、醫學……等萬法的出生，萬法都是因具足十八界後輾轉而出生的。而十八界法是由阿賴耶識次第出生的，是故萬法只能匯歸於阿賴耶識。監香：○○○○○○○○○？弟子：譬如此生具有初禪的定力，捨報後，如來藏就會依業報在色界出生一個色界身出來。但不清楚是如何化生？是何種微細身？監香：○○○○○○○○○○○○？弟子：器世間、礦物、植物也是由共業有情所變生的，杯子是有情因生活需求而有了使用物質的法，也都是由十八界法輾轉而出生，故經典說：「諸法所生，唯心所造」。

監香：「所持的話頭為何？」弟子：「念佛的是誰？」監香：「○○○○○？」弟子：「○○○。」監香：「○○○○○？」弟子：「○○○。」監香：

「是不是本來明說、無有覆藏？」弟子：「是！日用而不知。」監香：「通過！上報主三。」

這時想到小阿姨接引我入正覺、爲我療傷治病、爲我承擔業報而幾乎喪命，幸蒙陸老師相救而脫離險境、進而與怨家化解怨仇，現又蒙陸老師慈悲攝受而得入宗門，有感師長慈恩浩蕩而熱淚盈眶，起而頂禮陸老師，然後退出小參室。

通過監香老師的考驗後，與張師兄等一同接受 主三和尚的驗收，發現我等個個都能侃侃而談，蓋因得蒙善知識攝受——見道後般若智慧初分顯發故，因此得蒙 主三和尚慈悲親授金剛寶印，准予進入增上班上課（入內門廣修六度萬行）。然因解三法會時間即屆，沒有時間繼續進行其他題目，所以主三和尚指示要我等報名參加下一期的護三工作，以便隨同下一期的破參者來補足未作的題目。此回解三是「眞牛、假牛」並騎返塵，途中經大溪街路趕緊恢復手機通訊，向小阿姨稟告：「破參了！」

回顧今世初發菩提心是緣於超度法會中與《心經》相應、欽羨禪師的神通，加上長官的引導等眾善業因緣，但遇到的卻是「假名善知識」，所以因緣仍不具足，退轉也就不是意外了。十二年前小阿姨以《心經密意》來接引，

因而信受　平實導師，因而進入正覺同修會，因而得蒙　平實導師、禪淨班章老師、進階班游老師等眞善知識的攝受，及小阿姨無微不至的照護，因此具足眾善因緣，故發菩提心：「我決定未來要成就佛道！」安住正覺同修會熏習正法，銖積寸累見道資糧。自二〇一四年春第二次參加禪三迄今一整年，深陷於「如來藏如何運作」的泥淖之中，若非大善知識　平實導師善巧方便及慈悲救拔，今日如何能見道入宗門？每想到此，不禁潸然淚下。雖自揣淺陋，誓願以復興　世尊正法爲己任，遵從　平實導師安排分擔弘法重擔於千萬分之一。

願以見道功德迴向：

平實導師色身康泰、長久住世、正法廣傳，復興中國佛教及眞藏傳佛教。累世父母師長冤親債主，得蒙諸佛菩薩加被，早生善處，修學佛法早證菩提。世世得生娑婆，遇善知識得正法智，廣行四攝說法無厭，捨身命財護持正法。

一心頂禮　本師釋迦牟尼佛

一心頂禮　當來下生彌勒尊佛

一心頂禮　大慈大悲觀世音菩薩

一心頂禮　護法韋陀尊天菩薩摩訶薩
一心頂禮　平實導師菩薩摩訶薩
一心頂禮　親教師正光菩薩摩訶薩
一心頂禮　親教師正鈞菩薩摩訶薩
一心頂禮　監香正元菩薩摩訶薩

弟子　鄭宗熙　頂禮敬呈
二〇一五年五月一二日

眼見佛性報告

余正偉

蒙　師父慈悲攝受，於民國八十五年（一九九六年）石城禪三，弟子得以印證明心，終於能知眞心妄心分際，此後依此度日受用極大，與悟前截然二般世界。

還記得其後某次禪三自己功夫不足卻報名見性，當然是什麼都見不到（求見性者若思僥倖，則必無法眼見，乃至解悟而自誤，此生就難以得見了），禪三結束當日，與師兄們共乘一車返回台北，在車上陽明精舍的張東海師兄高談闊論，說：「**明心是沒有受用的啦，要等到見性才有受用。**」車上其他陽明精舍的師兄們並無反駁者。弟子當時心中即不以爲然，因爲以自己所親身領受者，明心之後於現前五蘊六塵境界，即能不需思惟、觀行、對境、第二心籌量等，現前住於諸法原來是空，對於過去諸多世出世法中所不能解、跨不過的地方，一時頓明，如眼翳忽明、久病忽癒，終於知眞妄迴異，故能辨前行之路，可以不再依止於五蘊十八界，心中常呼暢快，只覺得現前任運受用甚大，並非如張師兄所說「**悟後是沒有受用的**」，當時只覺得對方奇也怪哉。

此後一年一年的過去，共修地點也從最初同修帶弟子去的中央信託局與陽明精舍、到了中山北路地下室，最後終於落腳承德路，個人世間法上則從學校畢業、取得資格考上公職、與同修完成婚事、購屋安居等；其間也經歷了三次法難，因爲當時共修的人不多，所以恰巧都認識三次退轉風波帶頭的人；大概是因爲弟子當時是年輕人無足輕重，當時三次退轉者未曾私下拉攏弟子與同修，只記得有一次江明純師姊打電話來說要請我和同修吃飯，但後來又來電說取消；還有一次則是家族聚會時，我和李嘉榮叔叔聊到法上的事，他只以一句「**這個我比你懂啦**」帶過。剛出社會的我對於一波波離開的師兄們，當時心中不能理解的是：「**明明師父所說法義是正確的啊！爲何這些師兄卻要強辯找個理由來反對？**」後來方知世間人心複雜險惡，眾生本賴習氣爲生，遂成一己私心，即使是久修老參亦無足爲奇，子曰：「**君子疾夫捨曰欲之，而必爲之辭。**」此之謂也。

三次法難的本質皆是如此，一如俗諺所說：「自己生不出兒子，還要牽拖厝邊。」但是可憐的則是那些因爲智慧不夠，只依著情執而跟隨離開的師兄師姊們；後來知道受騙了，卻又執著於「沒面子」而不願迷途知返。最近忽然在素食店看到江師姊在前方結帳於是招呼她，她回頭說：「我常看到你在這邊買便當！」等到我結完帳要找她聊聊，她卻一溜煙消失不見了。

第二次法難後，遵　師命接下了行政組長職務，只覺得跟隨　師父學習第一義佛法，法義甚深甚廣甚微細，言之不能盡，世出世法中再無有樂能過此，此生沉浸此中足矣！不求高官厚祿朱門廣廈，但願能隨　師父左右，健康自在衣食不缺，平淡一生唯求道業前進，所以來講堂學法成爲一週之中最快樂的事。

猶記當年在地下室　師父演說《成唯識論》時期，弟子必須於每次上課前用上半天以上的時間，預習成論本文並對照慈航法師、普行法師、演培法師三種白話講本，方能於古文文字義理上解了一分二分，在書本上用鉛筆預作筆記，但常常在上課時一邊聽著　師父講解正說，一邊得用橡皮擦整片整片地擦去先前的筆記，因爲慈航法師及普行法師加上演培法師全部都弄錯了，而且是錯得離譜；數年過去了皆是如是，所以印象深刻。只是奇怪於慈航法師的人品是我尊敬的，名揚中外，於第一義諦卻如此地無能為力，普行及演培號稱唯識方家，他們竟然全部都弄錯了，實在是太奇怪了。直到很久以後，有一次在浴室內看南京大學一位教授的《成論》白話本子時，忽然理解到：莫說現代百年俊秀，其實奘祖之後，大抵上再也沒有人能眞正理解《成論》妙義了，根本的原因是沒有過來人解說賴耶妙義、無法證悟如來藏，遑論悟後起修種智？所以只能瞎子亂摸象了。更明白了跟隨師父學法，莫說窮一生不能盡，若能在數生、數十生內，能少分地完成現法一一現觀，則已是全賴佛菩薩分外加持，實非吾所能也！佛弟子愚鈍如我者，菩提道上凡有一步一行，其實是全靠著 佛、菩薩手把手的提攜，若依憑自己異生凡夫性，則惟惡途有份，此乃誠實語。

由於此土眾生剛強難度，講堂之內亦不例外，經歷了三次法難退轉事件，其中介紹弟子來講堂的因緣——叔叔嘉榮與嬸嬸烏綢，在第三次法難時竟也不能免於難；平日看到明心又見性的他們，日常生活漸趨簡樸，唯於護持正法用心，對 師父、對講堂、對正法似乎信心受用具足，但究終面對人情謠言逆境卻沒有能力以多年學習正法之理勘驗，不能隨順於道種智、也不能隨順於總相智，甚至不能以眼見佛性與明心證悟正理去判斷法的正邪，甚至不能以斷三結的道理去檢驗，仍然偏執地以個人意識心喜好，作下了終身遺憾的決定。

記得當時台南講堂法蓮師不理會台北講堂命令，執意召集親信學員前去聽他說法，弟子跟隨教學組長帶著同修會的公文前往，在講堂內不得不與法天師針鋒相對，終於為台南同修們爭取到登上講台發言的機會，此後弟子即不再發言離開講堂內；到了外面走廊見到一群台南師兄們在喝茶，其中有一位開修車廠的師兄(不知姓名，有一雙兒女也在講堂學習)，之前看到他每個禮拜由台南北上聽《成唯識論》，也曾聽說他在禪三中眼見佛性，而且 導師稱讚他是幾年之中見得最好的，師兄曾說到每次他上完課回到台南已經凌晨了，所以他乾脆不睡覺了，拜佛直至天明云云；那時他也坐在外面喝茶，看見我從講堂內出來後，直接跟我聊了起來，意思是他是 師父所印證明心見性的弟子，但是 師父作了很多事情讓他覺得是不對的，所以現在他在這裡(跟隨法蓮師，不接受講堂停課的命令)。

我問他是什麼事呢？他說：「我歹勢說啦！」我說：「你要說給我聽啊！不然我就不知道，你也要救我啊！」但他仍然說「我歹勢說啦！」因爲在此之前曾聽說講堂學員之中有謠言傳布，所以我告訴他：「例如我在出版社當義工，負責登錄帳本，每賣出一本書我都會登錄在帳上，所以我很清楚的知道，是絕不可能有任何舞弊的；實際上導師根本不干涉這些帳務細節……。」我告訴他：「你說導師如何如何，但是又說不出事實經過，這在世間法上就是毀謗哦！」他就不說話了。當時的事也讓我深深疑問，這位號稱幾年來見性最佳的師兄，爲何在見性後反而會變成敢於無根毀謗，連一個凡夫都不如了呢？

弟子常想，明心功德受用尚且如此之大，更何況眼見佛性入十住位，古來已極爲難得，這樣的菩薩爲何會退轉？第三次法難離開的師兄師姊中，不乏有號稱明心又見性，甚至是親教師級別的人物卻不告而別；例如楊榮燦老師，每次聽《成論》時，我手中的筆與橡皮擦常忙到來不及，但抬頭一看前旁，只見到他從不作筆記，只是微笑著看著 師父；還聽過嘉榮叔叔讚歎：「楊老師都在研讀《成唯識論》，每天在辦公室內吃完午飯不午睡，只是半瞇著眼，心中在整理《成論》法義。」當時的我只覺得歡喜恭敬，眞是再來菩薩，後來才知世間人多會裝模作樣，故作上人相之處。

多年以來，由於每週光是要弄明白 師父上課所說法義便屬不易，加上自身習性疏懶，還有內心之中多少對見性這件事有著「不過爾爾」的猜測；但也因爲眼見佛性一事，並非自身的現證境界，所以在法義上與佛性相關的諸多問題是不明白的，也不敢去亂想亂猜測，恐怕一但解悟則失去眼見正受的機會，所以養成了有關見性的事，最好是想都不想。但講經時 師父常會提到眼見佛性的境界與法義，還有聽聞過那些有關見性的見道報告及公案，再加上在進入正覺之前，曾修習些微禪定有得的境界，例如曾見藏密法中內外明點與金剛鏈，於無雲晴空中一一現見，造成了自己對眼見佛性，隱約之中竟形成了既定的立場而不自覺。

曾經爲了參加 師父在曾邱賢老師家中舉辦的禪二，約三、四個月前開始在學校帶著話頭去看花圃、路樹，一個月後即意外出現了枝條疏葉是如此的美麗好看的境界，以及親切、熟悉、歡喜一一俱行，但是那次禪二的見性因緣仍不足。

大約二、三年前，覺得七住位前的法，似乎已能少少分了解了（並不是說自己有什麼進步），也因爲一直受限於不懂經論中有關見性的法義（不敢去思考彼法義），以及椎間盤突出老毛病一直難以痊癒，擔心未來有一天會無法拜佛練定力了，所以覺得該是求見性的時候了；但是一向以來的理解認爲見性是有境界之法，以爲見性是在境界上的法（雖然這樣說也沒錯啦！）心中覺得可能就是各種殊勝境界於眼前器世界一切俱現，這種用意識心去揣摩的自以爲是，害得自己後來久參而不得出，平白自耽誤日子，幸得 師父救度出拔。

於平日的用功方法倒是平淡無奇，就是每日至少拜佛半小時，拜佛時依師父教導：內攝於憶佛的念而無旁騖，心念得以日益中攝；每日上下班騎（開）車時，將話頭降在前面騎士車輛上（這個有危險性不建議大眾仿效）；在公園運動快走時，則將話頭放在前面的人的身上，有時坐下看看小孩子盪鞦韆；家中窗台上準備一盆香茅草，看著葉片在風中搖曳生姿，除了心住於葉上的話頭，心中快樂亦自生起，不理會它就是了。

其間與 師父小參報告目前狀況，例如○○、○○、○○、○○、○○○（好像還有其他的，現在想不起了），師父告知：「**我要的情況都出現了，差**

不多了。」、「過去有這種情況的都可以眼見。」，由於心念雖於外物上，同時身心常併起輕安，故日子甚好過；惟有想著要見性卻不能得見，只掛心此事，否則實在是無所牽掛。

此時肉眼所見，仍見不到什麼青黃赤白，不論輕輕地看，或用盡心力去看，自以爲是的預設境界仍然沒有出現；有時於求見性一事只覺得灰心，一度想要放棄，覺得若不得見性，一生皆處此自心心樂境也不錯。

日子一天天的過去，在禪三前印象較深刻的幾件事（雖然都是幻象不理它），有一次週三班課前供佛時，我看到 世尊只剩紅色頂髻放光，越來越亮，其他都見不到。又有一日在學校監考時坐在班上前方，正好利用時間住於話頭，見到門外有一隻鵪鶉鳥走過，這種鳥兒一邊走路一邊鳥頭會前後晃動，我看著小鳥的頭受用甚大，幾乎呆了好一陣子。好鳥兒！過一會鳥飛走了，轉回頭來看看考試中的學生們，眼見有一個男同學眼微瞇，頭漸上揚，嘴巴慢慢打開，想要打噴嚏；接下來他的噴嚏沒打出來，反而是我接續著他的動作，莫名其妙地打了個噴嚏，自己想想也覺得甚有趣。還有就是有時學校的空堂時間，我沿著學校外圍牆快走，一日我走著看著遠方迎面而來的人的臉，就這樣邊看邊走；對方來到我的面前時，忽然叫我的名字，著實被嚇了一跳，原來是同事；原來我從遠到近一直盯著她的臉看，竟然沒分辨出是同事，她大概覺得我阿達阿達的，後來看到我都有點奇怪的表情。諸如此類的事非常的多，但自己還是一貫地不理這些幻相。

禪三前一個月吧，我想要抽回報名表，因為也沒見到什麼了不起的東西，也不覺得自己有什麼進步。請示了 師父，師父聽完後說：「不應該抽回，我看應該是要翻牌的時候了，（話頭）再看下去恐怕也不會有進步了；但是見性的事是一翻兩瞪眼，有就有，沒有就沒有，若見不到則此生就是見不到了。」當時我還傻傻地問 師父：「我可不可以去請示觀世音菩薩，是否該參加此次禪三？」師父說：「你可以去問看看啊！我是覺得差不多了。」擲筊請示的結果，菩薩仍然一貫的態度：「全由師父決定。」菩薩總是與 師父一鼻孔出氣。

禪三前一個禮拜幫忙同事代班，陪學生去南部畢業旅行，遊覽車上是我的快樂時光；因為坐第一個位置，身體坐在座位上，把心念縮到前方車輛上的話頭上，就這樣隨著車子走走停停，一念靜默又愉悅，這已經成為個人的小小喜愛了；像是去北方出差時，也是喜歡坐在前面的位置看著前面的車輛，一、二個小時的路程很快就過去了。

禪三當日的清晨拜了佛出門，仍然沒有什麼進步可言，心想「**就這樣子吧，如果眞的不行，那也沒辦法了**」；教學組對弟子很好，安排了法師寮給我住(不然睡我二邊的同修就很可憐了，會被擠到扁吧)，看來下次要請她們吃點心才行。

禪三第一日照表操課，晚上普說時，將話頭放在前方的 師父身上看著，話說 師父還眞是辛苦，心想：這麼多年了，每逢此時 師父總是要說唱俱佳、手舞足蹈的扮演神頭鬼臉，但是看不懂的還是看不懂。就像我一樣，佛性明明就在其中，看不見就是看不見啊！不禁悲從中來。當日夜間睡得不好，不知怎的，一夜醒來十幾次，以爲天應該亮了，結果看錶才十二點多。

第二日早上，師父交代我去拜佛一小時，然後再出去看話頭一小時；後來詢問弟子請示的結果要再次確定，報告 師父有關請示 佛、菩薩的結果是「**全由師父安排**」，師父說：「**那就這樣用功，看看情況到第三天傍晚再引導吧。**」但因我腰部的老毛病，不能久拜，所以自己便改成拜佛半小時，然後出去看話頭半小時。

第二天早晨過堂後，師父交代去看話頭；忽見草叢中一朵小黃花，花的樣子甚美甚莊嚴，且蘊蘊含光外顯，如月亮柔和而安詳寧靜又美到無法形容，可說是此生所見最美的一朵花了，看到呆掉；幾次揉揉眼，確定不是一時的幻覺。後來又看到一片葉子，竟也美到無言，待下次再看時竟回復成為平常的葉子，沒那麼好看；但再看一陣子，美的樣子又出現了；至此，更是自以為是的認為眼見佛性應該就是這樣子漸漸出現的「全體起用」，可能就是全體世界都變美了，諸如那樣子的改變吧(眞是要命的自以為是)。

在拜佛中，向 世尊發了幾個自認為很好的願，抬頭卻未見 世尊微笑；一念之中忽然明白了，遂改發了一句願「我要作觀世音菩薩」，雖然只是一句，卻不再有疑，發完願後不再向上望 世尊金面，知道這就是未來依止的大願；起身後才發現自己不知為何已經滿面淚水至下巴懸滴，自己也嚇一跳，搞不懂為什麼。

平常每日拜佛不過一、二回，現在變成連續拜佛，膝蓋與腰部均感到痠痛不堪，只好加快速度並改變成較不痛的姿勢。平日在家約二十分鐘一拜，此時變成十分鐘一拜，拜佛中的痠痛盡量不理它，只住於憶佛一念；第二夜仍然是不好睡，一夜數起，但斷續著仍能入睡。

第三日還是相同的用功方式，拜佛一段時間後，弟子便拿著椅子去旁邊靠電纜圈工廠的門邊坐著，面向山坡看著草木、昆蟲、蜥蜴、毛毛蟲等等，當天氣候微溫不熱，陣陣涼風不停吹來，奇怪的事從整個早上連續到下午：

就像平常在家用功時一般，眼看著葉片左搖復右晃，心住淡淡一念疑情「？」、「佛性？」自生愉悅隨之生起，等待著「見性境界」的出現。偶爾會想到今日已第三日，但情況與上山前一樣，還是什麼也看不見，沒什麼進步，生起一念焦慮；但又能怎樣呢？不理它、丟掉它吧，繼續看下去吧，反正還有師父可以引導。

白天一整天的怪事連續不斷，每次到山邊坐著看樹葉的時候，各種動物幾乎是輪流到面前表演，例如早上一坐下，眼前樹上就降下毛毛蟲，牽著絲就在我的面前下降，然後停止，被風吹著作鐘擺圓圈運動；看著毛毛蟲辛苦地下下又上上，身體激烈運動捲成麻花又拉直成針，明知道佛性就在其中，可惜我這個睜眼大瞎子啊！最後牠乾脆掉下去了。但第二隻毛毛蟲又接著下來，又賣力地表演了同樣的橋段，這次更熱烈，像空中飛人轉圈圈時，幾乎要碰到我的鼻頭了。

安靜了一會兒，忽然聽到落葉層中傳來窸窸窣窣的聲響，像是蜥蜴在其中爬行，而且聲音很大，仔細一看：「媽呀！怎麼這麼大的石龍子！」只見得其身體的一小段偶爾露出落葉外，學生物出身的我想著：「台灣應該沒有這麼大的石龍子啊？！祖師堂還眞是什麼都有。」

又過了一會，像是引擎般的聲音「轟～轟～」由遠至近，印象中這應該是大虎頭蜂被激怒要發動攻擊前的聲音，不禁背脊收縮；原來是一隻大熊蜂靠了過來，「這隻也太大了吧！」比印象中的熊蜂還要大上一整號，背上金黃色的毛已經掉了近半，是隻老熊蜂；牠發出像引擎般的聲音，一下子從左到右，一下子又從右到左；雖然熊蜂攻擊人的事不算多，但這種生命末期的老熊蜂通常脾氣都不好，被這麼大隻蜂叮到恐怕就初一十五了。我聽著牠在身旁轟來又轟去，全身肌肉不禁豎立，「我是擋到牠的出入口了嗎？不管啦！不理牠。」繼續在看話頭安住下去，然後聲音傳來，牠竟然從後方直衝過來；我嚇到從椅子跳起到一邊，但牠沒撞上來；「不理牠，繼續看。」牠的聲音竟然再次從後方直直撞過來，我只好又跳起來，牠卻不見了；但單聽牠巨大的轟轟聲，其實特有一番滋味在心頭飄來又飄去。

熊蜂才走，忽見眼前有一隻特大號的胡蜂，身體褐底黃斑，雖然我研究所論文是作蜂類的實驗，但竟不知台灣有這麼鮮豔的胡蜂，怎麼會有這麼美的黃色，眞是太好看了；牠又是一樣地在我的眼前，飛來又飛去！第三天的下午，彷彿整個山上的動物都跑來面前跳著舞，可惜是對牛彈琴，我還是繼續在看著、在等待境界法的出現。

回到禪堂，在禮佛之中，心裡求著媽媽（觀世音菩薩）：「幫幫我吧，弟子的力量眞的是沒辦法了。」菩薩竟回答：「好！我跟你一起去求老師。」（一念之中），頓時又是悲傷又是高興，「唉！爲了我這個不肖的兒子，還要麻煩媽媽去求師父」、「原來主三和尚（師父）的職權如此巨大，即使是佛菩薩也是絕對尊重而不會去干涉」，起身時涕淚滿面，離開禪堂時蘭國老師奇怪地看著我，趕緊去洗手間找衛生紙。

到了傍晚時，師父走過來說：「還有一點時間，今天引導出來，明天還可以好好看一天，這樣你也少辛苦一天。」遂帶著弟子下樓去旁邊小廣場，

看著面前下樓梯的 師父，我眞是不孝啊！

傍晚祖師堂的廣場上只有 師父與弟子，師父口說手劃著如此如此，佛性就是如來藏的……，手指前方大樹：「看見了嗎？」我看著樹上，心裡一直以來所設定的境界並沒有出現，「咦？」師父的手指劃過我的手臂，問：「有嗎？」

的確是有，我心想「難道是（這個）？！」遂回答：「有。」忽然一時頓明頓見，原來是這個！在大樹的枝葉搖曳上看得清楚，靜止的樹幹上也看得分明，心中卻很清醒冷靜，然後一陣一陣地，長久以來的許多的疑問無聲無息地一個個無言地解開而浮現出來，便向師父報告：「所以佛性是心法，不是色法！」師父回答：「是啊！佛性就是如來藏的……。」

哎呀呀！我這個笨蛋，還一直以爲佛性一定有著色法的成分；不過也沒錯啦！眼見佛性是在色法上見，是在五塵上見，是在六塵上見，見性的六根互通原來是這樣子的通法，妙呀！還眞是與明心所見不同，雖是同一根源但完全不同；糾纏了這許多年呀！眞是苦禪啊、苦纏！原來紅塵早已結在蓮庵啊~~

所以從根本上來說，眼見佛性就是證悟明心的延伸，是證如來藏的進階pro版，讓自己更清楚看到了如來藏的另一種運作；祂附屬於明心，但祂與明心又是完全不同的，祂是如此的現前而簡簡單單，我不禁又問：「**那爲什麼見性要列在十住位？**」「**因爲世界如幻觀成就了。**」師父回答。

對喲！明心加上見性，現前所領受的五蘊十八界眞是如幻，但如幻並非是一種境界，而是一切境界如幻(的境界)，比起只有明心時，多了更具足的「現觀」與「領受」。而且是隨五蘊的生住而領受當下任運的現空分，比起明心的現空爲完整而雙俱兩邊。更妙的是，只有明心時的現觀會偏向五蘊空而寂滅，而明心加上見性後所見則是當下安住任運，並且生機蓬勃，十八界存在的當下即是眞實有與本來空，雙俱雙運；如是自然當下便成就如幻觀，卻又不加功用能安住於當下五蘊境界，才能說「**菩提就恁麼長**」。

由於我覺得這個見性是很現成而理所當然，好似此乃本來就如此可見運作之法，爲何能列禪門第二關？師父又慈悲開示：「**眼見佛性極爲難得，即使是講堂明心的菩薩們，能親見者亦屬不易有，例如……；若先知佛性名義，即使後來很努力，此生很難見到了；少數還能眼見者，只有……。**」我有些不明白，說：「如果把他們找來，把定力、慧力及福德補足，應該是可以見到的啊！」師父說：「根據我度眾的經驗，一旦知道佛性的名義（而當場未看見），就無法得見了。」又說：「見性的人，如果三個月不拜佛，退失定力的話，那麼又會看不見；但補足定力後，又可漸漸看見。」我問：「那麼他們（退失定力者）看到的是什麼呢？」師父回答：「就純是見聞覺知了。」想想也是，佛菩提道上每一個位階都有其實質與次第，不能躐等；就好像高爾夫球的十八個洞，是一個一個完成的。看似現成本住的眼見佛性，得依於第七住後的增上而成就；而七住位的證得，又要依據前面三縛結的斷除、六個住位的具足等等。再加上眾生的意根無始以來就將第八識的體與用據爲自己所有，於其中佛性的運作雖是眞實任運現成者，若福德因緣不夠具足時，眾生是無法得見此佛性的，於是就只能用見聞覺知加上想像的方式來揣摩佛性，看來佛性這一關，最難的還是在於各方面福德的具足上，有所不足吧！

師父接著說：「即使告訴明心的人什麼是見性，他們也不能理解我在說什麼，因爲不能理解，所以只能用見聞覺知來理解，更何況是外面的人。」正是如此！眼見佛性是純現量的法，參究出來時，有就有，沒有就沒有；並不是用想像得來的虛相法，不會因爲理解與想像，沒有的法就會變成有法。對於悟後種智成就的禪師而言，或可直接將眞如的名義授予種姓具足的弟子，能令弟子現前觀見自己的眞如，禪師家尚可加以護持弟子令其不退；但見性這一關，不論禪師怎樣形容，未眼見者就是不得見，如同不能將自己現量的內相分境界拿出來令他人同見，這件事還眞是難哩！

再問：「若不以證悟如來藏爲基礎，則見性就變成是見聞覺知上的感覺？」「老師以前曾說有人不明心而見性，那是什麼樣？」師父答：「那就是這樣(只在見性的境界中)。」處於五塵生滅的見性境界之中，亦可自住於此而度日，但因無本無根(未明心)，所以唯存見性所住見聞覺知的感覺境界中；事實上若不明心而徒有此境界，尚不如諸禪定正受用境；不論佛門中人或外道有可能住於此境界，但若如此，此人唯安住彼境界法上，實際上不能說是禪門的「眼見佛性」，也難於菩提道上進步矣！但是世間可能有人是如此安住、如此度日。

接下來回到禪堂，師父要我頂禮 世尊、頂禮 韋陀菩薩、頂禮 克勤祖師，當然最後要頂禮 根本上師。然後過堂前去洗手，這段時間之中心中仍然不斷地冒出問題，不顧 師父的忙碌（眞不應該），又在長廊上向 師父請法。

我說：「我原先還以爲見性後就可住在清淨快樂的世界，原來見性如同明心一般，不是說見性的本身是什麼快樂境界，也不是說從此以後世間染污的就轉變成清淨的，不是說見性之後世間諸苦就可以變成快樂，諸苦仍是諸苦，而是說可轉依佛性的功德受用，依止於如來藏與佛性，能繼續於佛菩提道向前進。」師父點頭。

「過去我一直認爲見性是有境界、有受用的法，現在才知道它是心法，不是色法。」師父更加慈悲地爲我解惑：「見性見於外（那兒），於內（這兒）有受用，故說是有境界之法，不是五塵有什麼改變，所以是心法。」我說：「所以見性仍是不離八識心王心所，是心法而非色法。」師父開示：「佛性其實就是如來藏的用。」「對！對！就是『起用』這個字。」我高興地說。

又問：「師父過去曾說若要得西方上品上生，應該是明心加見性？」師父答：「是」。我說：「因爲只證如來藏心而不見佛性，則不完整是嗎？」原來就是師父開示的一樣，如來藏是體，佛性是用；如來藏如燈，佛性如光，若有體而無用，有燈而無光，只能偏一邊而不完整。本來即是完整的法，若我們只見一邊，就是將整體法給切割了，當然是有所闕損的；所以念佛三昧的成就，等同是明心加見性（這是一件事，不是二件事），聯想到廣欽老和尙開示錄中所說的內容：「我（廣老）認爲那是念佛三昧，你認爲是不是，我就不知道了。」廣老是否證得念佛三昧呢？敬錄：明心唯念佛，見性方有三昧。哈！哈！哈！

我又問：「那麼見性的境界，會不會隨著菩薩地地增上而有所改變？」師父說：「若至二禪的等至位，等引位還不行，則會有所增進。菩薩入地後的隨順佛性則可感知眾生心行，但對於低等動物與心思甚亂的人則不容易感應到。」

我再問：「師父以前說過的『阿賴耶三昧』，就是從此而出？」師答：「就是如來藏的起用（佛性）。」我問：「那像是八地菩薩的於相於土自在？」師答：「與這個（佛性）有關。」最後師父交代：「待會兒普說時，你好好看看我的（佛性）與師兄師姊的（佛性）。」

進用藥石時，一樣地去看 師父、看師兄師姊，從他們的身上看到自己的佛性，也看到他們的佛性；而諸如牆壁上、飯碗上也都有佛性，一飲一食也都有佛性，師父問我：「味道如何？」我答：「好吃！」

當天夜晚普說時，我將坐墊轉四十五度，看著台上努力開示的 師父；橫看著師兄師姊辛苦參究的臉，不論是苦瓜臉或歡喜的臉，在一舉一動、一顰一笑、在嘴角牽動、在揚眉轉頭之間都好看得很；聽 師父說到未證言證的大妄語時，忽然想到，以前所聽說師兄師姊的見性公案中，於見性時好像都會爆哭或爆喜，或起大驚異、大慌亂，自己卻完全沒有，心想：「糟糕！難道是有所闕損？那就成爲大妄語了。」這個業可擔不起呀！越想就越恐怖，所以等待普說結束後，尾隨著 師父去小參室求問；師父招呼我進去，我說：「老師，我覺得好像沒有眼見。」師問：「爲什麼呢？」我回答：「好像別人見性都會大驚異，或大哭或大笑，我一點也沒有。」師父回答：「那也不見得，像我（師父自己）自己見性時，只是閉上眼去聽這是什麼，聽了半個小時，聽隔壁幼稚園小朋友的聲音，自然感受小朋友。」「之前惠枝老師見性時也只是抬頭看看這兒、看看那兒。」「會哭的人有時是因爲自己也沒想到會見性才哭的。」、「見性不是一定會哭會笑。」對呀！道理應該是如此才對，自己怎麼那麼笨啊！至此我最後一點憂心終於也放下了，於是再次頂禮，眞是太謝謝 師父。

我又問：「歷史上也有很多很好的禪師們，他們一生也不曾得見性，那就是因爲因緣不好，沒有得到善知識教授的緣故了？」師父點頭。我再問：「所以這個見性的法，其實完全得靠菩薩代代相傳、手手相承，全由師父教授弟子而得見。若是見性的善知識沒有了，見性的法也就斷了？」突然一念迴轉說：「啊！也不一定，這個善知識可以自己再來，才會再有見性的法。」師父點頭，說：「否則一般人即使有什麼，也不知道那是見性。」最後，我再度頂禮 師父，這個恩德大到眞的沒得報答，第三天夜晚就好睡很多了。

第四日早上過堂後，師父指著遠方正飛落地面的白鷺鷥，要我去看眾生的佛性，小鳥距離遠，我向前走去想要看清楚些，低頭一看，草叢中有一隻非洲大蝸牛正慢慢地向前爬；我盯著牠看了一會兒，溼溼黏黏的蝸牛，頂著二根觸角眼，身體在草上滑行，二根大觸角下面還有二根小觸角；我隨手撿起地上的樹葉，讓葉子掉落在蝸牛身上，看看牠的觸角會不會收回去；試了幾次，葉片終於掉在蝸牛身上，結果就在此一瞬間，蝸牛身體忽然迅速地收了回去，不只是二根大觸角，連一對小觸角也收回去，甚至是前半截的身體都一起瞬間縮了回去；弟子忍不住大笑了起來，一直笑、一直笑，就是覺得好有趣，好好笑。現在想起來還是覺得忍俊不禁，這老蝸牛的佛性可眞是了不起，厲害厲害、佩服佩服！

抬頭看著遠方經行的師兄師姊們，個個佛性具足；本來是佛，奈何心外求法，甘受輪迴；山河大地、蒔花怪草上的佛性也直是分明現前，原本就是佛性的世界，何處何物不是具足佛性呢？

過一會兒 師父走過來了，我又忍不住，問 師父：「爲何見性師兄如嘉榮叔叔等人，仍會退失？」就算悟後不肯讀經思惟，所證的眞如乃是眞實，這是無法否認的，「而這個佛性總是眞實的啊！爲什麼他們會退轉呢？」我指著樹說。師父說：「是啊！當初李嘉榮見性時，還說自己洗了這輩子最舒服的澡。」這一點後面再報告。那是所斷不眞、所證不眞、所見不眞。

第四天整天，我依舊是拜佛與看話頭摻雜著。由於對前一天下午山坡前，狀似演奏交響樂似的情況有所好奇，我坐在同處時，刻意的留心，發現昨天下午滿檔交錯的表演沒有了，整個下午除了二隻昆蟲飛過之外，其他的大傢伙都不見了，只剩下走不了的花草樹葉獨自在風中，孤影自晃作著個人演出秀；雖然也是好看，卻少了全體成員的大合奏。唉！果然！佛菩薩還有諸位菩薩們啊！爲了弟子這個不肖兒，眞箇是忙殺列位了，叫弟子要如何報答如此恩情呢。

近傍晚時，見到一隻尺蠖蛾的幼蟲，奮力地在眼前的竹籬笆上，身體一伸一縮地向前爬著，體表幾近透明，每一次伸縮似乎都用盡了遍身之力；我忽然想到了雖然佛性不是眞如，但沒有眞如也就沒有佛性，無始時來廣大具足無量無邊，但佛性於入涅槃時亦會消失，而眞如則永存不滅，想要請示師父是否如此。但由於第四日下午是 師父在禪三之中時程最滿的時刻，所以這一點直到週二才能請示 師父，確認如此無誤。

看看解三時間快到了，用父母所生肉團眼看出去，最後再確認一遍：

一、在山河大地上看自己的佛性↓具足

二、從眾生的身上看到自己的佛性↓具足

三、看眾生身上的佛性↓也具足

至此忍不住擊掌拍手，結束了此次禪三的參究。

結論：親證眞如驚呼奇！眼見佛性大稱妙！

苦禪啊苦纏，紅塵結在蓮庵。

返家之後身體上有些許疲勞，但心中的法義仍是不斷地冒出；師父曾說禪門中叫眞如是「金屎之法」，因爲「不會者如金，會者如屎」，乃是眾生本來具足故；而佛性之眼見極其難得，禪門中傳下來的一千多則公案，述說見性者不到十二則；再扣除同一位見性的祖師再來又再來，則中國禪宗一千多年以降，眞正明心證悟者已經幾希，而見性者則更是少之又少。而弟子竊以爲此眞如如來藏心是眾生本來具足，而佛性則是現前完齊顯現，雖然佛性也是眾生本來具有，但是因爲必得條件具足方能得見，故不敢說是屎。而欲求見性之中最重要也是最困難的條件，乃是已見性善知識的引導；若未得善知識幫忙，則一切皆枉然，如同 彌勒菩薩在《瑜伽師地論》中所開示：「**行圓滿與果圓滿的前提條件是師圓滿。**」以不肖弟子爲例，若非 師父出手引導指向正路，則這一生恐怕都得在自我預設之中，等待那個永遠不會出現的境界法。

自從二十多年前在中信局佛學社初加入共修以來，師父總是教導「**明心見性方是證得念佛三昧**」；現在終於明白了，修行人若唯有明心而不見性，如同有燈沒有光、有體而不得用，則有所缺損殘疾；此明心而不得見性者唯會得「念佛」，但「三昧」不具足，必得待得眼見佛性分明時，此「念佛三昧」方能具足體用二邊。現在去看古德今人教導念佛，方能知其人斤兩，重讀廣欽老和尚所說的念佛三昧：

【「當時『南無阿彌陀佛、南無阿彌陀佛……』的佛號，先在大殿地面盤繞，然後再冉冉地迴旋上升起來；」老和尚講到此處，邊作緩緩盤旋手勢，同時念佛，聲音深沉而渾厚。他說當時沒有什麼寺廟建築和其他人事物的感覺，只有源源不斷的念佛聲，由下至上一直繞轉，盡虛空、遍法界盡是彌陀聖號。

老和尚說，那時他也不曉得行不行香，也不曉得定在那裡，光是「南無阿彌陀佛」而已；最後維那引磬一敲，功課圓滿，大眾各歸寮房，他還是一樣「南無阿彌陀佛」下去，二六時中，行住坐臥，上殿過堂，完全融於南無阿彌陀佛佛號聲中，鳥語花香，如此有三個月之久。

老和尚笑著說：「那眞的很爽快！不過這只是我記憶中的體會，是不是念佛三昧，我給你作個參考，我覺得是個念佛三昧，你認爲是不是那是你的事情了。」〕方知嶔崎險峻之處，必得眼見佛性之後方能得窺念佛三昧之貌。

但即使如此，也只是三賢位菩薩的眼見佛性，尚多有不得自在、不得完滿之處，必須繼續努力修行至入地後發起地上菩薩隨順佛性，此「阿賴耶三昧」方能發起大用，方能說是「知眾生心行故」。於佛性功德受用的圓滿具足，那就是諸佛的隨順佛性了，也就是說地上菩薩的隨順佛性，與未入地前的眼見佛性，二者之間的距離何止萬里之遙；例如錄取禪三的同修，第一次進小參室時，常會驚異於 師父的所見所問，其實就是由地上菩薩隨順佛性之中，阿賴耶三昧所運作的內容。師父也曾說這種「知眾生心行故」的能力，他一般平時不用，唯在禪三時為度眾而運用；也是多年以來，我擔任糾察、監香職多所親自見聞無誤者。此次禪三在自己身上又再次見識到，師父開示說：「地上菩薩的隨順佛性，與未入地菩薩的隨順佛性是不一樣的。」「但若是彼眾生心很亂，或是低等生物身上則不容易知其心。」

眼見佛性難，但眼見佛性的勘驗更難，攝受護持眼見佛性的弟子的善知識尤其難得也。師父曾說：「勘驗佛性很難，因為是用你的眼睛看到，不是我的（眼睛）。」善知識得依多方角度及度眾經驗所成，方能勘驗弟子眼見佛性的眞實性；再加上若先知佛性名義造成解悟，則此生就難得親見佛性了，所以善知識對於佛性的勘驗與先前對於明心的勘驗也是完全不同的。

禪三時我想到這個問題，便想到：「**勘驗初關證悟明心在於結果，而勘驗重關眼見佛性在於過程。**」明心證悟如來藏重在親證，但若所證眞如有不分明處，是有可能漸漸地藉著依善知識的護持，以一一現法現觀而漸得分明，只是現前受用就差一些了；但是眼見佛性若先知其名義，則再難得見，所以見性的勘驗不只是在結果，還要加上過程。早在明心菩薩決定要求見性，則此後的過程，一一細節皆爲善知識所勘查者；如同打高爾夫球，其中有一定的順序次第；要能眼見佛性，於定力、慧力、福德、除性障四種條件缺一不可，此間一一次第皆須順序具足。

即使是定力慧力都具足了，尙不能保證能夠眼見，因爲見性所要求的福德較之明心又高上許多。而見性福德是否滿足的判定乃是難上加難，若福德有闕損，仍難得眼見；所以善知識對於見性的勘驗，不僅在於最後的引導結果，而且是於此之前的諸般條件是否具足。所以　師父常常對已經明心而想參究見性的菩薩們開示，應當要具足見性所需的定力、慧力、福德…：「等我要的那些條件都出現了，就可以去禪三了。」禪三第四天下午我坐在禪堂之中，忽然生起一念「見性的勘驗在過程之中」的道理，心中歡喜想著趕快去稟告 師父，沒想到 師父在解三時就開示了這個道理；我拍了自己的大腿：「我打你這個傻瓜，師父是何許人也！(可眞成了野人獻曝了。)」

多年以來，對於三次法難之中那些見性的菩薩仍會選擇退轉離開的事無法明瞭；雖然佛法之中，世尊提到的不退轉位，依解脫道是三果阿那含人於解脫道不退，在大乘道中則是初地以上才是不退轉菩薩；但對於十住位眼見佛性的菩薩仍會選擇回到世俗法，這件事我仍有所不解；等到此次自己見性後，方能前後貫穿來看。雖然菩薩的五十二階位每一個位階皆有其實證的內容，但一般所說見道的實證則起自菩薩六住位斷身見我見三縛結而證果，也就是完成了解脫道中初果須陀洹的見道實證，然後能求證菩薩七住位明心證悟如來藏，得到大乘菩薩的眞見道位，度過了禪門的初關明心；然後再能進修十住菩薩的眼見佛性現證，完成了初分的世界如幻觀，是爲禪門重關見性；此後奮力修行總相智別相智與種智，繼續累積定力慧力福德，直至初地才是大乘相見道位的完成。此間一一次第、多少觀行，不能越級前行，否則就會唐捐其功。

然而要眾生去違悖異生凡夫之性，逆生死業流而上，這件事很困難；即使是佛世之時，多少人中豪傑亦不堪其行，在《阿含經》中多所記載；此乃佛弟子中平常之事，並非獨一特例；復由於末法今時，文佛之正法如風中飄零殘燭，而此世間的佛弟子異生性復倍於古時，師父常說：「若我用古時候禪門的標準來度眾，保證庭前草深一丈，還談什麼佛法的復興！」故弟子多年以來所親見聞者，師父一向以多加方便、廣所指引，唯求救拔廣大芸芸佛子為務；然而無始以來異生的凡夫性堅固不能拔除，即使是 師父努力將之一一拔離泥淖，也會有眾生不能堪忍於斷我見的空相、眞如的無我性、見性所證的如幻性，而又選擇了跳回泥淖之中，方能滿足妄心於多劫以來的「安全感」，此乃悟後會退失的根本原因。

這些道理，彌勒菩薩在《瑜伽師地論》中說得尤其完整。彌勒菩薩開示由凡夫位修行至斷結而證果，會順序完成九智：「復次，有九種智，能於諸行遍知超越，謂諸行流轉智、諸行還滅智、雜染因緣智、清淨因緣智、清淨智、及苦智、集智、滅智、道智。」此九種智必須是一一次第現觀完成，所

以　彌勒菩薩特別告誡與強調：「又若於前諸智有闕，必定不能以諦道理遍知諸行，要當證得方能遍知，若於諦理遍知行，智有所闕者，必定不能於上修道以對治力斷諸煩惱超一切行，與此相違乃能超越。」也就是大乘道的階位實證，絕對不可能越級而行，這也正是　師父平日多所告誡眾弟子處啊！若行人不能信受此理，則如以沙築塔，終究會散壞無存；最初所缺損未成滿者，終究還得回頭成滿方能前進。想想多年以來所有退轉離開的同修，恰巧箇箇盡都落入　彌勒菩薩所預計者囉！

於其中亦有唯好意識思量，將意識所得的聞慧而誤作爲觀行所成慧，例如只是懂了斷三結的道理，就說自己已完成須陀洹的果證，因此不能算是眞斷三結的證果人，不是六住位的菩薩，尚未完成其應具的現觀所成莊嚴故；同理，未眞正完成六住位的果證，只是知曉如來藏心的名義，未能轉依於如來藏本來清淨無我，不能算是明心證悟，並非七住位菩薩，而成爲「阿賴耶外道」了（不算是菩薩了）；再者，若於斷三結與明心二者不能具足、未能轉依成功，非六住、非七住菩薩，則不可能是十住菩薩。即使已是七住位菩薩者，若唯知佛性名義，或所見不眞，不能呼之爲眼見佛性，因爲如幻觀不能在眼見當下即成就；若再加上六住位未曾眞實圓滿，則我見必會復起，必退失於十住、七住及六住，此亦乃大乘菩薩世界中所常見者，不足爲奇。

也就是說，在菩薩眞見道位的修行，必得依於「斷我見→明心→見性」的實證順序，一絲也錯亂不得，我見三結若未眞斷，則不能成就明心證悟，未能眞實轉依如來藏，則即使偶有見了什麼境界，也必返落入妄心的見聞覺知性上，實質上等同凡夫，並非十住位的實證。雖然世間亦有人有見性的境界而不曾明心，則成爲妄心上的感覺罷了，並非十住菩薩眼見佛性境界，全無菩薩十住位的功德受用故。且若單論見性的有爲相境界，尚不能與初禪身樂相較，遑論諸地正受？若單依此而修行，難有實質利益，亦可稱之外道愚人也。

行者唯有以三結已斷除、已轉依眞如如來藏爲前提，然後在因緣具足的條件下，加上善知識指引而眼見佛性，方能知佛性與眞如乃是不同之法；不可以眞如之法而說即是佛性，二者截然不同，佛性依於眞如而有，但佛性不是眞如，而彼此卻又是不一不異，如此方能不遍於無爲、亦不落於有爲，轉依眞如與佛性雙榮雙俱，方能眞得不偏於空也不滯於有，於佛菩提道上任運前行。

佛性之迴異眞如，有其可現證的實質分，而非意識心的虛設；即使將佛性的意義明白訴之已經明心的菩薩，後者仍不能得解，因爲非己身的現量境界；那麼明心的菩薩聞之，必會用自己所證的眞如之性用來想像，則必失之千里而難再得見，故見性的境界向來只於已見性者之間方能意會。遙想文佛成道之夜，結降伏印以手按地，以示已得明心，此時大圓鏡智成就；但仍得待夜睹東方明星時，方能圓滿諸佛隨順佛性之境界，此時成所作智方纔成就，體用兼具，圓滿佛果方得成就。

又如經上說「大通智勝佛，十劫坐道場，佛法不現前，不得成佛道」；雖然已然明心證悟，但佛法不現前，因爲見性尚未成就，成所作智尚未圓滿故。這道理，若非 師父講經時說明，有誰能知？唯有過來人方才能知，方才能手把手傳將下來。所以禪宗一門，必得以明心爲證悟之標的；而以明心再加上見性爲完整開悟的內容，如鳥之雙翼，如人之雙足與雙手；雖只有其一亦可生存，但總是缺了半邊。是故唯有明心與見性都有時，眞見道才算完整。這樣的道理，不肖弟子竟於明心後二十二年方能透澈，可謂鈍根之至極了。

末法時代世道艱辛，佛門之中邪說蓋天遍地，難可得見一縷光明；即使連無著菩薩、龍樹菩薩這樣的大祖師，都曾說過不想再來人間了；唯有 師父不懼恐怖，弟子多年以來親眼所見 師父行誼，滿是於難行處能行、難忍處能忍；日夜如是，終未曾言退。不肖弟子唯能至誠歎揚：「**諸圓滿之中，師圓滿爲最上。**」

中華民國一〇七年（二〇一八）十一月十五日。

佛菩提二主要道次第概要表——二道並修，以外無別佛法

佛菩提道——大菩提道

遠波羅蜜多

資糧位

十信位修集信心——一劫乃至一萬劫

初住位修集布施功德（以財施爲主）。

二住位修集持戒功德。

三住位修集忍辱功德。

四住位修集精進功德。

五住位修集禪定功德。

六住位修集般若功德（熏習般若中觀及斷我見，加行位也）。

外門廣修六度萬行

見道位

七住位明心般若正觀現前，親證本來自性清淨涅槃。

八住位起於一切法規觀般若中道。漸除性障。

十住位眼見佛性，世界如幻觀成就。

一至十行位，於廣行六度萬行中，依般若中道慧，現觀陰處界猶如陽焰，至第十行滿心位，陽焰觀成就。

一至十迴向位熏習一切種智；修除性障，唯留最後一分思惑不斷。第十迴向滿心位成就菩薩道如夢觀。

內門廣修六度萬行

初地：第十迴向位滿心時，成就道種智一分（八識心王一一親證後，領受五法、三自性、七種第一義、七種性自性、二種無我法）復由勇發十無盡願，成通達位菩薩。復又永伏性障而不具斷，能證慧解脫而不取證，由大願故留惑潤生。此地主修法施波羅蜜多及百法明門。證「猶如鏡像」現觀，故滿初地心。

二地：初地功德滿足以後，再成就道種智一分而入二地；主修戒波羅蜜多及一切種智。滿心位成就「猶如光影」現觀，戒行自然清淨。

解脫道：二乘菩提

斷三縛結，成初果解脫

← 薄貪瞋癡，成二果解脫

← 斷五下分結，成三果解脫

入地前的四加行令煩惱障現行悉斷，成四果解脫，留惑潤生。分段生死已斷，煩惱障習氣種子開始斷除，兼斷無始無明上煩惱。

近波羅蜜多

大波羅蜜多

圓滿波羅蜜多

修道位

三地：二地滿心再證道種智一分，故入三地。此地主修忍波羅蜜多及四禪八定、四無量心、五神通。能成就俱解脫果而不取證，留惑潤生。滿心位成就「猶如谷響」現觀及無漏妙定意生身。

四地：由三地再證道種智一分故入四地。主修精進波羅蜜多，於此土及他方世界廣度有緣，無有疲倦。進修一切種智，滿心位成就「如水中月」現觀。

五地：由四地再證道種智一分故入五地。主修禪定波羅蜜多及一切種智，斷除下乘涅槃貪。滿心位成就「變化所成」現觀。

六地：由五地再證道種智一分故入六地。此地主修般若波羅蜜多——依道種智現觀十二因緣一一有支及意生身化身，皆自心眞如變化所現，「非有似有」，成就細相觀，不由加行而自然證得滅盡定，成俱解脫大乘無學。

七地：由六地「非有似有」現觀，再證道種智一分故入七地。此地主修一切種智及方便波羅蜜多，由重觀十二有支一一支中之流轉門及還滅門一切細相，成就方便善巧，念念隨入滅盡定。滿心位證得「如犍闥婆城」現觀。

八地：由七地極細相觀成就故再證道種智一分而入八地。此地主修一切種智及願波羅蜜多。至滿心位純無相觀任運恆起，故於相土自在，滿心位復證「如實覺知諸法相意生身」故。

九地：由八地再證道種智一分故入九地。主修力波羅蜜多及一切種智，成就四無礙，滿心位證得「種類俱生無行作意生身」。

十地：由九地再證道種智一分故入此地。此地主修一切種智——智波羅蜜多。滿心位起大法智雲，及現起大法智雲所含藏種種功德，成受職菩薩。

等覺：由十地道種智成就故入此地。此地應修一切種智，圓滿等覺地無生法忍；於百劫中修集極廣大福德，以之圓滿三十二大人相及無量隨形好。

究竟位

妙覺：示現受生人間已斷盡煩惱障一切習氣種子，並斷盡所知障一切隨眠，永斷變易生死無明，成就大般涅槃，四智圓明。人間捨壽後，報身常住色究竟天利樂十方地上菩薩；以諸化身利樂有情，永無盡期，成就究竟佛道。

七地滿心斷除故意保留之最後一分思惑時，煩惱障所攝色、受、想三陰有漏習氣種子全部斷盡。

←

煩惱障所攝行、識二陰無漏習氣種子任運漸斷，所知障所攝上煩惱任運漸斷。

←

斷盡變易生死
成就大般涅槃

圓滿成就究竟佛果

佛子蕭平實 謹製
（二〇〇九、〇二 修訂）
（二〇一二、〇二 增補）

佛教正覺同修會〈修學佛道次第表〉

第一階段

* 以憶佛及拜佛方式修習動中定力。
* 學第一義佛法及禪法知見。
* 無相拜佛功夫成就。
* 具備一念相續功夫—動靜中皆能看話頭。
* 努力培植福德資糧，勤修三福淨業。

第二階段

* 參話頭，參公案。
* 開悟明心，一片悟境。
* 鍛鍊功夫求見佛性。
* 眼見佛性〈餘五根亦如是〉親見世界如幻，成就如幻觀。
* 學習禪門差別智。
* 深入第一義經典。
* 修除性障及隨分修學禪定。
* 修證十行位陽焰觀。

第三階段

* 學一切種智真實正理—楞伽經、解深密經、成唯識論…。
* 參究末後句。
* 解悟末後句。
* 透牢關—親自體驗所悟末後句境界，親見實相，無得無失。
* 救護一切眾生迴向正道。護持了義正法，修證十迴向位如夢觀。
* 發十無盡願，修習百法明門，親證猶如鏡像現觀。
* 修除五蓋，發起禪定。持一切善法戒。親證猶如光影現觀。
* 進修四禪八定、四無量心、五神通。進修大乘種智，求證猶如谷響現觀。

佛教正覺同修會 共修現況 及 招生公告　2021/04/21

一、共修現況：（請在共修時間來電，以免無人接聽。）

台北正覺講堂 103 台北市承德路三段 277 號九樓 捷運淡水線圓山站旁
Tel..**總機** 02-25957295（晚上）（**分機：九樓**辦公室 10、11；知客櫃檯 12、13。 **十樓**知客櫃檯 15、16；書局櫃檯 14。 **五樓**辦公室 18；知客櫃檯 19。**二樓**辦公室 20；知客櫃檯 21。）
Fax..25954493

第一講堂 台北市承德路三段 277 號九樓

禪淨班：週一晚班、週三晚班、週四晚班、週五晚班、週六下午班、週六上午班（共修期間二年半，全程免費。皆須報名建立學籍後始可參加共修，欲報名者詳見本公告末頁。）

增上班：瑜伽師地論詳解：單週六晚班。雙週六晚班（重播班）。17.50～20.50。平實導師講解，2003 年 2 月開講至今，僅限已明心之會員參加。

禪門差別智：每月第一週日全天　平實導師主講（事冗暫停）。

解深密經詳解　本經從六度波羅蜜多談到八識心王，再詳論大乘見道所證眞如，然後論及悟後進修的相見道位所觀七眞如，以及入地後的十地所修，乃至成佛時的四智圓明一切種智境界，皆是可修可證之法，流傳至今依舊可證，顯示佛法眞是義學而非玄談，淺深次第皆所論及之第一義諦妙義。已於 2021 年三月下旬起開講，由　平實導師詳解。每逢週二晚上開講，第一至第六講堂都可同時聽聞，歡迎菩薩種性學人，攜眷共同參與此殊勝法會現場聞法，不限制聽講資格。本會學員憑上課證進入第一至第四講堂聽講，會外學人請以身分證件換證進入聽講（此爲大樓管理處安全管理規定之要求，敬請諒解）；第五及第六講堂（B1、B2）對外開放，不需出示任何證件，請由大樓側門直接進入。

第二講堂 台北市承德路三段 267 號十樓。

禪淨班：週一晚班。

進階班：週三晚班、週四晚班、週五晚班、週六早班、週六下午班。禪淨班結業後轉入共修。

解深密經詳解：平實導師講解。每週二 18.50~20.50 影像音聲即時傳輸

第三講堂 台北市承德路三段 277 號五樓。

禪淨班：週六下午班。

進階班：週一晚班、週三晚班、週四晚班、週五晚班。

解深密經詳解：平實導師講解。每週二 18.50~20.50 影像音聲即時傳輸

第四講堂　台北市承德路三段 267 號二樓。

進階班：週一晚班、週三晚班、週四晚班（禪淨班結業後轉入共修）。

解深密經詳解：平實導師講解。每週二 18.50~20.50 影像音聲即時傳輸。

第五、第六講堂

念佛班　每週日晚上，第六講堂共修（B2），一切求生極樂世界的三寶弟子皆可參加，不限制共修資格。

進階班：週一晚班、週三晚班、週四晚班。

解深密經詳解：平實導師講解。每週二 18.50~20.50 影像音聲即時傳輸。

第五、第六講堂爲**開放式講堂**，不需以身分證件換證即可進入聽講，台北市承德路三段 267 號地下一樓、地下二樓。每逢週二晚上講經時段開放給會外人士自由聽經，請由大樓側面梯階逕行進入聽講。**聽講者請尊重講者的著作權及肖像權，請勿錄音錄影，以免違法；若有錄音錄影被查獲者，將依法處理。**

正覺祖師堂　大溪區美華里信義路 650 巷坑底 5 之 6 號（台 3 號省道 34 公里處 妙法寺對面斜坡道進入）電話 03-3886110　傳眞 03-3881692 本堂供奉 克勤圓悟大師，專供會員每年四月、十月各三次精進禪三共修，兼作本會出家菩薩掛單常住之用。開放參訪日期請參見本會公告。教內共修團體或道場，得另申請其餘時間作團體參訪，務請事先與常住確定日期，以便安排常住菩薩接引導覽，亦免妨礙常住菩薩之日常作息及修行。

桃園正覺講堂（第一、第二講堂）：桃園市介壽路 286、288 號 10 樓（陽明運動公園對面）電話：03-3749363（請於共修時聯繫，或與台北聯繫）

禪淨班：週一晚班（1）、週一晚班（2）、週三晚班、週四晚班、週五晚班。

進階班：週四晚班、週五晚班、週六上午班。

增上班：雙週六晚班（增上重播班）。

解深密經詳解：平實導師講解。每週二晚上，以台北正覺講堂所錄 DVD 放映；歡迎會外學人共同聽講，不需出示身分證件。

新竹正覺講堂　新竹市東光路 55 號二樓之一　電話 03-5724297（晚上）

第一講堂：

禪淨班：週五晚班。

進階班：週三晚班、週四晚班、週六上午班。由禪淨班結業後轉入共修

增上班：單週六晚班。雙週六晚班（重播班）。

解深密經詳解：平實導師講解。每週二晚上，以台北正覺講堂所錄 DVD 放映。歡迎會外學人共同聽講，不需出示身分證件。

第二講堂：

禪淨班：週一晚班、週三晚班、週四晚班、週六上午班。

解深密經詳解：每週二晚上與第一講堂同步播放講經 DVD。

第三、第四講堂：裝修完畢，即將開放。

台中正覺講堂　04-23816090（晚上）

第一講堂　台中市南屯區五權西路二段 666 號 13 樓之四（國泰世華銀行樓上。鄰近縣市經第一高速公路前來者，由五權西路交流道可以快速到達，大樓旁有停車場，對面有素食館）。

禪淨班：週四晚班、週五晚班。

進階班：週一晚班、週三晚班、週六上午班（由禪淨班結業後轉入共修）。

增上班：單週六晚班。雙週六晚班（重播班）。

解深密經詳解：平實導師講解。每週二晚上，以台北正覺講堂所錄 DVD 放映。歡迎會外學人共同聽講，不需出示身分證件。

第二講堂　台中市南屯區五權西路二段 666 號 4 樓

禪淨班：週一晚班、週三晚班。

第三講堂台中市南屯區五權西路二段 666 號 4 樓

禪淨班：週一晚班。

第四講堂台中市南屯區五權西路二段 666 號 4 樓。

進階班：週一晚班、週四晚班、週六上午班，由禪淨班結業後轉入共修

解深密經詳解：每週二晚上與第一講堂同步播放講經 DVD。

嘉義正覺講堂　嘉義市友愛路 288 號八樓之一　電話：05-2318228

第一講堂：

禪淨班：週四晚班、週五晚班、週六上午班。

進階班：週一晚班、週三晚班（由禪淨班結業後轉入共修）。

增上班：單週六晚班。雙週六晚班（重播班）。

解深密經詳解：平實導師講解。每週二晚上，以台北正覺講堂所錄 DVD 放映。歡迎會外學人共同聽講，不需出示身分證件。

第二講堂　嘉義市友愛路 288 號八樓之二。

第三講堂　嘉義市友愛路 288 號四樓之七。

禪淨班：週一晚班、週三晚班。

台南正覺講堂

第一講堂　台南市西門路四段 15 號 4 樓。06-2820541（晚上）

禪淨班：週一晚班、週三晚班、週四晚班、週五晚班、週六下午班。

增上班：單週六晚班。雙週六晚班（重播班）。

第二講堂　台南市西門路四段 15 號 3 樓。

解深密經詳解：每週二晚上與第三講堂同步播放講經 DVD。

第三講堂　台南市西門路四段 15 號 3 樓。

進階班：週一晚班、週三晚班、週四晚班、週五晚班（由禪淨班結業後轉入共修）。

解深密經詳解：平實導師講解。每週二晚上，以台北正覺講堂所錄 DVD 放映。歡迎會外學人共同聽講，不需出示身分證件。

高雄正覺講堂　高雄市新興區中正三路 45 號五樓 07-2234248（晚上）

第一講堂（五樓）：

禪淨班：週一晚班、週三晚班、週四晚班、週五晚班、週六上午班。

增上班：單週六晚班。雙週六晚班（重播班）。

解深密經詳解：平實導師講解。每週二晚上，以台北正覺講堂所錄 DVD 放映。歡迎會外學人共同聽講，不需出示身分證件。

第二講堂（四樓）：

進階班：週三晚班、週四晚班、週六上午班（由禪淨班結業後轉入共修）。

解深密經詳解：每週二晚上與第一講堂同步播放講經 DVD。

第三講堂（三樓）：

進階班：週四晚班（由禪淨班結業後轉入共修）。

香港正覺講堂

香港新界葵涌打磚坪街 93 號維京科技商業中心A 座 18 樓。

電話：(852) 23262231

英文地址：18/F, Tower A, Viking Technology & Business Centre, 93 Ta Chuen Ping Street, Kwai Chung, N.T., Hong Kong.

禪淨班：雙週六下午班、雙週日下午班、單週六下午班、單週日下午班

進階班：雙週五晚上班、雙週日早上班（由禪淨班結業後轉入共修）。

增上班：每月第一週週日，以台北增上班課程錄成 DVD 放映之。

增上重播班：每月第一週週六，以台北增上班課程錄成 DVD 放映之。

大法鼓經詳解：平實導師講解。每週六、日 19:00～21:00，以台北正覺講堂所錄 DVD 放映;歡迎會外學人共同聽講,不需出示身分證件。

美國洛杉磯正覺講堂　☆已遷移新址☆

825 S. Lemon Ave Diamond Bar, CA 91789 U.S.A.

Tel. (909) 595-5222（請於週六 9:00~18:00 之間聯繫）

Cell. (626) 454-0607

禪淨班：每逢週末 16：00~18：00 上課。

進階班：每逢週末上午 10：00~12：00 上課。

解深密經詳解：平實導師講解。每週六下午 13：30~15：30 以台北所錄 DVD 放映。歡迎各界人士共享第一義諦無上法益，不需報名。

二、招生公告 本會台北講堂及全省各講堂、香港講堂，每逢四月、十月下旬開新班，每週共修一次（每次二小時。開課日起三個月內仍可插班）；但美國洛杉磯共修處之禪淨班得隨時插班共修。各班共修期間皆爲二年半，全程免費，欲參加者請向本會函索報名表（各共修處皆於共修時間方有人執事，非共修時間請勿電詢或前來洽詢、請書），或直接從本會官方網站(http://www.enlighten.org.tw/newsflash/class)或成佛之道網站下載報名表。共修期滿時，若經報名禪三審核通過者，可參加四天三夜之禪三精進共修，有機會明心、取證如來藏，發起般若實相智慧，成爲實義菩薩，脫離凡夫菩薩位。

三、新春禮佛祈福 農曆年假期間停止共修：自農曆新年前七天起停止共修與弘法，正月 8 日起回復共修、弘法事務。新春期間正月初一～初七 9.00～17.00 開放台北講堂、正月初一~初三開放新竹、台中、嘉義、台南、高雄講堂，以及大溪禪三道場（正覺祖師堂），方便會員供佛、祈福及會外人士請書。美國洛杉磯共修處之休假時間，請逕詢該共修處。

密宗四大派修雙身法，是外道性力派的邪法；又以生滅的識陰作爲常住法，是常見外道，是假的藏傳佛教。

西藏覺囊巴以他空見弘揚第八識如來藏勝法，才是真藏傳佛教

佛教正覺同修會　弘法行事表　2021/04/21

1、**禪淨班**　以無相念佛及拜佛方式修習動中定力，實證一心不亂功夫。傳授解脫道正理及第一義諦佛法，以及參禪知見。共修期間：二年六個月。每逢四月、十月開新班，詳見招生公告表。

2、**進階班**　禪淨班畢業後得轉入此班，進修更深入的佛法，期能證悟明心。各地講堂各有多班，繼續深入佛法、增長定力，悟後得轉入增上班修學道種智，期能證得無生法忍。

3、**增上班 瑜伽師地論**詳解　詳解論中所言凡夫地至佛地等 17 師之修證境界與理論，從凡夫地、聲聞地……宣演到諸地所證無生法忍、一切種智之眞實正理。由平實導師開講，每逢一、三、五週之週末晚上開示，僅限已明心之會員參加。2003 年二月開講至今，預定 2021 年講畢。

4、**解深密經**詳解　本經所說妙法極爲甚深難解，非唯論及佛法中心主旨的八識心王及般若實證之標的，亦論及眞見道之後轉入相見道位中應該修學之法，即是七眞如之觀行內涵，然後始可入地。亦論及見道之後，如何與解脫及佛菩提智相應，兼論十地進修之道，末論如來法身及四智圓明的一切種智境界。如是眞見道、相見道、諸地修行之義，傳至今時仍然可證，顯示佛法眞是義學而非玄談或思想，有實證之標的與內容，非諸思惟研究者之所能到，乃是離言絕句之第八識第一義諦妙義。已於 2021 年三月下旬開講，由平實導師詳解。不限制聽講資格。

5、**精進禪三**　主三和尚：平實導師。於四天三夜中，以克勤圓悟大師及大慧宗杲之禪風，施設機鋒與小參、公案密意之開示，幫助會員剋期取證，親證不生不滅之眞實心——人人本有之如來藏。每年四月、十月各舉辦三個梯次；平實導師主持。僅限本會會員參加禪淨班共修期滿，報名審核通過者，方可參加。並選擇會中定力、慧力、福德三條件皆已具足之已明心會員，給以指引，令得眼見自己無形無相之佛性遍佈山河大地，眞實而無障礙，得以肉眼現觀世界身心悉皆如幻，具足成就如幻觀，圓滿十住菩薩之證境。

6、**阿含經**詳解　選擇重要之阿含部經典，依無餘涅槃之實際而加以詳解，令大眾得以現觀諸法緣起性空，亦復不墮斷滅見中，顯示經中所隱說之涅槃實際—如來藏—確實已於四阿含中隱說；令大眾得以聞後觀行，確實斷除我見乃至我執，證得**見到**眞現觀，乃至**身證**……等眞現觀；已得大乘或二乘見道者，亦可由此聞熏及聞後之觀行，除斷我所之貪著，成就慧解脫果。由平實導師詳解。不限制聽講資格。

7、**成唯識論**詳解　詳解一切種智眞實正理，詳細剖析一切種智之微細深妙廣大正理；並加以舉例說明，使已悟之會員深入體驗所證如來藏之微密行相；及證驗見分相分與所生一切法，皆由如來藏—阿賴耶識—直接或展轉而生，因此證知一切法無我，證知無餘涅槃之本際。將於增上班《瑜伽師地論》講畢後，由平實導師重講。僅限已明心之會員參加。

8、**精選如來藏系經典**詳解　精選如來藏系經典一部，詳細解說，以此完全印證會員所悟如來藏之眞實，得入不退轉住。另行擇期詳細解說之，由平實導師講解。僅限已明心之會員參加。

9、**禪門差別智**　藉禪宗公案之微細淆訛難知難解之處，加以宣說及剖析，以增進明心、見性之功德，啓發差別智，建立擇法眼。每月第一週日全天，由平實導師開示，僅限破參明心後，復又眼見佛性者參加（事冗暫停）。

10、**枯木禪**　先講智者大師的《小止觀》，後說《釋禪波羅蜜》，詳解四禪八定之修證理論與實修方法，細述一般學人修定之邪見與岔路，及對禪定證境之誤會，消除枉用功夫、浪費生命之現象。已悟般若者，可以藉此而實修初禪，進入大乘通教及聲聞教的三果心解脫境界，配合應有的大福德及後得無分別智、十無盡願，即可進入初地心中。親教師：平實導師。未來緣熟時將於正覺寺開講。不限制聽講資格。

註：本會例行年假，自 2004 年起，改爲每年農曆新年前七天開始停息弘法事務及共修課程，農曆正月 8 日回復所有共修及弘法事務。新春期間（每日 9.00~17.00）開放台北講堂，方便會員禮佛祈福及會外人士請書。大溪區的正覺祖師堂，開放參訪時間，詳見〈正覺電子報〉或成佛之道網站。本表得因時節因緣需要而隨時修改之，不另作通知。

佛教正覺同修會　贈閱書籍 目錄　2021/8/30

1.**無相念佛**　平實導師著　回郵 36 元
2.**念佛三昧修學次第**　平實導師述著　回郵 52 元
3.**正法眼藏—護法集**　平實導師述著　回郵 76 元
4.**真假開悟簡易辨正法&佛子之省思**　平實導師著　回郵 26 元
5.**生命實相之辨正**　平實導師著　回郵 31 元
6.**如何契入念佛法門**（附：印順法師否定極樂世界）平實導師著　回郵 26 元
7.**平實書箋**—答元覽居士書　平實導師著　回郵 52 元
8.**三乘唯識**—如來藏系經律彙編　平實導師編　回郵 80 元
（精裝本　長 27 cm　寬 21 cm　高 7.5 cm　重 2.8 公斤）
9.**三時繫念全集**—修正本　回郵掛號 52 元（長 26.5 cm×寬 19 cm）
10.**明心與初地**　平實導師述　回郵 31 元
11.**邪見與佛法**　平實導師述著　回郵 36 元
12.**甘露法雨**　平實導師述　回郵 36 元
13.**我與無我**　平實導師述　回郵 36 元
14.**學佛之心態**—修正錯誤之學佛心態始能與正法相應　孫正德老師著　回郵52元
附錄：平實導師著**《略說八、九識並存…等之過失》**
15.**大乘無我觀**—《悟前與悟後》別說　平實導師述著　回郵 36 元
16.**佛教之危機**—中國台灣地區現代佛教之真相（附錄：公案拈提六則）
平實導師著　回郵 52 元
17.**燈　影**—燈下黑（覆「求教後學」來函等）　平實導師著　回郵 76 元
18.**護法與毀法**—覆上平居士與徐恒志居士網站毀法二文
張正圜老師著　回郵 76 元
19.**淨土聖道**—兼評**選擇本願念佛**　正德老師著　**由正覺同修會購贈** 回郵 52 元
20.**辨唯識性相**—對「紫蓮心海《辯唯識性相》書中否定阿賴耶識」之回應
正覺同修會 台南共修處法義組 著　回郵 52 元
21.**假如來藏**—對法蓮法師《如來藏與阿賴耶識》書中否定阿賴耶識之回應
正覺同修會 台南共修處法義組 著　回郵 76 元
22.**入不二門**—公案拈提集錦 第一輯（於平實導師公案拈提諸書中選錄約二十則，
合輯為一冊流通之）平實導師著　回郵 52 元
23.**真假邪說**—西藏密宗索達吉喇嘛《破除邪說論》真是邪說
釋正安法師著　上、下冊回郵各 52 元
24.**真假開悟**—真如、如來藏、阿賴耶識間之關係　平實導師述著　回郵 76 元
25.**真假禪和**—辨正釋傳聖之謗法謬說　孫正德老師著　回郵 76 元

26.**眼見佛性**—駁慧廣法師眼見佛性的含義文中謬說
游正光老師著　回郵 52 元

27.**普門自在**—公案拈提集錦 第二輯（於平實導師公案拈提諸書中選錄約二十則，合輯為一冊流通之）平實導師著　回郵 52 元

28.**印順法師的悲哀**—以現代禪的質疑為線索　恒毓博士著　回郵 52 元

29.**識蘊真義**—現觀識蘊內涵、取證初果、親斷三縛結之具體行門。
—依《成唯識論》及《唯識述記》正義，略顯安慧《大乘廣五蘊論》之邪謬
平實導師著　回郵 76 元

30.**正覺電子報** 各期紙版本　免附回郵　每次最多函索三期或三本。
（已無存書之較早各期，不另增印贈閱）

31.**現代人應有的宗教觀**　蔡正禮老師 著　回郵 31 元

32.**遠惑趣道**—正覺電子報般若信箱問答錄　第一輯　回郵 52 元

33.**遠惑趣道**—正覺電子報般若信箱問答錄　第二輯　回郵 52 元

34.**確保您的權益**—器官捐贈應注意自我保護　游正光老師 著　回郵 31 元

35.**正覺教團電視弘法三乘菩提 DVD 光碟（一）**
由正覺教團多位親教師共同講述錄製 DVD 8 片，MP3 一片，共 9 片。有二大講題：一為「三乘菩提之意涵」，二為「學佛的正知見」。內容精闢，深入淺出，精彩絕倫，幫助大眾快速建立三乘法道的正知見，免被外道邪見所誤導。有志修學三乘佛法之學人不可不看。（製作工本費 100 元，回郵 52 元）

36.**正覺教團電視弘法 DVD 專輯（二）**
總有二大講題：一為「三乘菩提之念佛法門」，一為「學佛正知見（第二篇）」，由正覺教團多位親教師輪番講述，內容詳細闡述如何修學念佛法門、實證念佛三昧，以及學佛應具有的正確知見，可以幫助發願往生西方極樂淨土之學人，得以把握往生，更可令學人快速建立三乘法道的正知見，免於被外道邪見所誤導。有志修學三乘佛法之學人不可不看。（一套 17 片，工本費 160 元。回郵 76 元）

37.**喇嘛性世界**—揭開假藏傳佛教譚崔瑜伽的面紗　張善思 等人合著
由正覺同修會購贈　回郵 52 元

38.**假藏傳佛教的神話**—性、謊言、喇嘛教　張正玄教授編著
由正覺同修會購贈　回郵 52 元

39.**隨　緣**—理隨緣與事隨緣　平實導師述　回郵 52 元。

40.**學佛的覺醒**　正枝居士 著　回郵 52 元

41.**導師之真實義**　蔡正禮老師 著　回郵 31 元

42.**淺談達賴喇嘛之雙身法**—兼論解讀「密續」之達文西密碼
吳明芷居士 著　回郵 31 元

43.**魔界轉世**　張正玄居士 著　回郵 31 元

44.**一貫道與開悟**　蔡正禮老師 著　回郵 31 元

45.**博愛**—愛盡天下女人　正覺教育基金會 編印　回郵 36 元

46.**意識虛妄經教彙編**—實證解脫道的關鍵經文　正覺同修會編印　回郵36元

47.**邪箭囈語**—破斥藏密外道多識仁波切《破魔金剛箭雨論》之邪說

陸正元老師著　上、下冊回郵各52元

48.**真假沙門**—依 佛聖教闡釋佛教僧寶之定義

蔡正禮老師著　俟正覺電子報連載後結集出版

49.**真假禪宗**—藉評論釋性廣《印順導師對變質禪法之批判

及對禪宗之肯定》以顯示真假禪宗

附論一：凡夫知見 無助於佛法之信解行證

附論二：世間與出世間一切法皆從如來藏實際而生而顯

余正偉老師著　俟正覺電子報連載後結集出版　回郵未定

★ 上列贈書之郵資，係台灣本島地區郵資，大陸、港、澳地區及外國地區，請另計酌增（大陸、港、澳、國外地區之郵票不許通用）。尚未出版之書，請勿先寄來郵資，以免增加作業煩擾。

★ 本目錄若有變動，唯於後印之書籍及「成佛之道」網站上修正公佈之，不另行個別通知。

函索書籍請寄：佛教正覺同修會　103台北市承德路3段277號9樓
台灣地區函索書籍者請附寄郵票，無時間購買郵票者可以等值現金抵用，但不接受郵政劃撥、支票、匯票。大陸地區得以人民幣計算，國外地區請以美元計算（請勿寄來當地郵票，在台灣地區不能使用）。欲以掛號寄遞者，請另附掛號郵資。

親自索閱：正覺同修會各共修處。　★請於共修時間前往取書，餘時無人在道場，請勿前往索取；共修時間與地點，詳見書末正覺同修會共修現況表（以近期之共修現況表為準）。

註：正智出版社發售之局版書，請向各大書局購閱。若書局之書架上已經售出而無陳列者，請向書局櫃台指定洽購；若書局不便代購者，請於正覺同修會共修時間前往各共修處請購，正智出版社已派人於共修時間送書前往各共修處流通。 郵政劃撥購書及 大陸地區 購書，請詳別頁正智出版社發售書籍目錄最後頁之說明。

成佛之道 網站：http://www.a202.idv.tw　正覺同修會已出版之結緣書籍，多已登載於 成佛之道 網站，若住外國、或住處遙遠，不便取得正覺同修會贈閱書籍者，可以從本網站閱讀及下載。

＊＊假藏傳佛教修雙身法，非佛教＊＊

正智出版社 籌募弘法基金發售書籍目錄　2021/10/17

1.**宗門正眼**—公案拈提 第一輯 重拈　平實導師著　500 元

因重寫內容大幅度增加故，字體必須改小，並增為 576 頁 主文 546 頁。比初版更精彩、更有內容。初版《禪門摩尼寶聚》之讀者，可寄回本公司免費調換新版書。免附回郵，亦無截止期限。（2007 年起，每冊附贈本公司精製公案拈提〈超意境〉CD 一片。市售價格 280 元，多購多贈。）

2.**禪淨圓融**　平實導師著　200 元（第一版舊書可換新版書。）

3.**真實如來藏**　平實導師著　400 元

4.**禪—悟前與悟後**　平實導師著　上、下冊，每冊 250 元

5.**宗門法眼**—公案拈提 第二輯　平實導師著　500 元

（2007 年起，每冊附贈本公司精製公案拈提〈超意境〉CD 一片）

6.**楞伽經詳解**　平實導師著　全套共 10 輯　每輯 250 元

7.**宗門道眼**—公案拈提 第三輯　平實導師著　500 元

（2007 年起，每冊附贈本公司精製公案拈提〈超意境〉CD 一片）

8.**宗門血脈**—公案拈提 第四輯　平實導師著　500 元

（2007 年起，每冊附贈本公司精製公案拈提〈超意境〉CD 一片）

9.**宗通與說通**—成佛之道 平實導師著 主文 381 頁 全書 400 頁售價 300 元

10.**宗門正道**—公案拈提 第五輯　平實導師著　500 元

（2007 年起，每冊附贈本公司精製公案拈提〈超意境〉CD 一片）

11.**狂密與真密 一～四輯**　平實導師著　西藏密宗是人間最邪淫的宗教，本質不是佛教，只是披著佛教外衣的印度教性力派流毒的喇嘛教。此書中將西藏密宗密傳之男女雙身合修樂空雙運所有祕密與修法，毫無保留完全公開，並將全部喇嘛們所不知道的部分也一併公開。內容比大辣出版社喧騰一時的《西藏慾經》更詳細。並且函蓋藏密的所有祕密及其錯誤的中觀見、如來藏見……等，藏密的所有法義都在書中詳述、分析、辨正。每輯主文三百餘頁　每輯全書約 400 頁　售價每輯 300 元

12.**宗門正義**—公案拈提 第六輯　平實導師著　500 元

（2007 年起，每冊附贈本公司精製公案拈提〈超意境〉CD 一片）

13.**心經密意**—心經與解脫道、佛菩提道、祖師公案之關係與密意　平實導師述　300 元

14.**宗門密意**—公案拈提 第七輯　平實導師著　500 元

（2007 年起，每冊附贈本公司精製公案拈提〈超意境〉CD 一片）

15.**淨土聖道**—兼評「選擇本願念佛」　正德老師著　200 元

16.**起信論講記**　平實導師述著　共六輯　每輯三百餘頁　售價各 250 元

17.**優婆塞戒經講記**　平實導師述著 共八輯 每輯三百餘頁 售價各 250 元

18.**真假活佛**—略論附佛外道盧勝彥之邪說（對前岳靈犀網站主張「盧勝彥是證悟者」之修正）　正犀居士（岳靈犀）著　流通價 140 元

19.**阿含正義**—唯識學探源　平實導師著　共七輯　每輯 300 元

20.**超意境** CD 以平實導師公案拈提書中超越意境之頌詞，加上曲風優美的旋律，錄成令人嚮往的超意境歌曲，其中包括正覺發願文及平實導師親自譜成的黃梅調歌曲一首。詞曲雋永，殊堪翫味，可供學禪者吟詠，有助於見道。內附設計精美的彩色小冊，解說每一首詞的背景本事。每片 280 元。【每購買公案拈提書籍一冊，即贈送一片。】

21.**菩薩底憂鬱** CD 將菩薩情懷及禪宗公案寫成新詞，並製作成超越意境的優美歌曲。 1.主題曲〈菩薩底憂鬱〉，描述地後菩薩能離三界生死而迴向繼續生在人間，但因尚未斷盡習氣種子而有極深沈之憂鬱，非三賢位菩薩及二乘聖者所知，此憂鬱在七地滿心位方才斷盡；本曲之詞中所說義理極深，昔來所未曾見；此曲係以優美的情歌風格寫詞及作曲，聞者得以激發嚮往諸地菩薩境界之大心，詞、曲都非常優美，難得一見；其中勝妙義理之解說，已印在附贈之彩色小冊中。 2.以各輯公案拈提中直示禪門入處之頌文，作成各種不同曲風之超意境歌曲，值得玩味、參究；聆聽公案拈提之優美歌曲時，請同時閱讀內附之印刷精美說明小冊，可以領會超越三界的證悟境界；未悟者可以因此引發求悟之意向及疑情，眞發菩提心而邁向求悟之途，乃至因此眞實悟入般若，成眞菩薩。 3.正覺總持咒新曲，總持佛法大意；總持咒之義理，已加以解說並印在隨附之小冊中。本 CD 共有十首歌曲，長達 63 分鐘。每盒各附贈二張購書優惠券。每片 280 元。

22.**禪意無限** CD 平實導師以公案拈提書中偈頌寫成不同風格曲子，與他人所寫不同風格曲子共同錄製出版，幫助參禪人進入禪門超越意識之境界。盒中附贈彩色印製的精美解說小冊，以供聆聽時閱讀，令參禪人得以發起參禪之疑情，即有機會證悟本來面目而發起實相智慧，實證大乘菩提般若，能如實證知般若經中的眞實意。本 CD 共有十首歌曲，長達 69 分鐘，每盒各附贈二張購書優惠券。每片 280 元。

23.**我的菩提路**第一輯　釋悟圓、釋善藏等人合著　售價 300 元

24.**我的菩提路**第二輯　郭正益等人合著　售價 300 元（停售，俟改版後另行發售）

25.**我的菩提路**第三輯　王美伶等人合著　售價 300 元
26.**我的菩提路**第四輯　陳晏平等人合著　售價 300 元
27.**我的菩提路**第五輯　林慈慧等人合著　售價 300 元
28.**我的菩提路**第六輯　劉惠莉等人合著　售價 300 元
29.**我的菩提路**第七輯　余正偉等人合著　售價 300 元
30.**鈍鳥與靈龜**—考證後代凡夫對大慧宗杲禪師的無根誹謗。
平實導師著 共 458 頁 售價 350 元
31.**維摩詰經講記** 平實導師述 共六輯 每輯三百餘頁 售價各 250 元
32.**真假外道**—破劉東亮、杜大威、釋證嚴常見外道見 正光老師著 200 元
33.**勝鬘經講記**—兼論印順《勝鬘經講記》對於《勝鬘經》之誤解。
平實導師述　共六輯　每輯三百餘頁　售價250 元
34.**楞嚴經講記** 平實導師述 共 **15** 輯，每輯三百餘頁 售價 300 元
35.**明心與眼見佛性**—駁慧廣〈蕭氏「眼見佛性」與「明心」之非〉文中謬說
正光老師著　共 448 頁　售價 300 元
36.**見性與看話頭** 黃正倖老師 著，本書是禪宗參禪的方法論。
內文 375 頁，全書 416 頁，售價 300 元。
37.**達賴真面目**—玩盡天下女人 白正偉老師 等著 中英對照彩色精裝大本 800 元
38.**喇嘛性世界**—揭開假藏傳佛教譚崔瑜伽的面紗　張善思 等人著　200 元
39.**假藏傳佛教的神話**—性、謊言、喇嘛教　正玄教授編著　200 元
40.**金剛經宗通**　平實導師述　共九輯　每輯售價 250 元。
41.**空行母**—性別、身分定位，以及藏傳佛教。
珍妮·坎貝爾著 呂艾倫 中譯 售價 250 元
42.**末代達賴**—性交教主的悲歌　張善思、呂艾倫、辛燕編著 售價 250 元
43.**霧峰無霧**—給哥哥的信　辨正釋印順對佛法的無量誤解
游宗明 老師著　售價 250 元
44.**霧峰無霧**—第二輯—救護佛子向正道　細說釋印順對佛法的各類誤解
游宗明 老師著　售價 250 元
45.**第七意識與第八意識？**—穿越時空「超意識」
平實導師述　每冊 300 元
46.**黯淡的達賴**—失去光彩的諾貝爾和平獎
正覺教育基金會編著　每冊 250 元
47.**童女迦葉考**—論呂凱文〈佛教輪迴思想的論述分析〉之謬。
平實導師 著 定價 180 元

48.**人間佛教**—實證者必定不悖三乘菩提

平實導師 述，定價 400 元

49.**實相經宗通**　平實導師述　共八輯　每輯 250 元

50.**真心告訴您(一)**—達賴喇嘛在幹什麼？

正覺教育基金會編著　售價 250 元

51.**中觀金鑑**—詳述應成派中觀的起源與其破法本質

孫正德老師著　分為上、中、下三冊，每冊 250 元

52.**藏傳佛教要義**—《狂密與真密》之簡體字版　平實導師 著 上、下冊

僅在大陸流通　每冊 300 元

53.**法華經講義**　平實導師述　共二十五輯　每輯 300 元

已於 2015/05/31 起開始出版，每二個月出版一輯

54.**西藏「活佛轉世」制度**—附佛、造神、世俗法

許正豐、張正玄老師合著　定價 150 元

55.**廣論三部曲**　郭正益老師著　　定價 150 元

56.**真心告訴您(二)**—達賴喇嘛是佛教僧侶嗎？

—補祝達賴喇嘛八十大壽

正覺教育基金會編著　售價 300 元

57.**次法**—實證佛法前應有的條件

張善思居士著　分為上、下二冊，每冊 250 元

58.**涅槃**—解說四種涅槃之實證及內涵　平實導師著 上、下冊 各 350 元

59.**山法**—西藏關於他空與佛藏之根本論

篤補巴．喜饒堅贊著　　傑弗里．霍普金斯英譯

張火慶教授、呂艾倫老師中譯　精裝大本 1200 元

60.**佛藏經講義**　平實導師述　2019 年 7 月 31 日開始出版　共 21 輯

每二個月出版一輯，每輯 300 元。

61.**假鋒虛焰金剛乘**—揭示顯密正理，兼破索達吉師徒《般若鋒兮金剛焰》

釋正安法師著 簡體字版 即將出版 售價未定

62.**廣論之平議**—宗喀巴《菩提道次第廣論》之平議　正雄居士著

約二或三輯　俟正覺電子報連載後結集出版　書價未定

63.**大法鼓經講義**　平實導師講述　《佛藏經講義》出版後發行，每輯 300元

64.**不退轉法輪經講義**　平實導師講述　《大法鼓經講義》出版後發行

65.**八識規矩頌**詳解　○○居士 註解　出版日期另訂　書價未定。

66.**中觀正義**—註解平實導師《中論正義頌》。

○○法師（居士）著　出版日期未定　書價未定

67.**中論正義**—釋龍樹菩薩《中論》頌正理。

孫正德老師著　出版日期未定　書價未定

68.**成唯識論釋**—詳解大唐玄奘菩薩所著的《成唯識論》，平實導師述著。總共十輯，於每講完一輯的分量以後即予出版，預計 2022 年十月出版第一輯，以後每七個月出版一輯，每輯 400 元。

69.**中國佛教史**—依中國佛教正法史實而論。 ○○老師 著　書價未定。

70.**印度佛教史**—法義與考證。依法義史實評論印順《印度佛教思想史、佛教史地考論》之謬說　正偉老師著　出版日期未定　書價未定

71.**阿含經講記**—將選錄四阿含中數部重要經典全經講解之，講後整理出版。

平實導師述　約二輯　每輯 300 元　出版日期未定

72.**寶積經講記**　平實導師述　每輯三百餘頁 優惠價 300 元 出版日期未定

73.**解深密經講義**　平實導師述 約四輯　將於重講後整理出版

74.**修習止觀坐禪法要講記**　平實導師述　每輯三百餘頁

將於正覺寺建成後重講、以講記逐輯出版　出版日期未定

75.**無門關**—《無門關》公案拈提　平實導師著　出版日期未定

76.**中觀再論**—兼述印順《中觀今論》謬誤之平議。正光老師著 出版日期未定

77.**輪迴與超度**—佛教超度法會之真義。

○○法師（居士）著　出版日期未定　書價未定

78.**《釋摩訶衍論》平議**—對偽稱龍樹所造《釋摩訶衍論》之平議

○○法師（居士）著　出版日期未定　書價未定

79.**正覺發願文**註解—以真實大願為因 得證菩提

正德老師著　出版日期未定　書價未定

80.**正覺總持咒**—佛法之總持　正圜老師著　出版日期未定　書價未定

81.**三自性**—依四食、五蘊、十二因緣、十八界法，說三性三無性。

作者未定　出版日期未定

82.**道品**—從三自性說大小乘三十七道品　作者未定　出版日期未定

83.**大乘緣起觀**—依四聖諦七真如現觀十二緣起 作者未定　出版日期未定

84.**三德**—論解脱德、法身德、般若德。　作者未定　出版日期未定

85.**真假如來藏**—對印順《如來藏之研究》謬說之平議　作者未定 出版日期未定

86.**大乘道次第**　作者未定　出版日期未定　書價未定

87.**四緣**—依如來藏故有四緣。　作者未定　出版日期未定

88.**空之探究**—印順《空之探究》謬誤之平議　作者未定 出版日期未定

89.**十法義**—論阿含經中十法之正義　作者未定　出版日期未定

90.**外道見**—論述外道六十二見　作者未定　出版日期未定

正智出版社有限公司 書籍介紹

禪淨圓融：言淨土諸祖所未曾言，示諸宗祖師所未曾示；禪淨圓融，另闢成佛捷徑，兼顧自力他力，闡釋淨土門之速行易行道，亦同時揭櫫聖教門之速行易行道；令廣大淨土行者得免緩行難證之苦，亦令聖道門行者得以藉著淨土速行道而加快成佛之時劫。乃前無古人之超勝見地，非一般弘揚禪淨法門典籍也，先讀爲快。平實導師著200元。

宗門正眼—公案拈提第一輯：繼承克勤圜悟大師碧巖錄宗旨之禪門鉅作。先則舉示當代大法師之邪說，消弭當代禪門大師鄉愿之心態，摧破當今禪門「世俗禪」之妄談；次則旁通教法，表顯宗門正理；繼以道之次第，消弭古今狂禪；後藉言語及文字機鋒，直示宗門入處。悲智雙運，禪味十足，數百年來難得一睹之禪門鉅著也。平實導師著 500元（原初版書《禪門摩尼寶聚》，改版後補充爲五百餘頁新書，總計多達二十四萬字，內容更精彩，並改名爲《宗門正眼》，讀者原購初版《禪門摩尼寶聚》皆可寄回本公司免費換新，免附回郵，亦無截止期限）（2007年起，凡購買公案拈提第一輯至第七輯，每購一輯皆贈送本公司精製公案拈提〈超意境〉CD一片，市售價格280元，多購多贈）。

禪—悟前與悟後：本書能建立學人悟道之信心與正確知見，圓滿具足而有次第地詳述禪悟之功夫與禪悟之內容，指陳參禪中細微淆訛之處，能使學人明自眞心、見自本性。若未能悟入，亦能以正確知見辨別古今中外一切大師究係眞悟？或屬錯悟？便有能力揀擇，捨名師而選明師，後時必有悟道之緣。一旦悟道，遲者七次人天往返，便出三界，速者一生取辦。學人欲求開悟者，不可不讀。平實導師著。上、下冊共500元，單冊250元。

眞實如來藏：如來藏眞實存在，乃宇宙萬有之本體，並非印順法師、達賴喇嘛等人所說之「唯有名相、無此心體」。如來藏是涅槃之本際，是一切有智之人竭盡心智、不斷探索而不能得之生命實相；是古今中外許多大師自以爲悟而當面錯過之生命實相。如來藏即是阿賴耶識，乃是一切有情本自具足、不生不滅之眞實心。當代中外大師於此書出版之前所未能言者，作者於本書中盡情流露、詳細闡釋。眞悟者讀之，必能增益悟境、智慧增上；錯悟者讀之，必能檢討自己之錯誤，免犯大妄語業；未悟者讀之，能知參禪之理路，亦能以之檢查一切名師是否眞悟。此書是一切哲學家、宗教家、學佛者及欲昇華心智之人必讀之鉅著。平實導師著 售價400元。

宗門法眼——**公案拈提**第一輯：列舉實例，闡釋土城廣欽老和尚之悟處；並直示這位不識字的老和尚妙智橫生之根由，繼而剖析禪宗歷代大德之開悟公案，解析當代密宗高僧卡盧仁波切之錯悟證據，並例舉當代顯宗高僧、大居士之錯悟證據（凡健在者，爲免影響其名聞利養，皆隱其名）。藉辨正當代名師之邪見，向廣大佛子指陳禪悟之正道，彰顯宗門法眼。悲勇兼出，強捋虎鬚；慈智雙運，巧探驪龍；摩尼寶珠在手，直示宗門入處，禪味十足；若非大悟徹底，不能爲之。禪門精奇人物，允宜人手一冊，供作參究及悟後印證之圭臬。本書於2008年4月改版，增寫為大約500頁篇幅，以利學人研讀參究時更易悟入宗門正法，以前所購初版首刷及初版二刷舊書，皆可免費換取新書。平實導師著 500元（2007年起，凡購買公案拈提第一輯至第七輯，每購一輯皆贈送本公司精製公案拈提〈超意境〉CD一片，市售價格280元，多購多贈）。

宗門道眼——**公案拈提**第三輯：繼宗門法眼之後，再以金剛之作略、慈悲之胸懷、犀利之筆觸，舉示寒山、拾得、布袋三大士之悟處，消弭當代錯悟者對於寒山大士……等之誤會及誹謗。亦舉出民初以來與虛雲和尚齊名之蜀郡鹽亭袁煥仙夫子——南懷瑾老師之師，其「悟處」何在？並蒐羅許多眞悟祖師之證悟公案，顯示禪宗歷代祖師之睿智，指陳部分祖師、奧修及當代顯密大師之謬悟，作爲殷鑑，幫助禪子建立及修正參禪之方向及知見。假使讀者閱此書已，一時尚未能悟，亦可一面加功用行，一面以此宗門道眼辨別眞假善知識，避開錯誤之印證及歧路，可免大妄語業之長劫慘痛果報。欲修禪宗之禪者，務請細讀。平實導師著 售價500元（2007年起，凡購買公案拈提第一輯至第七輯，每購一輯皆贈送本公司精製公案拈提〈超意境〉CD一片，市售價格280元，多購多贈）。

楞伽經詳解：本經是禪宗見道者印證所悟眞僞之根本經典，亦是禪宗見道者悟後起修之依據經典；故達摩祖師於印證二祖慧可大師之後，將此經典連同佛鉢祖衣一併交付二祖，令其依此經典佛示金言、進入修道位，修學一切種智。由此可知此經對於眞悟之人修學佛道，是非常重要之一部經典。此經能破外道邪說，亦破佛門中錯悟名師之謬說，亦破禪宗部分祖師之狂禪：不讀經典、一向主張「一悟即成究竟佛」之謬執。並開示愚夫所行禪、觀察義禪、攀緣如禪、如來禪等差別，令行者對於三乘禪法差異有所分辨；亦糾正禪宗祖師古來對於如來禪之誤解，嗣後可免以訛傳訛之弊。此經亦是法相唯識宗之根本經典，禪者悟後欲修一切種智而入初地者，必須詳讀。　平實導師著，全套共十輯，已全部出版完畢，每輯主文約320頁，每冊約352頁，定價250元。

宗門血脈—**公案拈提**第**四**輯：末法怪象—許多修行人自以爲悟，每將無念靈知認作眞實；崇尚二乘法諸師及其徒眾，則將**外於如來藏之緣起性空**—無因論之無常空、斷滅空、一切法空—錯認爲 佛所說之般若空性。這兩種現象已於當今海峽兩岸及美加地區顯密大師之中普遍存在；人人自以爲悟，心高氣壯，便敢寫書解釋祖師證悟之公案，大多出於意識思惟所得，言不及義，錯誤百出，因此誤導廣大佛子同陷大妄語之地獄業中而不能自知。彼等書中所說之悟處，其實處處違背第一義經典之聖言量。彼等諸人不論是否身披袈裟，都非佛法宗門血脈，或雖有禪宗法脈之傳承，亦只徒具形式；猶如螟蛉，非眞血脈，未悟得根本眞實故。禪子欲知佛、祖之眞血脈者，請讀此書，便知分曉。平實導師著，主文452頁，全書464頁，定價500元（2007年起，凡購買公案拈提第一輯至第七輯，每購一輯皆贈送本公司精製公案拈提〈超意境〉CD一片，市售價格280元，多購多贈）。

宗通與說通：古今中外，錯誤之人如麻似粟，每以常見外道所說之靈知心，認作眞心；或妄想虛空之勝性能量爲眞如，或錯認物質四大元素藉冥性（靈知心本體）能成就吾人色身及知覺，或認初禪至四禪中之了知心爲不生不滅之涅槃心。此等皆非通宗者之見地。復有錯悟之人一向主張「宗門與教門不相干」，此即尚未通達宗門之人也。其實宗門與教門互通不二，宗門所證者乃是眞如與佛性，教門所說者乃說宗門證悟之眞如佛性，故教門與宗門不二。本書作者以宗教二門互通之見地，細說「宗通與說通」，從初見道至悟後起修之道、細說分明；並將諸宗諸派在整體佛教中之地位與次第，加以明確之教判，學人讀之即可了知佛法之梗概也。欲擇明師學法之前，允宜先讀。平實導師著，主文共381頁，全書392頁，只售成本價300元。

宗門正道—**公案拈提**第五輯：修學大乘佛法有二果須證解脫果及大菩提果。二乘人不證大菩提果，唯證解脫果；此果之智慧，名爲聲聞菩提、緣覺菩提。大乘佛子所證二果之菩提果爲佛菩提，故名大菩提果，其慧名爲一切種智函蓋二乘解脫果。然此大乘二果修證，須經由禪宗之宗門證悟方能相應。而宗門證悟極難，自古已然；其所以難者，咎在古今佛教界普遍存在三種邪見：1.以修定認作佛法，2.以無因論之緣起性空—否定涅槃本際如來藏以後之一切法空作爲佛法，3.以常見外道邪見（離語言妄念之靈知性）作爲佛法。如是邪見，或因自身正見未立所致，或因邪師之邪教導所致，或因無始劫來虛妄熏習所致。若不破除此三種邪見，永劫不悟宗門眞義、不入大乘正道，唯能外門廣修菩薩行。平實導師於此書中，有極爲詳細之說明，有志佛子欲摧邪見、入於內門修菩薩行者，當閱此書。主文共496頁，全書512頁。售價500元（2007年起，凡購買公案拈提第一輯至第七輯，每購一輯皆贈送本公司精製公案拈提〈超意境〉CD一片，市售價格280元，多購多贈）。

狂密與眞密：密教之修學，皆由有相之觀行法門而入，其最終目標仍不離顯教經典所說第一義諦之修證；若離顯教第一義經典、或違背顯教第一義經典，即非佛教。西藏密教之觀行法，如灌頂、觀想、遷識法、寶瓶氣、大聖歡喜雙身修法、喜金剛、無上瑜伽、大樂光明、樂空雙運等，皆是印度教兩性生生不息思想之轉化，自始至終皆以如何能運用交合淫樂之法達到全身受樂爲其中心思想，純屬欲界五欲的貪愛，不能令人超出欲界輪迴，更不能令人斷除我見；何況大乘之明心與見性，更無論矣！故密宗之法絕非佛法也。而其明光大手印、大圓滿法教，又皆同以常見外道所說離語言妄念之無念靈知心錯認爲佛地之眞如，不能直指不生不滅之眞如。西藏密宗所有法王與徒眾，都尚未開頂門眼，不能辨別眞僞，以依人不依法、依密續不依經典故，不肯將其上師喇嘛所說對照第一義經典，純依密續之藏密祖師所說爲準，因此而誇大其證德與證量，動輒謂彼祖師上師爲究竟佛、爲地上菩薩；如今台海兩岸亦有自謂其師證量高於 釋迦文佛者，然觀其師所述，猶未見道，仍在觀行即佛階段，尚未到禪宗相似即佛、分證即佛階位，竟敢標榜爲究竟佛及地上法王，誑惑初機學人。凡此怪象皆是狂密，不同於眞密之修行者。近年狂密盛行，密宗行者被誤導者極眾，動輒自謂已證佛地眞如，自視爲究竟佛，陷於大妄語業中而不知自省，反謗顯宗眞修實證者之證量粗淺；或如義雲高與釋性圓…等人，於報紙上公然誹謗眞實證道者爲「騙子、無道人、人妖、癩蛤蟆…」等，造下誹謗大乘勝義僧之大惡業；或以外道法中有爲有作之甘露、魔術……等法，誑騙初機學人，狂言彼外道法爲眞佛法。如是怪象，在西藏密宗及附藏密之外道中，不一而足，舉之不盡，學人宜應愼思明辨，以免上當後又犯毀破菩薩戒之重罪。密宗學人若欲遠離邪知邪見者，請閱此書，即能了知密宗之邪謬，從此遠離邪見與邪修，轉入眞正之佛道。平實導師著 共四輯 每輯約400頁（主文約340頁）每輯售價300元。

宗門正義—公案拈提第六輯：佛教有六大危機，乃是藏密化、世俗化、膚淺化、學術化、宗門密意失傳、悟後進修諸地之次第混淆；其中尤以宗門密意之失傳，爲當代佛教最大之危機。由宗門密意失傳故，易令世尊本懷普被錯解，易令 世尊正法被轉易爲外道法，以及加以淺化、世俗化，是故宗門密意之廣泛弘傳與具緣佛弟子，極爲重要。然而欲令宗門密意之廣泛弘傳予具緣之佛弟子者，必須同時配合錯誤知見之解析、普令佛弟子知之，然後輔以公案解析之直示入處，方能令具緣之佛弟子悟入。而此二者，皆須以公案拈提之方式爲之，方易成其功、竟其業，是故平實導師續作宗門正義一書，以利學人。 全書500餘頁，售價500元（2007年起，凡購買公案拈提第一輯至第七輯，每購一輯皆贈送本公司精製公案拈提〈超意境〉CD一片，市售價格280元，多購多贈）。

心經密意—心經與解脫道、佛菩提道、祖師公案之關係與密意。 二乘菩提所證之解脫道，實依第八識心之斷除煩惱障現行而立解脫之名；大乘菩提所證之佛菩提道，實依親證第八識如來藏之涅槃性、清淨自性、及其中道性而立般若之名；禪宗祖師公案所證之眞心，即是此第八識如來藏；是故三乘佛法所修所證之三乘菩提，皆依此如來藏心而立名也。此第八識心，即是《心經》所說之心也。證得此如來藏已，即能漸入大乘佛菩提道，亦可因證知此心而了知二乘無學所不能知之無餘涅槃本際，是故《心經》之密意，與三乘佛菩提之關係極爲密切、不可分割，三乘佛法皆依此心而立名故。今者平實導師以其所證解脫道之無生智及佛菩提之般若種智，將《心經》與解脫道、佛菩提道、祖師公案之關係與密意，以演講之方式，用淺顯之語句和盤托出，發前人所未言，呈三乘菩提之眞義，令人藉此《心經密意》一舉而窺三乘菩提之堂奧，迥異諸方言不及義之說；欲求眞實佛智者、不可不讀！ 主文317頁，連同跋文及序文…等共384頁，售價300元。

宗門密意——**公案拈提**第七輯：佛教之世俗化，將導致學人以信仰作爲學佛，則將以感應及世間法之庇祐，作爲學佛之主要目標，不能了知學佛之主要目標爲親證三乘菩提。大乘菩提則以般若實相智慧爲主要修習目標，以二乘菩提解脫道爲附帶修習之標的；是故學習大乘法者，應以禪宗之證悟爲要務，能親入大乘菩提之實相般若智慧中故，般若實相智慧非二乘聖人所能知故。此書則以台灣世俗化佛教之三大法師，說法似是而非之實例，配合眞悟祖師之公案解析，提示證悟般若之關節，令學人易得悟入。平實導師著，全書五百餘頁，售價500元（2007年起，凡購買公案拈提第一輯至第七輯，每購一輯皆贈送本公司精製公案拈提〈超意境〉CD一片，市售價格280元，多購多贈）。

淨土聖道——兼評日本本願念佛：佛法甚深極廣，般若玄微，非諸二乘聖僧所能知之，一切凡夫更無論矣！所謂一切證量皆歸淨土是也！是故大乘法中「聖道之淨土、淨土之聖道」，其義甚深，難可了知；乃至眞悟之人，初心亦難知也。今有正德老師眞實證悟後，復能深探淨土與聖道之緊密關係，憐憫眾生之誤會淨土實義，亦欲利益廣大淨土行人同入聖道，同獲淨土中之聖道門要義，乃振奮心神、書以成文，今得刊行天下。主文279頁，連同序文等共301頁，總有十一萬六千餘字，正德老師著，成本價200元。

起信論講記：詳解大乘起信論**心生滅門**與**心眞如門**之眞實意旨，消除以往大師與學人對起信論所說**心生滅門**之誤解，由是而得了知眞心如來藏之非常非斷中道正理；亦因此一講解，令此論以往隱晦而被誤解之眞實義，得以如實顯示，令大乘佛菩提道之正理得以顯揚光大；初機學者亦可藉此正論所顯示之法義，對大乘法理生起正信，從此得以眞發菩提心，眞入大乘法中修學，世世常修菩薩正行。平實導師演述，共六輯，都已出版，每輯三百餘頁，售價250元。

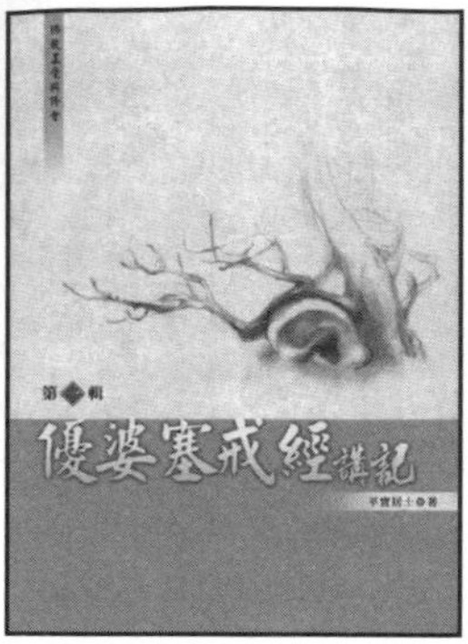

優婆塞戒經講記：本經詳述在家菩薩修學大乘佛法，應如何受持菩薩戒？對人間善行應如何看待？對三寶應如何護持？應如何正確地修集此世後世證法之福德？應如何修集後世「行菩薩道之資糧」？並詳述第一義諦之正義：五蘊非我非異我、自作自受、異作異受、不作不受……等深妙法義，乃是修學大乘佛法、行菩薩行之在家菩薩所應當了知者。出家菩薩今世或未來世登地已，捨報之後多數將如華嚴經中諸大菩薩，以在家菩薩身而修行菩薩行，故亦應以此經所述正理而修之，配合《楞伽經、解深密經、楞嚴經、華嚴經》等道次第正理，方得漸次成就佛道；故此經是一切大乘行者皆應證知之正法。平實導師講述，每輯三百餘頁，售價各250元；共八輯，已全部出版。

真假活佛—略論附佛外道盧勝彥之邪說：人人身中都有眞活佛，永生不滅而有大神用，但眾生都不了知，所以常被身外的西藏密宗假活佛籠罩欺瞞。本來就眞實存在的眞活佛，才是眞正的密宗無上密！諾那活佛因此而說禪宗是大密宗，但藏密的所有活佛都不知道、也不曾實證自身中的眞活佛。本書詳實宣示眞活佛的道理，舉證盧勝彥的「佛法」不是眞佛法，也顯示盧勝彥是假活佛，直接的闡釋第一義佛法見道的眞實正理。眞佛宗的所有上師與學人們，都應該詳細閱讀，包括盧勝彥個人在內。正犀居士著，優惠價140元。

阿含正義—唯識學探源：廣說四大部《阿含經》諸經中隱說之眞正義理，一一舉示佛陀本懷，令阿含時期初轉法輪根本經典之眞義，如實顯現於佛子眼前。並提示末法大師對於阿含眞義誤解之實例，一一比對之，證實唯識增上慧學確於原始佛法之阿含諸經中已隱覆密意而略說之，證實 世尊確於原始佛法中已曾密意而說第八識如來藏之總相；亦證實 世尊在四阿含中已說此藏識是名色十八界之因、之本—證明如來藏是能生萬法之根本心。佛子可據此修正以往受諸大師（譬如西藏密宗應成派中觀師：印順、昭慧、性廣、大願、達賴、宗喀巴、寂天、月稱、……等人）誤導之邪見，建立正見，轉入正道乃至親證初果而無困難；書中並詳說三果所證的**心解脫**，以及四果**慧解脫**的親證，都是如實可行的具體知見與行門。全書共七輯，已出版完畢。平實導師著，每輯三百餘頁，售價300元。

超意境CD：以平實導師公案拈提書中超越意境之頌詞，加上曲風優美的旋律，錄成令人嚮往的超意境歌曲，其中包括正覺發願文及平實導師親自譜成的黃梅調歌曲一首。詞曲雋永，殊堪翫味，可供學禪者吟詠，有助於見道。內附設計精美的彩色小冊，解說每一首詞的背景本事。每片280元。【每購買公案拈提書籍一冊，即贈送一片。】

菩薩底憂鬱CD將菩薩情懷及禪宗公案寫成新詞，並製作成超越意境的優美歌曲。1.主題曲〈菩薩底憂鬱〉，描述地後菩薩能離三界生死而迴向繼續生在人間，但因尚未斷盡習氣種子而有極深沈之憂鬱，非三賢位菩薩及二乘聖者所知，此憂鬱在七地滿心位方才斷盡；本曲之詞中所說義理極深，昔來所未曾見；此曲係以優美的情歌風格寫詞及作曲，聞者得以激發嚮往諸地菩薩境界之大心，詞、曲都非常優美，難得一見；其中勝妙義理之解說，已印在附贈之彩色小冊中。2.以各輯公案拈提中直示禪門入處之頌文，作成各種不同曲風之超意境歌曲，值得玩味、參究；聆聽公案拈提之優美歌曲時，請同時閱讀內附之印刷精美說明小冊，可以領會超越三界的證悟境界；未悟者可以因此引發求悟之意向及疑情，眞發菩提心而邁向求悟之途，乃至因此眞實悟入般若，成眞菩薩。3.正覺總持咒新曲，總持佛法大意；總持咒之義理，已加以解說並印在隨附之小冊中。本CD共有十首歌曲，長達63分鐘，附贈二張購書優惠券。每片280元。

禪意無限CD平實導師以公案拈提書中偈頌寫成不同風格曲子，與他人所寫不同風格曲子共同錄製出版，幫助參禪人進入禪門超越意識之境界。盒中附贈彩色印製的精美解說小冊，以供聆聽時閱讀，令參禪人得以發起參禪之疑情，即有機會證悟本來面目，實證大乘菩提般若。本CD共有十首歌曲，長達69分鐘，每盒各附贈二張購書優惠券。每片280元。

我的菩提路第一輯：凡夫及二乘聖人不能實證的佛菩提證悟，末法時代的今天仍然有人能得實證，由正覺同修會釋悟圓、釋善藏法師等二十餘位實證如來藏者所寫的見道報告，已爲當代學人見證宗門正法之絲縷不絕，證明大乘義學的法脈仍然存在，爲末法時代求悟般若之學人照耀出光明的坦途。由二十餘位大乘見道者所繕，敘述各種不同的學法、見道因緣與過程，參禪求悟者必讀。全書三百餘頁，售價300元。

我的菩提路第二輯：由郭正益老師等人合著，書中詳述彼等諸人歷經各處道場學法，一一修學而加以檢擇之不同過程以後，因閱讀正覺同修會、正智出版社書籍而發起抉擇分，轉入正覺同修會中修學；乃至學法及見道之過程，都一一詳述之。（本書暫停發售，俟改版重新發售流通。）

我的菩提路第三輯：由王美伶老師等人合著。自從正覺同修會成立以來，每年夏初、冬初都舉辦精進禪三共修，藉以助益會中同修們得以證悟明心發起般若實相智慧；凡已實證而被平實導師印證者，皆書具見道報告用以證明佛法之眞實可證而非玄學，證明佛法並非純屬思想、理論而無實質，是故每年都能有人證明正覺同修會的「實證佛教」主張並非虛語。特別是眼見佛性一法，自古以來中國禪宗祖師實證者極寡，較之明心開悟的證境更難令人信受；至2017年初，正覺同修會中的證悟明心者已近五百人，然而其中眼見佛性者至今唯十餘人爾，可謂難能可貴，是故明心後欲冀眼見佛性者實屬不易。黃正倖老師是懸絕七年無人見性後的第一人，她於2009年的見性報告刊於本書的第二輯中，爲大衆證明佛性確實可以眼見；其後七年之中求見性者都屬解悟佛性而無人眼見，幸而又經七年後的2016冬初，以及2017夏初的禪三，復有三人眼見佛性，希冀鼓舞四衆佛子求見佛性之大心，今則具載一則於書末，顯示求見佛性之事實經歷，供養現代佛教界欲得見性之四衆弟子。全書四百頁，售價300元，已於2017年6月30日發行。

我的菩提路第四輯：由陳晏平等人著。中國禪宗祖師往往有所謂「見性」之言，所言多屬看見如來藏具有能令人發起成佛之自性，並非《大般涅槃經》中 如來所說之眼見佛性。眼見佛性者，於親見佛性之時，即能於山河大地眼見自己佛性，亦能於他人身上眼見自己佛性及對方之佛性，如是境界無法爲尚未實證者解釋；勉強說之，縱使眞實明心證悟之人聞之，亦只能以自身明心之境界想像之，但不論如何想像多屬非量，能有正確之比量者亦是稀有，故說眼見佛性極爲困難。眼見佛性之人若所見極分明時，在所見佛性之境界下所眼見之山河大地、自己五蘊身心皆是虛幻，自有異於明心者之解脫功德受用，此後永不思證二乘涅槃，必定邁向成佛之道而進入第十住位中，已超第一阿僧祇劫三分有一，可謂之爲超劫精進也。今又有明心之後眼見佛性之人出於人間，將其明心及後來見性之報告，連同其餘證悟明心者之精彩報告一同收錄於此書中，供養眞求佛法實證之四衆佛子。全書380頁，售價300元，已於2018年6月30日發行。

我的菩提路第五輯：林慈慧老師等人著，本輯中所舉學人從相似正法中來到正覺同修會的過程，各人都有不同，發生的因緣亦是各有差別，然而都會指向同一個目標——證實生命實相的源底，確證自己生從何來、死往何去的事實，所以最後都證明佛法眞實而可親證，絕非玄學；本書將彼等諸人的始修及末後證悟之實例，羅列出來以供學人參考。本期亦有一位會裡的老師，是從1995年即開始追隨平實導師修學，1997年明心後持續進修不斷，直到2017年眼見佛性之實例，足可證明《大般涅槃經》中世尊開示眼見佛性之法正眞無訛，第十住位的實證在末法時代的今天仍有可能，如今一併具載於書中以供學人參考，並供養現代佛教界欲得見性之四眾弟子。全書四百頁，售價300元，已於2019年12月31日發行。

我的菩提路第六輯：劉惠莉老師等人著，本輯中舉示劉老師明心多年以後的眼見佛性實錄，供末法時代學人了知明心之異於見性本質，足可證明《大般涅槃經》中世尊開示眼見佛性之法正眞無訛。亦列舉多篇學人從各道場來到正覺學法之不同過程，以及如何發覺邪見之異於正法的所在，最後終能在正覺禪三中悟入的實況，以證明佛教正法仍在末法時代的人間繼續弘揚的事實，鼓舞一切眞實學法的菩薩大眾思之：我等諸人亦可有因緣證悟，絕非空想白思。約四百頁，售價300元，已於2020年6月30日發行。

我的菩提路第七輯：余正偉老師等人著，本輯中舉示余老師明心二十餘年以後的眼見佛性實錄，供末法時代學人了知明心異於見性之本質，並且舉示其見性後與平實導師互相討論眼見佛性之諸多疑訛處；除了證明《大般涅槃經》中 世尊開示眼見佛性之法正眞無訛以外，亦得一解明心後尚未見性者之所未知處，甚爲精彩。此外亦列舉多篇學人從各不同宗教進入正覺學法之不同過程，以及發覺諸方道場邪見之內容與過程，最終得於正覺精進禪三中悟入的實況，足供末法精進學人借鑑，以彼鑑己而生信心，得以投入了義正法中修學及實證。凡此，皆足以證明不唯明心所證之第七住位般若智慧及解脫功德仍可實證，乃至第十住位的實證與當場發起如幻觀之實證，於末法時代的今天皆仍有可能。本書約四百頁，售價300元。

明心與眼見佛性：本書細述明心與眼見佛性之異同，同時顯示了中國禪宗破初參明心與重關眼見佛性二關之間的關聯；書中又藉法義辨正而旁述其他許多勝妙法義，讀後必能遠離佛門長久以來積非成是的錯誤知見，令讀者在佛法的實證上有極大助益。也藉慧廣法師的謬論來教導佛門學人回歸正知正見，遠離古今禪門錯悟者所墮的意識境界，非唯有助於斷我見，也對未來的開悟明心實證第八識如來藏有所助益，是故學禪者都應細讀之。 游正光老師著　共448頁　售價300元。

見性與看話頭：黃正倖老師的《見性與看話頭》於《正覺電子報》連載完畢，今集結出版。書中詳說禪宗看話頭的詳細方法，並細說看話頭與眼見佛性的關係，以及眼見佛性者求見佛性前必須具備的條件。本書是禪宗實修者追求明心開悟時參禪的方法書，也是求見佛性者作功夫時必讀的方法書，內容兼顧眼見佛性的理論與實修之方法，是依實修之體驗配合理論而詳述，條理分明而且極爲詳實、周全、深入。本書內文375頁，全書416頁，售價300元。

鈍鳥與靈龜：鈍鳥及靈龜二物，被宗門證悟者說爲二種人：前者是精修禪定而無智慧者，也是以定爲禪的愚癡禪人；後者是或有禪定、或無禪定的宗門證悟者，凡已證悟者皆是靈龜。但後者被人虛造事實，用以嘲笑大慧宗杲禪師，說他雖是靈龜，卻不免被天童禪師預記「患背」痛苦而亡：「**鈍鳥離巢易，靈龜脫殼難**。」藉以貶低大慧宗杲的證量。同時將天童禪師實證如來藏的證量，曲解爲意識境界的離念靈知。自從大慧禪師入滅以後，錯悟凡夫對他的不實毀謗就一直存在著，不曾止息，並且捏造的假事實也隨著年月的增加而越來越多，終至編成「鈍鳥與靈龜」的假公案、假故事。本書是考證大慧與天童之間的不朽情誼，顯現這件假公案的虛妄不實；更見大慧宗杲面對惡勢力時的正直不阿，亦顯示大慧對天童禪師的至情深義，將使後人對大慧宗杲的誣謗至此而止，不再有人誤犯毀謗賢聖的惡業。書中亦舉證宗門的所悟確以第八識如來藏爲標的，詳讀之後必可改正以前被錯悟大師誤導的參禪知見，日後必定有助於實證禪宗的開悟境界，得階大乘眞見道位中，即是實證般若之賢聖。全書459頁，售價350元。

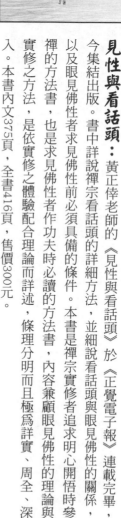

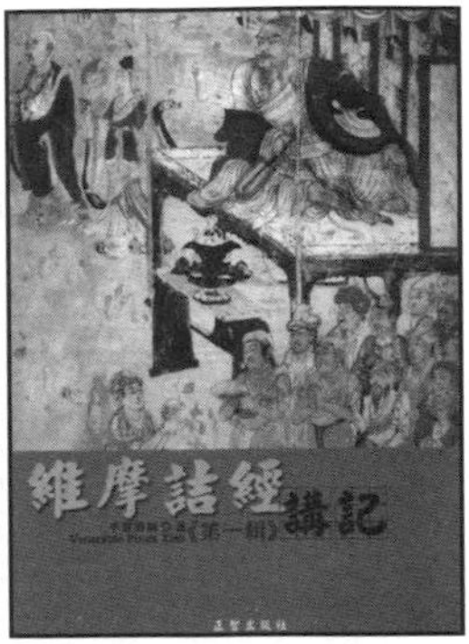

維摩詰經講記：本經係 世尊在世時，由等覺菩薩維摩詰居士藉疾病而演說之大乘菩提無上妙義，所說函蓋甚廣，然極簡略，是故今時諸方大師與學人讀之悉皆錯解，何況能知其中隱含之深妙正義，是故普遍無法爲人解說；若強爲人說，則成依文解義而有諸多過失。今由平實導師公開宣講之後，詳實解釋其中密意，令維摩詰菩薩所說大乘不可思議解脫之深妙正法得以正確宣流於人間，利益當代學人及與諸方大師。書中詳實演述大乘佛法深妙不共二乘之智慧境界，顯示諸法之中絕待之實相境界，建立大乘菩薩妙道於永遠不敗不壞之地，以此成就護法偉功，欲冀永利娑婆人天。已經宣講圓滿整理成書流通，以利諸方大師及諸學人。全書共六輯，每輯三百餘頁，售價各250元。

真假外道：本書具體舉證佛門中的常見外道知見實例，並加以教證及理證上的辨正，幫助讀者輕鬆而快速的了知常見外道的錯誤知見，進而遠離佛門內外的常見外道知見，因此即能改正修學方向而快速實證佛法。游正光老師著 。成本價200元。

勝鬘經講記：如來藏爲三乘菩提之所依，若離如來藏心體及其含藏之一切種子，即無三界有情及一切世間法，亦無二乘菩提緣起性空之出世間法；本經詳說無始無明、一念無明皆依如來藏而有之正理，藉著詳解煩惱障與所知障間之關係，令學人深入了知二乘菩提與佛菩提相異之妙理；聞後即可了知佛菩提之特勝處及三乘修道之方向與原理，邁向攝受正法而速成佛道的境界中。平實導師講述，共六輯，每輯三百餘頁，售價各250元。

楞嚴經講記：楞嚴經係密教部之重要經典，亦是顯教中普受重視之經典；經中宣說明心與見性之內涵極爲詳細，將一切法都會歸如來藏及佛性—妙眞如性；亦闡釋五陰區宇及五陰盡的境界，作諸地菩薩自我檢驗證量之依據，旁及佛菩提道修學過程中之種種魔境，以及外道誤會涅槃之狀況，亦兼述明三界世間之起源。然因言句深澀難解，法義亦復深妙寬廣，學人讀之普難通達，是故讀者大多誤會，不能如實理解佛所說之明心與見性內涵，亦因是故多有悟錯之人引爲開悟之證言，成就大妄語罪。今由平實導師詳細講解之後，整理成文，以易讀易懂之語體文刊行天下，以利學人。全書十五輯，全部出版完畢。每輯三百餘頁，售價每輯300元。

金剛經宗通：三界唯心，萬法唯識，是成佛之修證內容，是諸地菩薩之所修；般若則是成佛之道（實證三界唯心、萬法唯識）的入門，若未證悟實相般若，即無成佛之可能，必將永在外門廣行菩薩六度，永在凡夫位中。然而實相般若的發起，全賴實證萬法的眞相；若欲證知萬法的眞相，則必須探究萬法之所從來，則須實證自心如來—金剛心如來藏，然後現觀這個金剛心的金剛性、眞實性、如如性、清淨性、涅槃性、能生萬法的自性性、本住性，名爲證眞如；進而現觀三界六道唯是此金剛心所成，人間萬法須藉八識心王和合運作方能現起。如是實證《華嚴經》的「三界唯心、萬法唯識」以後，由此等現觀而發起實相般若智慧，繼續進修第十住位的如幻觀、第十行位的陽焰觀、第十迴向位的如夢觀，再生起增上意樂而勇發十無盡願，方能滿足三賢位的實證，轉入初地；自知成佛之道而無偏倚，從此按部就班、次第進修乃至成佛。第八識自心如來是般若智慧之所依，般若智慧的修證則要從實證金剛心自心如來開始；《金剛經》則是解說自心如來之經典，是一切三賢位菩薩所應進修之實相般若經典。這一套書，是將平實導師宣講的《金剛經宗通》內容，整理成文字而流通之；書中所說義理，迥異古今諸家依文解義之說，指出大乘見道方向與理路，有益於禪宗學人求開悟見道，及轉入內門廣修六度萬行，已於2013年9月出版完畢，總共9輯，每輯約三百餘頁，售價各250元。

霧峰無霧—給哥哥的信：本書作者藉兄弟之間信件往來論義，略述佛法大義；並以多篇短文辨義，舉出釋印順對佛法的無量誤解證據，並一一給予簡單而清晰的辨正，令人一讀即知。久讀、多讀之後即能認清楚釋印順的六識論見解，與眞實佛法之牴觸是多麼嚴重；於是在久讀、多讀之後，於不知不覺之間提升了對佛法的極深入理解，正知正見就在不知不覺間建立起來了。當三乘佛法的正知見建立起來之後，對於三乘菩提的見道條件便將隨之具足，於是聲聞解脫道的見道也就水到渠成；接著大乘見道的因緣也將次第成熟，未來自然也會有親見大乘菩提之道的因緣，悟入大乘實相般若也將自然成功，自能通達般若系列諸經而成實義菩薩。作者居住於南投縣霧峰鄉，自喻見道之後不復再見霧峰之霧，故鄉原野美景一一明見，於是立此書名爲《霧峰無霧》；讀者若欲撥霧見月，可以此書爲緣。游宗明 老師著 已於2015年出版 售價250元。

霧峰無霧——第二輯——救護佛子向正道：本書作者藉釋印順著作中之各種錯謬法義提出辨正，以詳實的文義一一提出理論上及實證上之解析，列舉釋印順對佛法的無量誤解證據，藉此教導佛門大師與學人釐清佛法義理，遠離岐途轉入正道，然後知所進修，久之便能見道明心而入大乘勝義僧數。被釋印順誤導的大師與學人極多，很難救轉，是故作者大發悲心深入解說其錯謬之所在，佐以各種義理辨正而令讀者在不知不覺之間轉歸正道。如是久讀之後欲得斷身見、證初果，即不爲難事；乃至久之亦得大乘見道而得證眞如，脫離空有二邊而住中道，實相般若智慧生起，於佛法不再茫然，漸漸亦知悟後進修之道。屆此之時，對於大乘般若等深妙法之迷雲暗霧亦將一掃而空，生命及宇宙萬物之故鄉原野美景一一明見，是故本書仍名《霧峰無霧》，爲第二輯；讀者若欲撥雲見日、離霧見月，可以此書爲緣。游宗明 老師著 已於2019年出版 售價250元。

空行母——性別、身分定位，以及藏傳佛教：本書作者爲蘇格蘭哲學家，因爲嚮往佛教深妙的哲學內涵，於是進入當年盛行於歐美的假藏傳佛教密宗，擔任卡盧仁波切的翻譯工作多年以後，被邀請成爲卡盧的空行母（又名佛母、明妃），開始了她在密宗裡的實修過程；後來發覺在密宗雙身法中的修行，其實無法使自己成佛，也發覺密宗對女性岐視而處處貶抑，並剝奪女性在雙身法中擔任一半角色時應有的身分定位。當她發覺自己只是雙身法中被喇嘛利用的工具，沒有獲得絲毫應有的尊重與基本定位時，發現了密宗的父權社會控制女性的本質；於是作者傷心地離開了卡盧仁波切與密宗，但是卻被恐嚇不許講出她在密宗裡的經歷，也不許她說出自己對密宗的教義與教制下對女性剝削的本質，否則將被咒殺死亡。後來她去加拿大定居，十餘年後方才擺脫這個恐嚇陰影，下定決心將親身經歷的實情及觀察到的事實寫下來並且出版，公諸於世。出版之後，她被流亡的達賴集團人士大力攻訐，誣指她爲精神狀態失常、說謊……等。但有智之士並未被達賴集團的政治操作及各國政府政治運作吹捧達賴的表相所欺，使她的書銷售無阻而又再版。正智出版社鑑於作者此書是親身經歷的事實，所說具有針對「**藏傳佛教**」而作學術研究的價值，也有使人認清假藏傳佛教剝削佛母、明妃的男性本位實質，因此洽請作者同意中譯而出版於華人地區。珍妮·坎貝爾女士著，呂艾倫 中譯，每冊250元。

假藏傳佛教的神話—**性、謊言、喇嘛教**：本書編著者是由一首名為「阿姊鼓」的歌曲為緣起，展開了序幕，揭開假藏傳佛教—喇嘛教—的神祕面紗。其重點是蒐集、摘錄網路上質疑「喇嘛教」的帖子，以揭穿「假藏傳佛教的神話」為主題，串聯成書，並附加彩色插圖以及說明，讓讀者們瞭解西藏密宗及相關人事如何被操作為「神話」的過程，以及神話背後的眞相。作者：張正玄教授。售價200元。

達賴真面目—**玩盡天下女人**：假使您不想戴綠帽子，請記得詳細閱讀此書；假使您不想讓好朋友戴綠帽子，請您將此書介紹給您的好朋友。假使您想保護家中的女性，也想要保護好朋友的女眷，請記得將此書送給家中的女性和好友的女眷都來閱讀。本書為印刷精美的大本彩色中英對照精裝本，為您揭開達賴喇嘛的眞面目，內容精彩不容錯過，為利益社會大眾，特別以優惠價格嘉惠所有讀者。編著者：白志偉等。大開版雪銅紙彩色精裝本。售價800元。

喇嘛性世界—**揭開假藏傳佛教譚崔瑜伽的面紗**：這個世界中的喇嘛，號稱來自世外桃源的香格里拉，穿著或紅或黃的喇嘛長袍，散布於我們的身邊傳教灌頂，吸引了無數的人嚮往學習；這些喇嘛虔誠地為大眾祈福，手中拿著寶杵（金剛）與寶鈴（蓮花），口中唸著咒語：「唵．嘛呢．叭咪．吽……」，咒語的意思是說：「我至誠歸命金剛杵上的寶珠伸向蓮花寶穴之中」！「喇嘛性世界」是什麼樣的「世界」呢？本書將為您呈現喇嘛世界的面貌。當您發現眞相以後，您將會唸：「噢！喇嘛．性．世界，譚崔性交嘛！」作者：張善思、呂艾倫。售價200元。

末代達賴—性交教主的悲歌：簡介從藏傳僞佛教（喇嘛教）的修行核心—性力派男女雙修，探討達賴喇嘛及藏傳僞佛教的修行內涵。書中引用外國知名學者著作、世界各地新聞報導，包含：歷代達賴喇嘛的祕史、達賴六世修雙身法的事蹟，以及《時輪續》中的性交灌頂儀式……等；達賴喇嘛書中開示的雙修法、達賴喇嘛的黑暗政治手段；達賴喇嘛所領導的寺院爆發喇嘛性侵兒童；新聞報導《西藏生死書》作者索甲仁波切性侵女信徒、澳洲喇嘛秋達公開道歉、美國最大假藏傳佛教組織領導人邱陽創巴仁波切的性氾濫；等等事件背後眞相的揭露。作者：張善思、呂艾倫、辛燕。售價250元。

黯淡的達賴—失去光彩的諾貝爾和平獎：本書舉出很多證據與論述，詳述達賴喇嘛不爲世人所知的一面，顯示達賴喇嘛並不是眞正的和平使者，而是假借諾貝爾和平獎的光環來欺騙世人；透過本書的說明與舉證，讀者可以更清楚的瞭解，達賴喇嘛是結合暴力、黑暗、淫欲於喇嘛教裡的集團首領，其政治行爲與宗教主張，早已讓諾貝爾和平獎的光環染污了。 本書由財團法人正覺教育基金會寫作、編輯，由正覺出版社印行，每冊250元。

第七意識與第八意識？——穿越時空「超意識」：「三界唯心，萬法唯識」是佛教中應該實證的聖教，也是《華嚴經》中明載而可以實證的法界實相。唯心者，三界一切境界、一切諸法唯是一心所成就，即是每一個有情的第八識如來藏，不是意識心。唯識者，即是人類各各都具足的八識心王——眼識、耳鼻舌身意識、意根、阿賴耶識，第八阿賴耶識又名如來藏，人類五陰相應的萬法，莫不由八識心王共同運作而成就，故說萬法唯識。依聖教量及現量、比量，都可以證明意識是二法因緣生，是由第八識藉意根與法塵二法為因緣而出生，又是夜夜斷滅不存之生滅心，即無可能反過來出生第七識意根、第八識如來藏，當知不可能從生滅性的意識心中，細分出恆審思量的第七識意根，更無可能細分出恆而不審的第八識如來藏。本書是將演講內容整理成文字，細說如是內容，並已在〈正覺電子報〉連載完畢，今彙集成書以廣流通，欲幫助佛門有緣人斷除意識我見，跳脫於識陰之外而取證聲聞初果；嗣後修學禪宗時即得不墮外道神我之中，得以求證第八識金剛心而發起般若實智。平實導師 述，每冊300元。

童女迦葉考——論呂凱文〈佛教輪迴思想的論述分析〉之謬：童女迦葉是佛世率領五百大比丘遊行於人間的歷史事實，是以童貞行而依止菩薩戒弘化於人間的大菩薩，不依別解脫戒（聲聞戒）來弘化於人間。這是大乘佛教與聲聞佛教同時存在於佛世的歷史明證，證明大乘佛教不是從聲聞法中分裂出來的部派佛教的產物，卻是聲聞佛教分裂出來的部派佛教聲聞凡夫僧所不樂見的史實；於是古今聲聞法中的凡夫都欲加以扭曲而作詭說，更是末法時代高聲大呼「大乘非佛說」的六識論聲聞凡夫極力想要扭曲的佛教史實之一，於是想方設法扭曲迦葉菩薩為聲聞僧，以及扭曲迦葉童女為比丘僧等荒謬不實之論著便陸續出現，古時聲聞僧寫作的《分別功德論》是最具體之事例，現代之代表作則是呂凱文先生的〈佛教輪迴思想的論述分析〉論文。鑑於如是假藉學術考證以籠罩大眾之不實謬論，未來仍將繼續造作及流竄於佛教界，繼續扼殺大乘佛教學人法身慧命，必須舉證辨正之，遂成此書。平實導師 著，每冊180元。

人間佛教——實證者必定不悖三乘菩提：「大乘非佛說」的講法似乎流傳已久，卻只是日本人企圖擺脫中國正統佛教的影響，而在明治維新時期才開始提出來的說法；台灣佛教、大陸佛教的淺學無智之人，由於未曾實證佛法而迷信日本人錯誤的學術考證，錯認爲這些別有用心的日本佛學考證的講法爲天竺佛教的眞實歷史；甚至還有更激進的反對佛教者提出「**釋迦牟尼佛並非眞實存在，只是後人捏造的假歷史人物**」，竟然也有少數佛教徒願意跟著「學術」的假光環而信受不疑，亦導致部分台灣佛教界人士，造作了反對中國大乘佛教而推崇南洋小乘佛教的行爲，使台灣佛教的信仰者難以檢擇，亦導致一般大陸人士開始轉入基督教的盲目迷信中。在這些佛教及外教人士之中，也就有一分人根據此邪說而大聲主張「大乘非佛說」的謬論，這些人以「人間佛教」的名義來抵制中國正統佛教，公然宣稱中國的大乘佛教是由聲聞部派佛教的凡夫僧所創造出來的。這樣的說法流傳於台灣及大陸佛教界凡夫僧之中已久，卻非眞正的佛教歷史中曾經發生過的事，只是繼承六識論的聲聞法中凡夫僧，以及別有居心的日本佛教界，依自己的意識境界立場，純憑臆想而編造出來的妄想說法，卻已經影響許多無智之凡夫僧俗信受不移。本書則是從佛教的經藏法義實質及實證的現量內涵本質立論，證明大乘佛法本是佛說，是從《阿含正義》尚未說過的不同面向來討論「人間佛教」的議題，證明「大乘眞佛說」。閱讀本書可以斷除六識論邪見，迴入三乘菩提正道發起實證的因緣；也能斷除禪宗學人學禪時普遍存在之錯誤知見，對於建立參禪時的正知見有很深的著墨。平實導師　述，內文488頁，全書528頁，定價400元。

實相經宗通：學佛之目的在於實證一切法界背後之實相，禪宗稱之爲本來面目或本地風光，佛菩提道中稱之爲實相法界；此實相法界即是金剛藏，又名佛法之祕密藏，即是能生有情五陰、十八界及宇宙萬有（山河大地、諸天、三惡道世間）的第八識如來藏，又名阿賴耶識心，即是禪宗祖師所說的眞如心，此心即是三界萬有背後的實相。證得此第八識心時，自能瞭解般若諸經中隱說的種種密意，即得發起實相般若——實相智慧。每見學佛人修學佛法二十年後仍對實相般若茫然無知，亦不知如何入門，茫無所趣；更因不知三乘菩提的互異互同，是故越是久學者對佛法越覺茫然，都肇因於尚未瞭解佛法的全貌，亦未瞭解佛法的修證內容即是第八識心所致。本書對於修學佛法者所應實證的實相境界提出明確解析，並提示趣入佛菩提道的入手處，有心親證實相般若的佛法實修者，宜詳讀之，於佛菩提道之實證即有下手處。平實導師述著，共八輯，已於2016年出版完畢，每輯成本價250元。

真心告訴您（一）——達賴喇嘛在幹什麼？這是一本報導篇章的選集，更是「破邪顯正」的暮鼓晨鐘。「破邪」是戳破假象，說明達賴喇嘛及其所率領的密宗四大派法王、喇嘛們，弘傳的佛法是仿冒的佛法；他們是假藏傳佛教，是坦特羅(譚崔性交)外道法和藏地崇奉鬼神的苯教混合成的「喇嘛教」，推廣的是以所謂「無上瑜伽」的男女雙身法冒充佛法的假佛教，詐財騙色誤導眾生，常常造成信徒家庭破碎、家中兒少失怙的嚴重後果。「顯正」是揭櫫眞相，指出眞正的藏傳佛教只有一個，就是覺囊巴，傳的是 釋迦牟尼佛演繹的第八識如來藏妙法，稱爲他空見大中觀。正覺教育基金會即以此古今輝映的如來藏正法正知見，在眞心新聞網中逐次報導出來，將箇中原委「眞心告訴您」，如今結集成書，與想要知道密宗眞相的您分享。售價250元。

中觀金鑑——詳述應成派中觀的起源與其破法本質：學佛人往往迷於中觀學派之不同學說，被應成派與自續派所迷惑；修學般若中觀二十年後自以爲實證般若中觀了，卻仍不曾入門，甫聞實證般若中觀者之所說，則茫無所知，迷惑不解；隨後信心盡失，不知如何實證佛法；凡此，皆因惑於這二派中觀學說所致。自續派中觀所說同於常見，以意識境界立爲第八識如來藏之境界，應成派所說則同於斷見，但又同立意識爲常住法，故亦具足斷常二見。今者孫正德老師有鑑於此，乃將起源於密宗的應成派中觀學說，追本溯源，詳考其來源之外，亦一一舉證其立論內容，詳加辨正，令密宗雙身法祖師以識陰境界而造之應成派中觀學說本質，詳細呈現於學人眼前，令其維護雙身法之目的無所遁形。若欲遠離密宗此二大派中觀謬說，欲於三乘菩提有所進道者，允宜具足閱讀並細加思惟，反覆讀之以後將可捨棄邪道返歸正道，則於般若之實證即有可能，證後自能現觀如來藏之中道境界而成就中觀。本書分上、中、下三冊，每冊250元，已全部出版完畢。

法華經講義：此書爲平實導師始從2009/7/21演述至2014/1/14之講經錄音整理所成。世尊一代時教，總分五時三教，即是華嚴時、聲聞緣覺教、般若教、種智唯識教、法華時；依此五時三教區分爲藏、通、別、圓四教。本經是最後一時的圓教經典，圓滿收攝一切法教於本經中，是故最後的圓教聖訓中，特地指出無有三乘菩提，其實唯有一佛乘；皆因眾生愚迷故，方便區分爲三乘菩提以助眾生證道。世尊於此經中特地說明如來示現於人間的唯一大事因緣，便是爲有緣眾生「開、示、悟、入」諸佛的所知所見——第八識如來藏妙眞如心，並於諸品中隱說「妙法蓮花」如來藏心的密意。然因此經所說甚深難解，眞義隱晦，古來難得有人能窺堂奧；平實導師以知如是密意故，特爲末法佛門四眾演述《妙法蓮華經》中各品蘊含之密意，使古來未曾被古德註解出來的「此經」密意，如實顯示於當代學人眼前。乃至〈藥王菩薩本事品〉、〈妙音菩薩品〉、〈觀世音菩薩普門品〉、〈普賢菩薩勸發品〉中的微細密意，亦皆一併詳述之，可謂開前人所未曾言之密意，示前人所未見之妙法。最後乃至以〈法華大義〉而總其成，全經妙旨貫通始終，而依佛旨圓攝於一心如來藏妙心，厥爲曠古未有之大說也。平實導師述，共有25輯，已於2019/05/31出版完畢。每輯300元。

西藏「活佛轉世」制度——附佛、造神、世俗法：歷來關於喇嘛教活佛轉世的研究，多針對歷史及文化兩部分，於其所以成立的理論基礎，較少系統化的探討。尤其是此制度是否依據「佛法」而施設？是否合乎佛法眞實義？現有的文獻大多含糊其詞，或人云亦云，不曾有明確的闡釋與如實的見解。因此本文先從活佛轉世的由來，探索此制度的起源、背景與功能，並進而從活佛的尋訪與認證之過程，發掘活佛轉世的特徵，以確認「活佛轉世」在佛法中應具足何種果德。定價150元。

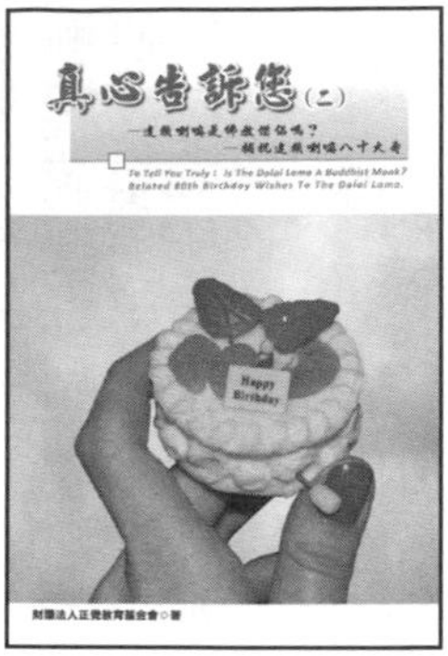

真心告訴您（二）——達賴喇嘛是佛教僧侶嗎？補祝達賴喇嘛八十大壽：這是一本針對當今達賴喇嘛所領導的喇嘛教，冒用佛教名相、於師徒間或師兄姊間，實修男女邪淫，而從佛法三乘菩提的現量與聖教量，揭發其謊言與邪術，證明達賴及其喇嘛教是仿冒佛教的外道，是「假藏傳佛教」。藏密四大派教義雖有「八識論」與「六識論」的表面差異，然其實修之內容，皆共許「無上瑜伽」四部灌頂爲究竟「成佛」之法門，也就是共以男女雙修之邪淫法爲「即身成佛」之密要，雖美其名曰「欲貪爲道」之「金剛乘」，並誇稱其成就超越於（應身佛）釋迦牟尼佛所傳之顯教般若乘之上；然詳考其理論，則或以意識離念時之粗細心爲第八識如來藏，或以中脈裡的明點爲第八識如來藏，或如宗喀巴與達賴堅決主張第六意識爲常恆不變之眞心者，分別墮於外道之常見與斷見中；全然違背　佛說能生五蘊之如來藏的實質。售價300元。

涅槃——解說四種涅槃之實證及內涵：眞正學佛之人，首要即是見道，由見道故方有涅槃之實證，證涅槃者方能出生死，但涅槃有四種：二乘聖者的有餘涅槃、無餘涅槃，以及大乘聖者的本來自性清淨涅槃、佛地的無住處涅槃。大乘聖者實證本來自性清淨涅槃，入地前再取證二乘涅槃，然後起惑潤生捨離二乘涅槃，繼續進修而在七地心前斷盡三界愛之習氣種子，依七地無生法忍之具足而證得念念入滅盡定；八地後進斷異熟生死，直至妙覺地下生人間成佛，具足四種涅槃，方是眞正成佛。此理古來少人言，以致誤會涅槃正理者比比皆是，今於此書中廣說四種涅槃、如何實證之理、實證前應有之條件，實屬本世紀佛教界極重要之著作，令人對涅槃有正確無訛之認識，然後可以依之實行而得實證。本書共有上下二冊，每冊各四百餘頁，對涅槃詳加解說，每冊各350元。

佛藏經講義：本經說明爲何佛菩提難以實證之原因，都因往昔無數阿僧祇劫前的邪見，引生此世求證時之業障而難以實證。即以諸法實相詳細解說，繼之以念佛品、念法品、念僧品，說明諸佛與法之實質；然後以淨戒品之說明，期待佛弟子四眾堅持清淨戒而轉化心性，並以往古品的實例說明歷代學佛人在實證上的業障由來，教導四眾務必滅除邪見轉入正見中，不再造作謗法及謗賢聖之大惡業，以免未來世尋求實證之時被業障所障；然後以了戒品的說明和囑累品的付囑，期望末法時代的佛門四眾弟子皆能清淨知見而得以實證。平實導師於此經中有極深入的解說，總共21輯，每輯300元，於2019/07/31開始每二個月發行一輯。

大法鼓經講義：本經解說佛法的總成：法、非法。由開解法、非法二義，說明了義佛法與世間戲論法的差異，指出佛法實證之標的即是法——第八識如來藏；並顯示實證後的智慧，如實擊大法鼓、演深妙法，演說如來祕密教法，非二乘定性及諸凡夫所能得聞，唯有具足菩薩性者方能得聞。正聞之後即得依於　世尊大願而拔除邪見，入於正法而得實證；深解不了義經之方便說，亦能實解了義經所說之眞實義，得以證法——如來藏，而得發起根本無分別智，乃至進修而發起後得無分別智；並堅持布施及受持清淨戒而轉化心性，得以現觀眞我眞法如來藏之各種層面。此爲第一義諦聖教，並授記末法最後餘四十年時，一切世間樂見離車童子將繼續護持此經所說正法。平實導師於此經中有極深入的解說，總共六輯，每輯300元，於《佛藏經講義》出版完畢後開始發行，每二個月發行一輯。

解深密經講記：本經是所有尋求大乘見道及悟後欲入地者所應詳習串習的三經之一，即是《楞伽經》、《解深密經》、《楞嚴經》三經中的一經，亦可作爲見道眞假的自我印證依據。此經是　世尊晚年第三轉法輪時，宣說地上菩薩所應熏修之無生法忍唯識正義經典；經中總說眞見道位所見的智慧總相，兼及相見道位所應熏修的七眞如等法，以及入地應修之十地眞如等義理，乃是大乘一切種智增上慧學，以阿陀那識—如來藏—阿賴耶識爲成佛之道的主體。禪宗之證悟者，若欲修證初地無生法忍乃至八地無生法忍者，必須修學《楞伽經、解深密經、楞嚴經》所說之八識心王一切種智。此三經所說正法，方是眞正成佛之道；印順法師否定第八識如來藏之後所說萬法緣起性空之法，墮於六識論中而著作的《成佛之道》，乃宗本於密宗宗喀巴六識論邪思而寫成的邪見，是以誤會後之二乘解脫道取代大乘眞正成佛之道，承襲自古天竺部派佛教聲聞凡夫論師的邪見，尚且不符二乘解脫道正理，亦已墮於斷滅見及常見中，所說全屬臆想所得的外道見，不符本經中佛所說的正義。平實導師曾於本會郭故理事長往生時，於喪宅中從首七開始宣講此經，於每一七起各宣講三小時，至第十七而快速略講圓滿，作爲郭老之往生後的佛事功德，迴向郭老早證八地、速返娑婆住持正法。茲爲今時後世學人故，已經開始重講《解深密經》，以淺顯之語句講畢後，將會整理成文並梓行流通，用供證悟者進道；亦令諸方未悟者，據此經中佛語正義修正邪見，依之速能入道。平實導師述著，全書輯數未定，每輯三百餘頁，將於未來重講完畢後逐輯陸續出版。

成唯識論釋：本論係大唐玄奘菩薩揉合當時天竺十大論師的說法加以辨正而著成，攝盡佛門證悟菩薩及部派佛教聲聞凡夫論師對佛法的論述，並函蓋當時天竺諸大外道對生命實相的錯誤論述加以辨正，是由玄奘大師依據無生法忍證量加以評論確定而成為此論。平實導師弘法初期即已依於證量略講過一次，歷時大約四年，當時正覺同修會規模尚小，聞法成員亦多尚未證悟，是故並未整理成書；如今正覺同修會中的證悟同修已超過六百人，鑑於此論在護持正法、實證佛法及悟後進修上的重要性，擬於2022年初重講，並已經預先註釋完畢編輯成書，名為《成唯識論釋》，總共十輯，每輯目次41頁、序文7頁、內文370頁；於增上班宣講時的內容將會更詳細於書中所說，涉及佛法密意的詳細內容只於增上班中宣講，於書中皆依佛誡隱覆密意而說，攝屬判教的〈目次〉已經詳盡判定論中諸段句義，用供學人參考；是故讀者閱完此論之釋，即可深解成佛之道的正確內涵；預定將於每一輯內容講述完畢時即予出版，預計每七個月出版一輯，每輯定價400元。

修習止觀坐禪法要講記：修學四禪八定之人，往往錯會禪定之修學知見，欲以無止盡之坐禪而證禪定境界，卻不知修除性障之行門才是修證四禪八定不可或缺之要素，故智者大師云「性障初禪」；性障不除，初禪永不現前，云何修證二禪等？又：行者學定，若唯知數息，而不解六妙門之方便善巧者，欲求一心入定，未到地定極難可得，智者大師名之為「事障未來」：障礙未到地定之修證。又禪定之修證，不可違背二乘菩提及第一義法，否則縱使具足四禪八定，亦不能實證涅槃而出三界。此諸知見，智者大師於《修習止觀坐禪法要》中皆有闡釋。作者平實導師以其第一義之見地及禪定之實證證量，曾加以詳細解析。將俟正覺寺竣工啓用後重講，不限制聽講者資格；講後將以語體文整理出版。欲修習世間定及增上定之學者，宜細讀之。平實導師述著。

阿含經講記——小乘解脫道之修證：數百年來，南傳佛法所說證果之不實，所說解脫道之虛妄，所弘解脫道法義之世俗化，皆已少人知之；從南洋傳入台灣與大陸之後，所說法義虛謬之事，亦復少人知之；今時台灣全島印順系統之法師居士，多不知南傳佛法數百年來所說解脫道之義理已然偏斜、已然世俗化、已非眞正之二乘解脫正道，猶極力推崇與弘揚。彼等南傳佛法近代所謂之證果者皆非眞實證果者，譬如阿迦曼、葛印卡、帕奧禪師、一行禪師……等人，悉皆未斷我見故。近年更有台灣南部大願法師，高抬南傳佛法之二乘修證行門爲「捷徑究竟解脫之道」者，然而南傳佛法縱使眞修實證，得成阿羅漢，至高唯是二乘菩提解脫之道，絕非究竟解脫，無餘涅槃中之實際尚未得證故，法界之實相尚未了知故，習氣種子待除故，一切種智未實證故，焉得謂爲「究竟解脫」？即使南傳佛法近代眞有實證之阿羅漢，尚且不及三賢位中之七住明心菩薩本來自性清淨涅槃智慧境界，則不能知此賢位菩薩所證之無餘涅槃實際，仍非大乘佛法中之見道者，何況普未實證聲聞果乃至未斷我見之人？謬充證果已屬逾越，更何況是誤會二乘菩提之後，以未斷我見之凡夫知見所說之二乘菩提解脫偏斜法道，焉可高抬爲「究竟解脫」？而且自稱「捷徑之道」？又妄言解脫之道即是成佛之道，完全否定般若實智、否定三乘菩提所依之如來藏心體，此理大大不通也！平實導師爲令修學二乘菩提欲證解脫果者，普得迴入二乘菩提正見、正道中，是故選錄四阿含諸經中，對於二乘解脫道法義有具足圓滿說明之經典，預定未來十年內將會加以詳細講解，令學佛人得以了知二乘解脫道之修證理路與行門，庶免被人誤導之後，未證言證，梵行未立，干犯道禁自稱阿羅漢或成佛，成大妄語，欲升反墮。本書首重斷除我見，以助行者斷除我見而實證初果爲著眼之目標，若能根據此書內容，配合平實導師所著《識蘊眞義》《阿含正義》內涵而作實地觀行，實證初果非爲難事，行者可以藉此三書自行確認聲聞初果爲實際可得現觀成就之事。此書中除依二乘經典所說加以宣示外，亦依斷除我見等之證量，及大乘法中道種智之證量，對於意識心之體性加以細述，令諸二乘學人必定得斷我見、常見，免除三縛結之繫縛。次則宣示斷除我執之理，欲令升進而得薄貪瞋痴，乃至斷五下分結…等。平實導師將擇期講述，然後整理成書。 共二冊，每冊三百餘頁。每輯300元。

總經銷：　聯合發行股份有限公司

231 新北市新店區寶橋路 235 巷 6 弄 6 號 4F

Tel.02－2917-8022（代表號）　Fax.02－2915-6275（代表號）

零售：1.**全台連鎖經銷書局：**

三民書局、誠品書局、何嘉仁書店

敦煌書店、紀伊國屋、金石堂書局、建宏書局

諾貝爾圖書城、墊腳石圖書文化廣場

2.**台北市：**佛化人生　**大安區**羅斯福路 3 段 325 號 6 樓之 4　台電大樓對面

3.**新北市：**春大地書店　**蘆洲區**中正路 117 號

4.**桃園市：**御書堂　**龍潭區**中正路 123 號

5.**新竹市：**大學書局　**東區**建功路 10 號

6.**台中市：**瑞成書局　**東區**雙十路 1 段 4 之 33 號

佛教詠春書局　**南屯區**永春東路 884 號

文春書店　**霧峰區**中正路 1087 號

7.**彰化市：**心泉佛教文化中心　南瑤路 286 號

8.**高雄市：**政大書城　**前鎮區**中華五路 789 號 2 樓（高雄夢時代店）

明儀書局　**三民區**明福街 2 號

青年書局　**苓雅區**青年一路 141 號

9.**台東市：**東普佛教文物流通處　博愛路 282 號

10.**其餘鄉鎮市經銷書局：**請電詢總經銷**聯合**公司。

11.**大陸地區請洽：**

香港：樂文書店

銅鑼灣店　:香港銅鑼灣駱克道　506　號 2 樓

電話　: (852) 2881 1150　email: luckwinbs@gmail.com

廈門：廈門外圖臺灣書店有限公司

地址：廈門市思明區湖濱南路809 號 廈門外圖書城3 樓 郵編：361004

電話：0592-5061658（臺灣地區請撥打 86-592-5061658）

E-mail：JKB118＠188.COM

12.**美國：世界日報圖書部：**紐約圖書部　電話 7187468889#6262

洛杉磯圖書部　電話 3232616972#202

13.**國內外地區網路購書：**

正智出版社 書香園地 http://books.enlighten.org.tw/

（書籍簡介、經銷書局可直接聯結下列網路書局購書）

三民 網路書局 http://www.sanmin.com.tw

誠品 網路書局 http://www.eslitebooks.com

博客來 網路書局 http://www.books.com.tw

金石堂 網路書局 http://www.kingstone.com.tw

聯合 網路書局 http:// www.nh.com.tw

附註：1.請儘量向各經銷書局購買：郵政劃撥需要八天才能寄到（本公司在您劃撥後第四天才能接到劃撥單，次日寄出後第二天您才能收到書籍，此六天中可能會遇到週休二日，是故共需八天才能收到書籍）若想要早日收到書籍者，請劃撥完畢後，將劃撥收據貼在紙上，旁邊寫上您的姓名、住址、郵區、電話、買書詳細內容，直接傳眞到本公司 02-28344822，並來電 02-28316727、28327495 確認是否已收到您的傳眞，即可提前收到書籍。 **2.**因台灣每月皆有五十餘種宗教類書籍上架，書局書架空間有限，故唯有新書方有機會上架，通常每次只能有一本新書上架；本公司出版新書，大多上架不久便已售出，若書局未再叫貨補充者，書架上即無新書陳列，則請直接向書局櫃台訂購。 **3.**若書局不便代購時，可於晚上共修時間向正覺同修會各共修處請購（共修時間及地點，詳閱**共修現況表**。每年例行年假期間請勿前往請書，年假期間請見共修現況表）。 **4.**郵購：郵政劃撥帳號 19068241。 **5.**正覺同修會會員購書都以八折計價（戶籍台北市者爲一般會員，外縣市爲護持會員）都可獲得優待，欲一次購買全部書籍者，可以考慮入會，節省書費。入會費一千元（第一年初加入時才需要繳），年費二千元。**6.尚未出版之書籍，請勿預先郵寄書款與本公司，謝謝您！** **7.**若欲一次購齊本公司書籍，或同時取得正覺同修會贈閱之全部書籍者，請於正覺同修會共修時間，親到各共修處請購及索取；**台北市讀者**請洽：103 台北市承德路三段 267 號 10 樓（捷運淡水線 圓山站旁）請書時間：週一至週五爲 18.00~21.00，第一、三、五週週六爲 10.00~21.00，雙週之週六爲 10.00~18.00 請購處專線電話：25957295-分機 14（於請書時間方有人接聽）。

敬告大陸讀者：

大陸讀者購書、索書捷徑（尚未在大陸出版的書籍，以下二個途徑都可以購得，電子書另包括結緣書籍）：

1.廈門外國圖書公司：廈門市思明區湖濱南路 809 號 廈門外圖書城 3F
郵編：361004　電話：0592-5061658　網址：http://www.xibc.com.cn/

2.電子書：正智出版社有限公司及正覺同修會在台灣印行的各種局版書、結緣書，已有『**正覺電子書**』陸續上線中，提供讀者於手機、平板電腦上購書、下載、閱讀正智出版社、正覺同修會及正覺教育基金會所出版之電子書，詳細訊息敬請參閱『正覺電子書』專頁：http://books.enlighten.org.tw/ebook

關於平實導師的書訊，請上網查閱：

成佛之道　http://www.a202.idv.tw

正智出版社 書香園地　http://books.enlighten.org.tw/

中國網採訪佛教正覺同修會、正覺教育基金會訊息：

http://foundation.enlighten.org.tw/newsflash/20150817_1

http://video.enlighten.org.tw/zh-CN/visit_category/visit10

★ 正智出版社有限公司售書之稅後盈餘，全部捐助財團法人正覺寺籌備處、佛教正覺同修會、正覺教育基金會，供作弘法及購建道場之用；懇請諸方大德支持，功德無量。

★ 聲　明 ★

本社於 2015/01/01 開始調整本目錄中部分書籍之售價，以因應各項成本的持續增加。

＊ 喇嘛教修外道雙身法、墮識陰境界，非佛教 ＊

＊ 弘揚如來藏他空見的覺囊派才是真正藏傳佛教 ＊

售後服務—換書啓事（免附回郵）　2017/12/05

《楞伽經詳解》第三輯初版免費調換新書啓事：茲因 平實導師弘法早期尚未回復往世全部證量，有些法義接受他人的說法，寫書當時並未察覺而有二處（同一種法義）跟著誤說，如今發現已將之修正。茲爲顧及讀者權益，已開始免費調換新書；敬請所有讀者將以前所購第三輯（不論第幾刷），攜回或寄回本公司免費換新；郵寄者之回郵由本公司負擔，不需寄來郵票。因此而造成讀者閱讀、以及換書的不便，在此向所有讀者致上萬分的歉意，祈請讀者大眾見諒！

《楞嚴經講記》第 14 輯初版首刷本免費調換新書啓事：本講記第 14 輯出版前因 平實導師諸事繁忙，未將之重新閱讀而只改正校對時發現的錯別字，故未能發覺十年前所說法義有部分錯誤，於第 15 輯付印前重閱時才發覺第 14 輯中有部分錯誤尚未改正。今已重新審閱修改並已重印完成，煩請所有讀者將以前所購第 14 輯初版首刷本，寄回本公司免費換新（初版二刷本無錯誤），本公司將於寄回新書時同時附上您寄書來換新時的郵資，並在此向所有讀者致上最誠懇的歉意。

《心經密意》初版書免費調換二版新書啓事：本書係演講錄音整理成書，講時因時間所限，省略部分段落未講。後於再版時補寫增加 13 頁，維持原價流通之。茲爲顧及初版讀者權益，自 2003/9/30 開始免費調換新書，原有初版一刷、二刷書籍，皆可寄來本公司換書。

《宗門法眼》已經增寫改版爲 464 頁新書，2008 年 6 月中旬出版。讀者原有初版之第一刷、第二刷書本，都可以寄回本公司免費調換改版新書。改版後之公案及錯悟事例維持不變，但將內容加以增說，較改版前更具有廣度與深度，將更能助益讀者參究實相。

換書者**免附回郵**，亦無截止期限；舊書請寄：111 台北郵政 73-151 號信箱 或 103 台北市承德路三段 267 號 10 樓 正智出版社有限公司。舊書若有塗鴨、殘缺、破損者，仍可換取新書；但缺頁之舊書至少應仍有五分之三頁數，方可換書。所有讀者不必顧念本公司是否有盈餘之問題，都請踴躍寄來換書；本公司成立之目的不是營利，只要能眞實利益學人，即已達到成立及運作之目的。若以郵寄方式換書者，免附回郵；並於寄回新書時，由本公司附上您寄來書籍時耗用的郵資。造成您不便之處，再次致上萬分的歉意。

正智出版社有限公司 啓

國家圖書館出版品預行編目(CIP) 資料

我的菩提路. 第七輯 / 余正偉等著. -- 初版. --
臺北市 : 正智出版社有限公司, 2021.11
面 ; 公分
ISBN 978-986-06961-5-8(平裝)

1.佛教修持

225.87 110020030

我的菩提路——第七輯

著　者：余正偉 老師等人
校　對：傅素嫻 王美伶
出版者：正智出版社有限公司
電話：○二 28327495　28316727（白天）
傳眞：○二 28344822
111 台北郵政 73-151 號信箱
郵政劃撥帳號：一九〇六八二四一
正覺講堂：總機〇二 25957295（夜間）
總經銷：聯合發行股份有限公司
231 新北市新店區寶橋路 235 巷 6 弄 6 號 4 樓
電話：〇二 29178022（代表號）
傳眞：〇二 29156275
初版首刷：公元二〇二一年十月底　二千冊
定　價：三〇〇元